"十三五"国家重点出版物出版规划项目

转型时代的中国财经战略论丛

农业社会企业：
价值实现及契约协调

刘鲁浩　谢家平　著

中国财经出版传媒集团

经济科学出版社

Economic Science Press

图书在版编目（CIP）数据

农业社会企业：价值实现及契约协调/刘鲁浩，谢家平著．—北京：经济科学出版社，2018.11
（转型时代的中国财经战略论丛）
ISBN 978－7－5218－0153－8

Ⅰ.①农… Ⅱ.①刘…②谢… Ⅲ.①农业企业管理－研究－中国 Ⅳ.①F324

中国版本图书馆 CIP 数据核字（2019）第 011848 号

责任编辑：李一心
责任校对：杨　海
责任印制：李　鹏

农业社会企业：价值实现及契约协调
刘鲁浩　谢家平　著
经济科学出版社出版、发行　新华书店经销
社址：北京市海淀区阜成路甲 28 号　邮编：100142
总编部电话：010－88191217　发行部电话：010－88191522
网址：www.esp.com.cn
电子邮件：esp@esp.com.cn
天猫网店：经济科学出版社旗舰店
网址：http://jjkxcbs.tmall.com
北京季蜂印刷有限公司印装
710×1000　16 开　14.25 印张　230000 字
2018 年 12 月第 1 版　2018 年 12 月第 1 次印刷
ISBN 978－7－5218－0153－8　定价：50.00 元
（图书出现印装问题，本社负责调换．电话：010－88191510）
（版权所有　侵权必究　打击盗版　举报热线：010－88191661
QQ：2242791300　营销中心电话：010－88191537
电子邮箱：dbts@esp.com.cn）

总　序

转型时代的中国财经战略论丛

山东财经大学《转型时代的中国财经战略论丛》（以下简称《论丛》）系列学术专著是"'十三五'国家重点出版物出版规划项目"，是山东财经大学与经济科学出版社合作推出的系列学术专著。

山东财经大学是一所办学历史悠久、办学规模较大、办学特色鲜明，以经济学科和管理学科为主，兼有文学、法学、理学、工学、教育学、艺术学八大学科门类，在国内外具有较高声誉和知名度的财经类大学。学校于2011年7月4日由原山东经济学院和原山东财政学院合并组建而成，2012年6月9日正式揭牌。2012年8月23日，财政部、教育部、山东省人民政府在济南签署了共同建设山东财经大学的协议。2013年7月，经国务院学位委员会批准，学校获得博士学位授予权。2013年12月，学校入选山东省"省部共建人才培养特色名校立项建设单位"。

党的十九大以来，学校科研整体水平得到较大跃升，教师从事科学研究的能动性显著增强，科研体制机制改革更加深入。近三年来，全校共获批国家级项目103项，教育部及其他省部级课题311项。学校参与了国家级协同创新平台中国财政发展2011协同创新中心、中国会计发展2011协同创新中心，承担建设各类省部级以上平台29个。学校高度重视服务地方经济社会发展，立足山东、面向全国，主动对接"一带一路"、新旧动能转换、乡村振兴等国家及区域重大发展战略，建立和完善科研科技创新体系，通过政产学研用的创新合作，以政府、企业和区域经济发展需求为导向，采取多种形式，充分发挥专业学科和人才优势为政府和地方经济社会建设服务，每年签订横向委托项目100余项。学校的发展为教师从事科学研究提供了广阔的平台，创造了良好的学术生态。

  习近平总书记在全国教育大会上的重要讲话，从党和国家事业发展全局的战略高度，对新时代教育工作进行了全面、系统、深入的阐述和部署，为我们的科研工作提供了根本遵循和行动指南。习近平总书记在庆祝改革开放40周年大会上的重要讲话，发出了新时代改革开放再出发的宣言书和动员令，更是对高校的发展提出了新的目标要求。在此背景下，《论丛》集中反映了我校学术前沿水平、体现相关领域高水准的创新成果，《论丛》的出版能够更好地服务我校一流学科建设，展现我校"特色名校工程"建设成效和进展。同时，《论丛》的出版也有助于鼓励我校广大教师潜心治学，扎实研究，充分发挥优秀成果和优秀人才的示范引领作用，推进学科体系、学术观点、科研方法创新，推动我校科学研究事业进一步繁荣发展。

  伴随着中国经济改革和发展的进程，我们期待着山东财经大学有更多更好的学术成果问世。

山东财经大学校长

2018 年 12 月 28 日

摘　要

　　构建产业化、现代化的新型农业经营体系一直是我国不断往前推进的重要任务之一，这关系着粮食供给、农户增收乃至于国家粮食安全等重大问题。从目前国家农业产业政策所面向的主要关注点以及学术界的研究趋向来看，如何增强面向农业的生产性服务创新和制度性创新是推动这一进程的关键所在。为了解决生产性服务支持不足所导致的农业生产效率低下以及农户收入不稳定等问题，农业生产实践中已经出现了多种不同的契约农业运作模式，比如目前应用广泛的"龙头企业+农户"的订单式农业和农业合作社等。但是随着实践应用的深入，这两种形式也逐渐暴露出很多不足之处，比如在订单式农业模式下，农户的弱势地位导致遭遇各种违约行为，致其利益受到侵害；农业合作社尽管可以整合农户群体，在一定程度上提升农户群体的经营规模、扩张能力和市场交易中的谈判力和影响力，却往往由于资源不足以及监督成本等问题导致运作效率低下。这些问题不仅降低了农业供应链的整体运作效率，而且极大影响了农户从事农业生产的积极性。可以说，只要资源的"过度逐利"目标没有改变，上述两种契约农业模式的缺陷就不会完全消除。

　　社会企业的出现为解决上述农业契约安排中出现的问题提供了一个新思路。社会企业兼具社会公益性和商业可持续性的特质，使其可以很好地应用到农业领域。在本书中，农业社会企业就是指社会企业这一组织模式在农业领域的应用，把面向农业的涉农型社会企业简称为农业社会企业。基于社会企业运行宗旨的角度，农业社会企业可以认为是以帮扶农户为首要目标，同时依靠参与涉农商业活动获取经济收益、维持自身运转的企业组织。从运营过程的角度可以对农业社会企业的界定进一步细化，认为农业社会企业是通过高度社会嵌入的方式，基于合作与互惠的契约模式，辅以自身较为充裕的要素资源，在优先满足农业生产及农户群体发展需求目标的同时，通过参与涉农商业活动获取经济收益的一种企业组织形式。比如具有一定规模和盈利能力的农业社会福利企业、民办非企业单位以及部分在工商部门注册但从事公益活动的农业企业。在"社会企业+农户"模式下，农业社会企业会基于社会价值目标，更加兼顾弱势农户群体的需求，并通过生产性服务创新，提供面向农户发展需求的综合服务支持体系以及完善的问题解决方案，从根源上解决农业供应链的合作低效率问题及农户发展需求问题。可以说，"社会企业+农户"模式恰好可以满足前文所提到的国家政策的需求标准：有组织的较强的社会力量、综合性的生产服务支持体系以及公益性服务理念。不但很好地克服了订单式农业和农业合作社存在的缺陷，也将契约农业的体现形式拓展到一个新的范畴。

本书的研究目的在于将社会企业的概念引入农业经济领域，探讨"社会企业+农户"这一契约农业模式的具体内容及实现过程，揭开农业社会企业的运作"黑箱"——农业社会企业嵌入农业供应链网络，通过探究其嵌入机制（嵌入理论）和动力机制（注意力基础观），实证分析其嵌入的价值实现机理；通过农业社会企业嵌入的契约优化，探究其供应链合作的决策机制。

具体而言，本书研究工作主要包括以下几个方面：

第一，分析农业社会企业面向农户的服务创新及实现过程，构建"社会企业+农户"契约农业模式的理论框架。通过梳理社会企业金字塔底层（bottom of the pyramid，BOP）战略的实现机理，发现面对不同类型的底层群体，战略实现过程也有所不同；随后基于农户群体从认知、资本、经营和信任四个层面体现出的生产者行为特征，将该群体纳入整个价值链体系中，构建了由组织构建、资金投入、运作指导、收益分配等方面组成的社会企业服务创新框架。以期改变农业生产性服务缺乏的现状，进而实现社会企业与农户群体的共同发展。

第二，基于社会嵌入视角探究农业社会企业网络价值的协调机理。通过梳理契约农业的演进过程，结合农业社会企业在我国的发展现状，发现传统农资公司的过度逐利性会导致农业供应链效率低下，严重制约了"公司+农户"模式的可持续发展。利用社会企业兼具扶持弱势群体的社会功效和商业运作可持续性的特质，引入关系嵌入和结构嵌入机制，探究了农业社会企业对传统订单式农业进行商业模式创新，以期提升农户绩效，实现农业供应链的价值网络协调；并利用"千村调查"样本数据验证该观点，得出如下结论：其一，农业社会企业的加入不仅能够调动农户从事农业生产的积极性，并且对提高农户绩效有很大的帮助；其二，高水平的关系嵌入和结构嵌入可以将农户利益与社会企业自身利益捆绑，对提升中国农业可持续发展起到更好的促进作用；其三，传统的订单式农业已经难以适应新形势下的现代化农业产业的发展，需要探索新的商业模式实现农业产业多元化。

第三，基于注意力基础观探究农业社会企业关注于社会目标的作用机理。农业社会企业是一种多目标特性下的典型组织形式，农业社会企业以帮扶农户群体为主要使命，同时需要商业化的运作来维持自身发展并提供支持实现社会使命的资源需求，体现出同时致力于社会目标和经济目标的特点。根据注意力基础观的分析框架，本书将农业社会企业高管团队的价值观考虑在内，结合企业外部决策环境中农户对生产性服务的需求意愿，并考虑企业柔性在这其中所起到的直接或间接作用，构建出农业社会企业的决策框架，探讨其注意力配置过程以及在后续所实现的企业行为。通过"千村调查"样本数据进行验证得出如下观点：农户对生产性服务的需求意愿以及农业社会企业高管团队的利他倾向都会提升农业社会企业对社会目标的聚焦，在这个过程中企业柔性起到了调节作用；进而，农业社会企业对社会目标的聚焦促使企业决策者实现相应的企业行为，提升与农户之间的社会嵌入水平。

第四，探讨直销与分销共存的双渠道环境下农业社会企业与农户之间的契约协调关系。将农业社会企业基于提供面向农户的生产性服务及创新所形成的"社会企业+农户"运作模式，较为简洁地刻画为这样一个运作体系：产前、产中的品种改良及土地改良，社会企业与农户共同参与，共担成本；产后的收益分配，社会企业与农户基于地权分红，共享收益。此外，本书根据基于社会嵌入视角下的结构嵌入理念，依据农户在供应链网络上的地位不同，将农业社会企业区分为农户主导的"公益型"及社会企业主导的"盈利型"；基于关系嵌入的理念，根据农业社会企业对农户提供的生产性服务内容的不同，区分为只有改良投入合作的松散式、改良投入合作和土地改良的紧凑式以及品种/土地改良结合地权入股的整合式三种合作契约模式，并将该运作体系置于双渠道环境下，探讨在面临渠道冲突的情况下，不同类型农业社会企业与农户在不同合作契约模式下的定价决策及对利润的影响。

第五，基于异质性视角分析中国农业社会企业的发展定位及绿色转型策略。多元推动因素下的农业社会企业在创造经济价值和社会价值上体现出不同的效率，呈现出异质性的特点。农业社会企业需要整合商业和公益元素从而处于一种富有成效的平衡状态，实现社会价值与经济价值的均衡性，才有利于农业社会企业的可持续发展。基于发展异质性的视角，深入探析中国农业社会企业所面临的外部环境和自身模式的局限，并提出中国农业社会企业存在两种递进关系的发展定位：一是由政府引导、社会推动、市场供需驱动融合促进农业社会企业的多元化发展；二是农业社会企业兼顾经济和社会价值均衡共创发展。进而，借助商业模式的典型三维体系，将客户价值主张作为目标、企业资源和能力作为支撑、盈利模式作为基础，从目标定位、运营创新和理念更新三个方面对农业社会企业的商业模式进行了重构。最后，从完善政策体系、创新管理体制、加强理念培育等方面，就如何促进和支持中国农业社会企业的发展提出相关政策建议。

总之，本书针对农业生产性服务供给不足的特点，将社会企业的分析框架应用于农业供应链领域。通过二者的结合，使相关研究不再局限于社会企业的组织行为探讨，而是延伸到社会企业在某一具体行业上的应用，探讨基于行业特征下社会企业的战略管理及运营过程，这本身就是对社会企业相关理论和农业供应链管理理论在一定程度上的突破和创新。基于本书的研究内容，具体的创新之处可以细分为如下四个方面：

第一，通过嵌入机制揭示农业社会企业帮扶农户的作用过程。界定农业社会企业的内涵特征，并基于农户群体的生产者行为特征构建农业社会企业帮扶农户的服务创新模式；通过梳理契约农业的演进过程，确定"社会企业+农户"契约农业模式所具有的"整合，嵌入"的特点；在此基础上，揭示了农业社会企业价值网络的协同机理，将农业社会企业以订单式农业为基础、辅以社会嵌入机制促进农户绩效的提升这一作用过程详细展示出来。

第二，通过动力机制理清农业社会企业主动贯彻社会使命的影响因素及根源。目前对社会企业的研究，大多是基于其兼顾社会价值和经济价值的二元目标展开探讨，这实际上相当于已经定义了社会企业一定会追求社会价值这一前提。至于为什么社会企业会关注于社会目标却鲜有研究,这也是目前研究的一个缺陷。本书基于注意力基础观的视角构建了农业社会企业的决策框架,并从根源上揭示了农业社会企业专注于社会目标的作用过程及影响因素。

第三,通过决策机制展示"社会企业+农户"不同契约模式下参与主体的决策过程。基于社会嵌入的理念,区分了农户主导的"公益型"和社会企业主导的"盈利型"两类不同农业社会企业,并构建不同合作关系下"社会企业+农户"的不同契约执行内容和运作过程;通过数理模型刻画相应的契约执行过程及提出求解思路,针对两种类型农业社会企业+三种合作契约模式所形成的不同组合分别求解出农户及农业社会企业的定价策略。

第四,引入异质性企业的概念,并基于中国农业社会企业的发展定位,提出了适合农业社会企业发展与成长的新型商业模式。本书首次对中国农业社会企业确立了两种递进关系的发展定位,阐明了农业社会企业的发展推动力及实现绿色升级的路径;基于商业模式的三维体系重构了农业社会企业的商业模式,为农业社会企业实现其健康发展指明了方向。

总之,社会企业与农业的结合,是BOP战略在农业领域的具体实践。农业社会企业这一概念的提出,也是将契约农业的运作模式从订单式农业和农业合作社拓展到一个新的范畴,既丰富了契约农业的研究体系,也为加快农业产业化、现代化发展提供了一个新的思路。基于这一理念所产生的"社会企业+农户"的契约农业模式,通过生产性服务创新整合社会企业与农户群体各自的资源,使农业产业化发展所需的资金、土地、劳动力、技术、经营管理人才等基本条件都得到满足。可以说,这种新型契约农业模式,既是理论研究上的突破,也是对农业生产实践的巨大推动,对于构建产业化、现代化的新型农业经营体系具有非常重要的意义,也为后续社会、政府等不同层面进一步支持其顺利发展提供了支持和借鉴。

目 录

转型时代的中国财经战略论丛

第 1 章　绪论 ·· 1
  1.1　研究背景 ·· 1
  1.2　研究意义 ·· 5
  1.3　研究现状 ·· 7
  1.4　研究内容 ··· 16

第 2 章　农业供应链及 BOP 战略理论：一个综述 ······················ 23
  2.1　农业供应链管理 ·· 23
  2.2　BOP 战略理论 ·· 36

第 3 章　农业社会企业嵌入生产性服务的理论框架 ·················· 48
  3.1　社会企业服务创新及 BOP 战略实现 ························ 48
  3.2　农业社会企业的内涵及特征 ···································· 56
  3.3　农业社会企业生产性服务实现过程 ························· 59
  3.4　本章小结 ··· 69

第 4 章　嵌入机制：农业社会企业网络价值协调机理 ··············· 72
  4.1　从契约农业到农业社会企业的理论框架 ··················· 74
  4.2　契约农业框架下农业社会企业的作用过程 ··············· 79
  4.3　研究设计 ··· 89
  4.4　数据分析与结果 ·· 95
  4.5　本章小结 ··· 98

第5章　动力机制：农业社会企业的目标关注及作用机理 …………… 100
　　5.1　农业社会企业的决策框架：注意力基础观的视角 ……… 101
　　5.2　农业社会企业关注社会目标的作用机理 ………………… 110
　　5.3　研究设计 …………………………………………………… 118
　　5.4　数据分析结果 ……………………………………………… 125
　　5.5　本章小结 …………………………………………………… 128

第6章　决策机制：农业社会企业嵌入契约协调优化 ………………… 130
　　6.1　"社会企业+农户"合作契约的构建 ……………………… 130
　　6.2　"社会企业+农户"合作契约模型参数 …………………… 136
　　6.3　公益型"社会企业+农户"合作决策模式 ………………… 141
　　6.4　盈利型"社会企业+农户"合作决策模式 ………………… 151
　　6.5　"社会企业+农户"的合作契约算例分析 ………………… 161
　　6.6　本章小结 …………………………………………………… 166

第7章　中国农业社会企业发展定位及绿色转型策略 ………………… 168
　　7.1　异质性视角下社会企业的发展路径 ……………………… 168
　　7.2　全产业链下中国农业社会企业的发展定位 ……………… 171
　　7.3　中国农业社会企业的商业模式创新 ……………………… 177
　　7.4　促进中国农业社会企业发展的政策建议 ………………… 182

第8章　结论及研究展望 ………………………………………………… 185
　　8.1　研究结论 …………………………………………………… 185
　　8.2　研究展望 …………………………………………………… 188

参考文献 …………………………………………………………………… 191

第1章 绪　　论

1.1　研究背景

中国是一个农业大国，以"农业发展、农民增收、农村稳定"为主要内容的"三农"问题（刘克崮，张桂文，2003），始终是事关我国经济发展和社会稳定的"重中之重"。自2004年以来，中央连续15年出台的一号文件都是关于"三农"问题，文件主题涉及的范围从如何让农民增收到新农村的建设问题，再到发展现代化农业，一直到2017年农业供给侧改革，足以看出国家对"三农"问题的重视。而这其中农民问题更是"三农"问题的一个核心关注点。农民问题主要包括农民素质提升和农民增收这两个方面。尽管自2004年以来，在各种惠农政策的支持下，我国国内以粮食为主的农产品产量实现了持续增长，而且随着政府农业补贴力度的加大，确实减轻了农民从事农业生产的负担和成本。但是由于粮食生产过程中存在的非标准化以及收购价格的巨大不确定性，农民从事农业生产的收入却并未获得实质提升，农民问题依然存在。如果单纯考虑农民收入的层面，可以把农民收入分为农业生产收入、工资性收入、转移性收入以及财产性收入四部分。根据《人民日报》（2015年1月4日）及《农民日报》（2015年1月4日）的报道及《中国统计年鉴》（2015）的数据显示，自2014年起，工资性收入已经成为农民收入的主要来源，且增长速度较快，而由于受制于成本"地板"和价格"天花板"的双重挤压，农业生产收入并未有实质性改变。在很多种粮大省，农民的工资性收入已经超过家庭生产经营收入。也就是说，多数农户家庭从事农业生产的收入不再占据家庭收入的主体，而只是作为补充。这从一个侧面反映出作为农业供应链上游的农户已经不再将以单个家庭为主的农业生产作为家庭主营，而是转为非农户或者是兼业经营，其从事农业生产的积极性已经降低，这种情况势必对我国农业生产及粮食安全造成了一定的隐患。

1.1.1 农户对生产性服务的需求

农业生产性服务可以看作是满足农户生产需求的中间性投入品，包括农业生产产前、产中、产后的一系列配套支持服务以及贯穿于整个链条的金融支持服务等。而前文所述的农户增产不增收以及从事农业生产积极性下降的问题在一定程度上就是源于生产性服务的供给不足。在以农户家庭为主的传统农业生产模式下，缺少外部支持服务的农户很难独自应对生产及市场所可能发生的风险。比如由于农产品价格的频繁波动以及"卖粮难"所导致的从事农业生产"入不敷出"。2015年，很多种粮大省的农户普遍遭遇了粮价下跌和"卖粮难"的困境。尤其是种粮大户，其先期成本投入非常巨大，而且大多是通过借款投入的。面对农产品生产收入下降的状况，只能一方面动用家庭各种关系渠道把粮食卖出去，然后优先还清生产前农资投入和租用土地的欠款；另一方面重新规划来年承租土地的规模，甚至有可能退出租地种粮的模式。种粮大户面临困境，供应链上、下游的农资经销商、农户经纪人等也因为连锁反应而受到牵连，很多农资经销商因为向农户赊销农资同样也面临数额较大的欠款。农户因为收入的降低而无力偿还欠款，要么出现违约，要么就需要用未来几年的收入来抵偿，出现"一年亏损三年还"的状况。

从农户的角度而言，上述原因基本决定了其对从事农业生产的态度。农户处于农业供应链的上游，属于最弱势的群体，其对从事生产所需的农资购入以及对收获农产品的出售都没有任何影响力，只能被动地接受。因此在面临着较为严重的资源、技术及管理约束时，粗放式经营、举债种粮等基本是目前中国农户普遍存在的现象，尤其是小、散农户脱离以农业生产作为家庭支柱收入之后，以农业作为主业的大多是农户大户，由此出现风险时所关系的不仅仅是农户本身，还包括与之有紧密关联的农产品贸易商、农资经销商等。由于农业生产过程所具有的高不确定性、长周期性以及非标准化的特点，显然无论是产前、产中还是产后环节，都需要有相应的生产性服务支持。尽管由于农户受限于自身的认知能力，可能无法很好地确定及表达对生产性服务的需求意愿，但是这种需求是真实存在的。而且，目前与农户直接发生关联的大多是较为分散的、小规模的农业企业，无法提供综合性的生产性服务。由此所导致的后果就是，农户年复一年的生产，却不能在生产效率及收入上获得确定的保障，长此以往，不仅会严重挫伤农民种粮的积极性，甚至对国家粮食安全乃至社会的稳定造成较大的影响。国家固然可以在政策层面对农产品的价格进行调控，但是从农业生产过程的层面而言，如何增加生产性服务的有效供给，以确保农业供应链的稳定和高效运行，就更成为目前值得关注和需要解决的问题。

1.1.2 农业供给侧改革的要求

2017 年中央一号文件提出了推进农业供给侧结构性改革的若干意见，主要内容包括推进农业提质增效、推行绿色生产方式、拓展农业价值链、夯实农村共享发展等内容。农业供给侧改革的核心在于通过体制改革和机制创新这两个根本途径实现增加农民收入和保障有效供给这两个主要目标。显然，农业供给侧改革是国家对农业未来可持续发展的一项长远考虑，通过提出体制改革和机制创新这两个途径，对农业生产中涉及的权利明确和细分、多方主体的参与以及逐步实现土地规模经营和服务规模经营提出了要求（罗必良，2017）。实际上这也是国家对以往农业改革及现行农业经济中存在的问题进行"补短板"。

从政府层面而言，实际上已经形成较为完善的支持农业生产的政策体系，比如包括各种农业生产补贴、农产品价格指导和临时收储机制等各种稳定农业生产的措施，但是就目前来看，这些措施的效果并不是很明显，由于农户在农业供应链上仍旧处于非常弱势的地位，因此政府行政措施在很多时候并不能完全发挥作用，而且还付出了财政压力的代价。显然政府层面的发力并不足以激发农业内生发展动力，而是需要从市场的角度考虑解决问题的方法。

但是从市场的角度而言，以农业供应链上游农业企业和农户为主构成的农业供给侧也存在诸多问题。农户作为弱势群体的特征使其很难独立面对市场，因此无论是"市场+农户"的现货交易还是"企业+农户"的契约农业模式，都无法做到有效提升农户收入。原因在于目前市场机制下的企业更加专注于自身利益的最大化,尤其在目前农业生产产量、库存和进口齐增的情况下,农户对于农业企业而言,就是一个农产品原材料的供应商,而非供应链上不可或缺的合作伙伴。因此,农业企业很难主动提供以提高农业生产效率和满足农户发展需求为主要内容的生产性服务,进而导致生产性服务供给的不足。而农业供给侧改革所要求的多方主体参与以及实现服务规模经营的原因,也就是基于生产性服务供给不足的现状,希望能够通过改革和创新,促进或者发掘新的有助于农业生产的服务体系。

1.1.3 社会企业的发展及成熟

近几年,对社会企业的研究已经逐渐成为一个热点,自社会企业的概念产生以来,已经有越来越多的学者投身于这一领域。尽管相较于其他领域,对该领域的研究尚没有形成规模和体系,但是显然正处在不断的成熟和完善过程中。从理论上而言,国内外学者从最初基于理论分析和案例分析针对某一现象进行归纳和总结,已经逐渐拓展到基于实证分析及数理分析所展开的多方法、多层面的检验及规律总结。可以说,对于社会企业的认识已经不仅仅是局限于概念、特征、类型、评价及发展路径等方面的概念性和文献性的探析,而是开始面向于社会企业的战略决策及运营过程的研究。这种理论研究方面的拓展和推进无疑为社会企业的应用奠定了基础。从实践上而言,社会企业这一形式的出现要更早,而应用范围也越来越广泛。在欧美等发达国家,社会企业甚至已经成为经济发展的巨大推动力。比如在西班牙,社会企业的营业总额已经达到国内生产总值的7%,由社会企业所实现的就业人口已经占到西班牙总就业人口的1/4;英国为了促进社会企业的发展,通过推行"社会企业战略",明确政府和社会组织在促进社会企业发展过程中的职责,为社会企业发展创造有利环境,帮助其成为更有作为的商业运营体。在我国,社会企业的发展也在逐步成熟壮大,分布于扶贫、助残、养老、教育等领域的社会企业已经越来越多,尽管发展过程中还存在各种各样的问题,但是显然其所具有的独特价值已经引起了政府及社会各个层面的巨大关注。

从农业领域来看,尽管目前社会企业在以休闲农业、特色农业等为主要内容的社会农业方面应用较多，在传统农业方面应用很少，但是显然社会企业兼顾经济价值和社会价值的特性可以很好地应用于传统农业领域。原因在于：第一，农业相较于其他行业本身发展较为落后，资本回报率水平较低，而且农户作为中国范围最大的一个群体，其自身就处于金字塔的底层，处于较为弱势的地位，无论是农业还是农户都有帮扶的需求；第二，社会企业以社会价值为主要目标的特性，使其有动力、有能力去实现扶贫任务。不仅如此，新出现的社会企业的出现为解决前文所述农业契约安排中出现的问题提供了一个新思路。在"社会企业+农户"模式下，农业社会企业会基于社会价值目标，更加兼顾弱势农户群体的需求，并通过生产性服务创新，提供面向农户发展需求的综合服务支持体系以及完善的问题解决方案，从根源上解决农业供应链的合作低效率问题及农户发展需求问题。

1.2　研究意义

从前文内容可以看出，目前我国距离建立现代农业经营体系、实现质量兴农和绿色发展还有较大的距离。农村尚未形成完善的农业生产经营及服务支持体系，大多数地区农业生产仍以分散的农户家庭为单位展开，尽管已实现较高的机械化水平，但生产过程中所需技术、管理、信息及风险规避等方面依然没有保障。为什么会出现这种情况，本书基于前期调研情况以及相关统计数据，发现存在以下两个主要原因：

第一，面向农业的生产性服务供给不足。农业生产过程具有高不确定性、长周期性以及非标准化的特点，需要有贯穿于农业生产产前、产中、产后的一系列资金、物资、技术、信息、管理及风险规避等相应的生产性服务支持。但是目前除政府的农业政策性补贴外，所实现的生产性服务支持不外乎农业企业与农户签订农产品收购协议以及微量的农业生产贷款服务等，生产性服务支持项目不足、深度不够且覆盖范围较低。农户作为农业生产的主体，受限于自身较低的认知能力、资本转化能力、经营能力等，在无法有效获得外部生产性服务的情况下，粗放式、盲目式经营及举债种粮等情况就比较普遍。直接后果就是农户从事农业生产的收入无法获得保障，并由此也影响了整个农业供应链的稳定。

第二，面向农业的制度性创新供给不足。目前以政府为代表的公共部门，主要通过各种政策性措施（包括各种农业生产补贴、农产品价格指导和临时收储机制等）稳定农业生产。这些措施对农户的减负效果较为明显，但在生产性服务其他方面却效率不高，也无法改变农户在供应链上的弱势地位。显然政府政策层面的发力并不足以激发农业内生发展动力；从市场的角度而言，以农业企业和农户为主构成的农业供给侧也存在诸多问题。无论是"市场＋农户"的现货交易还是"企业＋农户"的订单农业模式，都无法做到有效提升农户收入和保障农业生产。原因在于尽管农业企业更了解农户与市场，在提供生产性服务方面更有效率，但是其更加专注于自身利益的最大化。尤其在目前农业生产产量、库存和进口齐增的情况下，农户对于农业企业而言并非供应链上不可或缺的合作伙伴。因此，在没有很好的制度性激励因素的情况下，农业企业很难付出成本主动提供以提高农业生产效率和满足农户发展需求为主要内容的生产性服务。

实际上，农业供给侧改革的核心就在于通过体制改革和机制创新实现增加农民收入和保障有效供给这两个主要目标（罗必良，2017）。要解决上述两个问题，必须寻求一种既能以帮扶农户为主要目标，同时又能通过商业运作实现自身可持续发展，兼具公益属性和盈利属性、兼顾公平与效率的新型企业组织形式。因此本书引入社会企业的分析框架，力图构建"社会企业＋农户"的新型农业生产体系，通过探讨该体系的机制设计及合作契约，促进社会企业与农户之间实现基于互相信任、互惠共享的共生发展模式，为解决面向农业的生产性服务不足和制度性供给不足提供一条新思路。

综上所述，本书具有较强的理论意义和现实意义：

1.2.1　理论意义

第一，拓展和深化社会企业相关理论的应用范畴。本书将社会企业的概念引入农业经济领域，通过与农业这一具体产业相结合，使得社会企业的相关理论能够真正"落地生根"，不仅局限于对社会企业内涵、特征、影响因素以及共性发展策略的研究，而是落脚到面向农业领域的企业战略以及运营层面的应用，这是对社会企业相关研究的拓展与深化。

第二，丰富和完善契约农业相关研究的理论体系。本书在当前我国农业社会企业发展尚不是很成熟的情况下，探讨"社会企业＋农户"这一契约农业模式的具体实现过程，力图揭开农业社会企业运作"黑箱"。研究内容涉及从农业社会企业组织构建，到契约合作机制的实现过程，到分类讨论不同特质农业社会企业及农户对契约合作的影响，以及最终形成相关政策建议，将契约农业从传统订单式农业和农业合作社做了进一步延伸，既丰富了契约农业的研究体系，也为加快农业产业化、现代化发展提供了一个新的思路。

1.2.2 现实意义

第一，为构建现代化农业经营体系探路。本书从农业供应链的上游入手，探讨通过构建基于市场机制的"社会企业＋农户"运作模式，以改善当前面向农业的生产性服务供给不足以及制度性创新供给不足的现状。这种基于社会企业理念的经营体系创新在一定程度上迎合了农业产业发展的需求，也是对政府关于构建新型农业社会化服务体系的积极响应。

第二，为农业社会企业经营决策提供借鉴。本书通过探析不同情形下"社会企业＋农户"合作机制及契约协调，厘清影响农户及企业经营绩效的因素及作用机制，从而帮助农业社会企业可以有针对性地采取相应决策，既能实现对农户的帮扶，又可以提升自身运营效率，提升创造社会价值和经济价值的能力。

第三，为政府制定相应产业政策提供支持。"社会企业＋农户"这一契约农业模式能够推广开来，对于稳定农业生产、提高农业供应链的运作效率、增加农民收入以及企业绩效都会有非常重要的意义。本书最后的政策情境仿真为顺利地推行这一模式，以及从该模式所衍生的其他政策性启发，为政府相关产业政策的制定提供了依据和立足点。

1.3 研究现状

社会企业这一组织形式是本书研究的关键点。要实现农业的产业化发展，促进农业供应链的高效运作，一个重要的支持点就是提供面向农业的综合性生产服务,并构建起包括社会资本在内多方参与的社会化服务体系。尽管长期以来,针对如何消除贫困、实现农户增收以及促进农业供应链经营效率提升已经在公共经济学与发展经济学的领域获得了广泛的讨论,并且以政府为主导的、辅以各种公益组织、慈善组织基于 BOP 战略的行动已经很多。但是由于资源的限制以及公共组织在提供服务方面"市场失灵"的影响,上述存在的问题并没有得到很好的解决。相反,政府以及公益组织却因此背上了较为沉重的财政负担。一般商业企业基于企业社会责任的要求施行 BOP 战略,其最广泛的应用就是农业产业化中典型的"企业+农户"及其衍生模式。但是由于不能与农户成为一个利益共同体,且在提供生产性服务方面存在一定的缺陷,使的一般商业企业在提升农户绩效方面也并非完全有效(刘鲁浩等,2016)。社会企业兼顾社会价值与经济价值的理念帮助其通过面向农业 BOP 群体的服务创新来实现企业与农户的双赢。本节的主要内容就是对社会企业的基本概念及特点做一个比较性的分析,并对目前关于社会企业及其在农业领域的应用做一个简要的梳理和介绍。

1.3.1 社会企业的概念及特征

社会企业的出现,并非是基于某种偶然因素,而是在特定的背景和发展阶段下逐步出现的,是为了融合以政府为代表的公共部门和以商业企业为代表的私人部门在价值取向方面的不同,在这两个部门之外的"第三部门"内部逐渐形成和发展起来的一种社会组织或者说是运作模式。因此,基于产生背景和不同价值取向的侧重,世界上对社会企业也有不同的定义。

美国的学者倾向于从社会组织追寻解决自身困境的方面来定义社会企业。这是由于美国的经济制度是最接近于完全自由竞争的市场经济制度,更崇尚于由市场各方的竞争力量来确定资源配置。杨(Dennis R. Young, 2001)认为社会企业可以从两个方面界定:一是以利润最大化为目标的商业企业投身于公共事业,为社会福利做贡献。但商业企业这一做法的真正动机更多的是为了塑造企业良好公众形象,以及借助自身市场机制的竞争优势,获取更多的政府补贴方案(Auteri, 2003)。二是非营利组织以商业化运作模式解决自身发展过程中的财务危机,但这种转向市场的做法更多是因为政府财政紧张所导致的替代方案。在各自寻求解决自身困境的过程中，商业企业和非营利企业就都具有了社会企业的特质：采取商业化的运作模式，以促进社会福利为目标。

而欧洲国家汲取了过度自由竞争导致的贫富差距过大的教训，将其市场经济制度奠定在高福利、高税收的基础上，所以欧洲的学者倾向于从社会组织所具有的社会使命方面来定义社会企业。经济合作与发展组织（OECD，2003）认为社会企业是介于公共部门和私人部门之间的组织，其主要形态为利用交易活动以达成社会目标及财政自主的非营利组织，社会企业应该具有强烈的社会使命特质，而非以利润最大化为主要目标。阿特尔（Kim. Alter，2007）认为社会企业应首先强调社会目标，并通过特定的商业模式来实现社会价值最大化。

除此之外，有很多学者基于融合的角度对社会企业进行定义。最早狄斯（Dees，1996）提出了著名的"社会企业光谱"的分析框架，认为社会企业是一系列存在于公益组织和商业企业之间的多元混合的连续体。惠腾和戈弗雷（Whetten & Godfrey，2000）认为社会企业具有相互矛盾的"双重身份"，因为他们是存在于以营利为最基本目标的市场经济体制下的非营利组织。他们依赖于志愿者在时间与资金上的贡献，还要体现出市场化的效率；他们带有私人部门的性质，却以提供公益服务为主要目的。

从前文的分析可以看出，对社会企业做一个精确的定义是比较困难的事情，但是对社会企业的核心特征不同学者之间是存在共识的，这种共识在于社会企业体现出纯商业企业和纯公益组织的混合特性：一是社会特性，必须以社会价值最大化为目标。社会特性要求社会企业有一个让合作共同体受益的明确目标、不是基于资本所有权的决策权、受企业行为影响的所有的利益相关者都要参与以及对利润的有限分配（Defourny，2009）。而且这个目标设定与公益组织有所区别，公益组织多数是靠捐赠筹集资金，在实现社会价值方面是不计成本的，是不可持续的，而社会企业更注重可持续的发展，通过自身的商业行为支持社会目标的实现（Yunus，2009）。二是经济特性，遵从商业企业的运营模式，可持续地提供产品和服务，并且取得收入。经济特性体现了社会企业需要可持续的生产或销售商品及服务、高度的自我管理体制、有志愿者及正常带薪员工以及承担商业活动可能面临的风险等（Defourny，2009）。

但是这种经济特性与商业企业不同,取得收入的目的是为了继续发展和壮大社会企业并提供社会价值,而不是为了利润分配(Defourny&Yang,2011)。这种混合特性促使社会企业在发展过程中,必然要遵循不同于纯商业企业和非营利组织的发展路径。

尽管我们无法对社会企业作一个精确的定义,但是基于上面两个标准,显然可以给存在于"第三部门"中的社会企业设定一个范围。欧洲社会公平研究项目组织的雅克·迪夫尼(Defourny,2009)构建了社会企业的概念图,将社会企业界定在非营利部门与合作社的交界处,如图1-1所示。

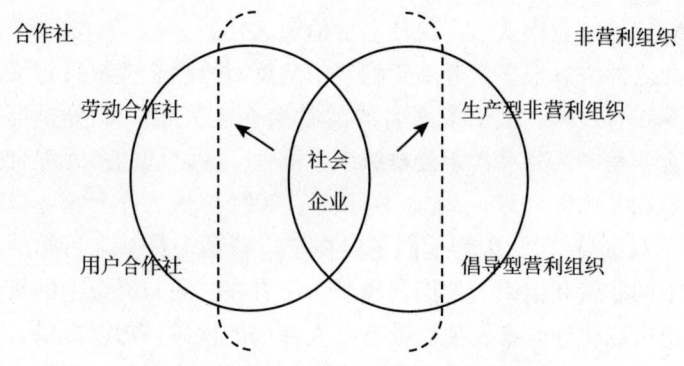

图1-1 雅克·迪夫尼的社会企业概念图

狄斯(1996)的社会企业光谱的框架是列举了从追寻最大社会价值到追寻最大经济价值的两个极端之间存在一系列的组织形式,但社会企业并非是居中的所有部分,在这其中存在着形式多样且目标侧重偏差较大的"准社会企业",只有在中间达成匹配状态的才可以称为社会企业。如表1-1所示。

表1-1　　　　　　　　　　狄斯的社会企业光谱

	纯慈善式公益组织	社会企业	纯营利式商业企业
一般动机、方法及目标	诉诸荣誉 使命驱动 创造社会价值	混合动机 使命和市场的平衡 创造社会和经济价值	诉诸自利 市场驱动 创造经济价值

续表

	纯慈善式公益组织	社会企业	纯营利式商业企业
关键利益相关者			
受益者	无支付	补助/全额支付与无支付混合	市场行情支付
资本	捐款和补助	低于市场行情的资本/捐款、补助和市场行情资本混合	市场行情资本
人力	志愿者	低于市场行情的薪资/志愿者和全薪志愿混合	市场行情工资
供应者	非现金方式的捐赠	特定的折扣/非现金和市场价格的混合	市场行情价格

在狄斯的基础上，阿特尔（2007）绘制了一幅更为详细的社会目标及经济目标可持续发展的光谱图示，如图1-2所示。

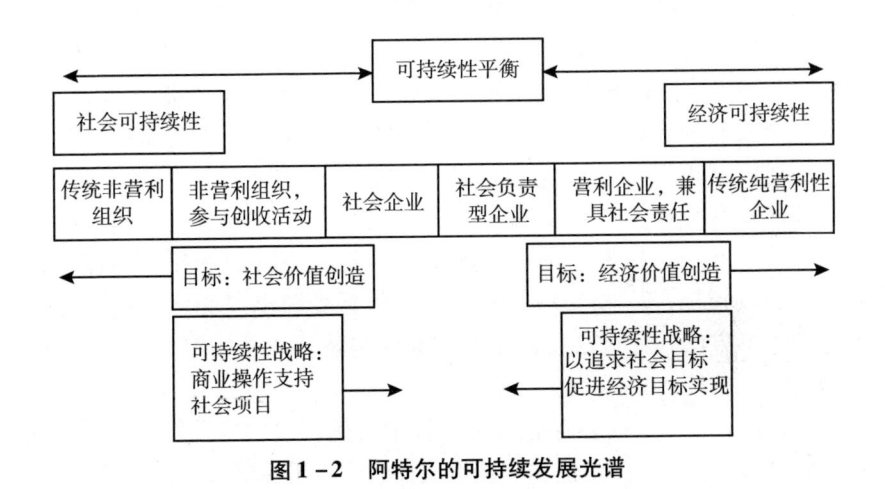

图1-2 阿特尔的可持续发展光谱

1.3.2 社会企业的商业模式

社会企业的商业模式是指社会企业基于实现特定的客户价值主张，由资源投入、生产运作乃至最终盈利分配所构成的体系，通过该体系阐述社会企业如何创造经济价值和社会价值以及如何在二者之间实现均衡发展（谢家平等，2016）。目前对该方面的研究较为零散且不成系统，诸多学者采用案例分析或理论探析的方式针对特定国家、特定行业乃至社会企业不同职能层面展开探讨，比如迪夫尼等人（2004）分析了欧洲地区以职能培训和就业扶持为主要任务的社会企业的合作模式；维克斯与里昂（Vickers & Lyon，2014）通过三个分别涉及社区嵌入、知识共享、创造就业的英国社会企业案例，介绍了社会企业如何在兼顾经济、环保及社会价值的情况下实现自身成长；彭劲松和黎友焕（2012）、余晓敏和李娜（2017）等分别针对国内残友集团、善淘网的社会企业案例，发掘其创新模式及其影响因素；戈登等人（Gordon et al.，2015）、基库和莱恩斯（Kickul & Lyons，2015）分别探讨了社会企业发展初期资金投入、财务能力及营销能力等对企业发展的影响，并分析其与一般商业企业的不同之处以及未来研究方向；李健（2015）将定价作为解决社会企业"中国式"困境的突破口，结合实际案例介绍了四种社会企业定价策略；汪忠等（2016）借鉴三级价格歧视理论，研究社会企业的交叉补贴定价策略及福利效应，发现该模式在某种程度上实现了帕累托改进；此外，为了衡量社会企业的商业运作效果，国外有三种比较成熟的评价模型体系：社会企业平衡计分卡（Kaplan& Norton，1992）、社会投资回报模型（SROI）（罗伯茨企业发展基金，1999）以及新经济基金会（2006）开发的LM3模型。国内很多学者也基于上述模型拓展了社会企业的绩效评价体系：比如孙世敏（2014）总结前述社会企业绩效评价模型及相互关系，进一步拓展了其应用范畴；沙勇（2013）根据社会企业承担的利益相关者的责任，构建了包含5项一级指标，27项二级指标的评价体系；汪忠（2013）基于已有的绩效评价方法，针对社会企业的特殊性构建了4个维度27个指标的社会企业双重绩效指标体系；等等。

总体而言，由于社会企业发展过程中所呈现出的异质性特征，使其在不同情形下创造经济价值和社会价值都体现出不同的效率（谢家平等，2016），这也导致了形式各异的社会企业商业模式。不同于一般商业企业只侧重于经济价值，社会企业演进路径是通过平衡经济价值与社会价值二者之间的动态关系而达到最终较为成熟的发展阶段（刘志阳等，2015）。

1.3.3 社会企业在农业领域的应用

目前对于社会企业在农业领域的应用及相关研究较少，无论从理论还是实践上都未形成较为系统的体系,甚至对农业社会企业尚没有一个清晰的界定。从目前研究来看,大多数研究是面向以特色农业为主要内容的"社会农业"的研究,而这种社会农业形式一般经营规模较小、经营范围较窄,并不面向占有更大范围的传统大宗农业生产过程。社会农业一般被称为是新型农业合作社,这也是目前出现较多的带有社会企业性质的农业运作模式(Monzon & Chaves 2008)。

法兹(Fazzi,2010)总结社会农业的实践可以大致分为三种类型:一是以帮助身体残疾及具有社会障碍群体进行恢复的关怀及护理合作社,这类合作社相对较少,是基于自然环境下的治疗、改善、身体及心理恢复等维度,通过参与农业的方式对具有社交及身体障碍的人群进行帮扶(de Bruin et al.,2010)。二是类似于传统农业合作社的社会农业,这类社会农业形式的比例最大,其进行农业生产的目的不是为了对特殊需求人群的护理及关怀,而是为了满足市场对某种商品及服务的需求,在生产过程中雇用了这类群体,其产生社会价值的方式是通过培训、教育生产能力低下的群体并提供工作岗位。这类社会农业由于生产效率较低且产品及服务面向的市场较狭窄,一般规模较小且有较高比例的社会志愿者。三是促进地区发展的社会农业,该类社会农业一般具有多种目标及服务形式,比如整合生产能力低下群体进行工作,通过社会行为促进农业发展,社区参与保护、恢复土地资源及环境等。该类社会农业不同于上述两种类型的特点就在于不只是对社会农业自身的参与者有益,还会对社会农业之外的其他利益相关者比如社区产生经济及社会效益。

新型农业合作社主要是为了应对传统的农业合作社已无法满足农业生产的多种类、多功能需求而出现,从具体的实现形式上看,主要包括土地流转合作社、社区股份合作社、资金互助合作社等(张淑惠,文雷,2014)。此外,基于农户创业所产生的社会农业也属于新型农业合作社的范畴,比如农村微型金融、生态信任农业、特色旅游农业等多元化农业项目,只不过社会农业大多规模较小,业务范围较窄,运营能力不是很强。相较于传统农业合作社,新型农业合作社呈现出组织职能综合化、成员异质化、管理企业化等的特点(黄祖辉等,2014),通过"合作式"契约整合农户群体内部蕴藏的各种资源,同时通过教育、培训、资助、雇工等方式帮扶农户中更为弱势的群体(Fuzzi,2010),通过规范的管理提升合作社的运营能力和竞争能力。

但是新型农业合作社在一定程度上仍旧属于农户群体内部的自助行为，具有公益性服务的理念，但却利用不到较强的外部社会力量，嵌入外部社会网络的程度较低，运作效率也要弱于商业企业。另外，内部利益分配也并不完善，比如存在收益被大户或大股东拿走，普通成员获利甚微，也没有什么话语权等问题（李金珊等，2016）。

普拉缇努（Pruteanu et al.，2012）将社会企业与传统农业生产联系起来，认为需要在农业生产实践与社会服务之间建立起某种形式的创新和联系，涉及层面包括金融支持、组织构建及村落发展等（Lanfranchi et al.，2014）。从组织及管理的角度而言，上述农业生产所需社会服务的内容及提供形式可能是多样的，原因在于不同农户之间存在资源禀赋及生产效率的差异（Ozer & Akcay，2013），构建一个能提供多职能服务的组织形式就成为解决这一问题的方案（Lanfranchi et al.，2015）。陆汉文等（2012）关于合作制社会企业运作过程的阐述给一般性农业社会企业的组织构建提供了借鉴。在此基础上，谢家平等（2017）将农业社会企业从运营过程的角度界定为通过高度社会嵌入的方式，基于合作与互惠的契约模式，辅以自身较为充裕的要素资源，满足农业生产及农户群体发展需求目标的一种企业组织形式。从社会嵌入的视角探讨社会企业对农户群体的帮扶以及实现自身的发展，认为其作用效果已经超过传统订单式农业；为了洞悉农业社会企业帮扶农户的内在动力机制，谢家平等（2017）还基于注意力基础观的视角，结合农业社会企业高层管理者的价值趋向、企业外部决策环境、企业战略柔性等因素，构建出农业社会企业的决策框架，探讨其注意力配置过程以及后续所实现的企业行为，将社会企业在传统农业生产领域的研究继续往前推进。

另外，从研究方法上，目前大多数研究都是通过理论分析或案例分析从不同维度对社会农业的相关现象进行归纳和提炼，通过实证分析及数理分析等方面进行检验及规律总结的研究很少。即便不考虑社会农业这一具体范畴，而是放宽到社会企业这一大的研究框架下来看，基于实证分析及数理分析的文献数量规模还是很小，只能说是突破了研究的瓶颈，进入了研究体系构建的初始阶段（刘振等，2015）。例如，国外学者的研究中，迈尔斯等人（Miles et al.，2014）通过实证检验发现社会企业越来越基于市场驱动，社会企业可以通过平衡市场营销能力更好地服务于利益相关者及受益对象；戈登等人（2015）继续检验了八种不同的市场营销能力对社会企业绩效的影响，研究发现并不是所有的市场营销能力都对社会企业绩效有积极影响，这颠覆了对传统的市场驱动型组织的发展认知；杜伯森等人（Dobson et al.，2015）基于博弈理论探讨了社会企业互惠特质下的"教与学"互动及可持续性，将互惠、合作及反应性"学习战略"引入到博弈分析框架，分析其对新建企业发展的影响；奈夫等人（Knife et al.，2014）同样通过实证分析验证了社会企业创造社会绩效的可持续性及效率问题，认为适应能力及资源丰裕度对于社会企业的效率有着非常重要的影响。国内学者应用实证分析及数理分析的方法展开研究的更少，只有寥寥数篇。孙世敏等（2016）通过构建数理模型探讨了财务约束下社会企业经营者的双目标决策模型，研究发现经营者的努力水平受到边际非货币收益和边际非货币成本的影响，因此需要政府等外部力量转换扶持对象，增加对社会企业经营者的支持，以促进其实现社会企业双重目标的积极性；刘振等（2015）通过实证分析探讨了社会企业基于不同的制度逻辑影响下，通过寻求市场、关系等方面的合法性，实现社会企业成长；汪忠等（2016）通过实证分析验证了基于 BP 神经网络的社会企业动态能力评价，并提出了提升社会企业动态能力的相关建议。可以说，这些方法的应用对于完善社会企业的理论体系，促进社会企业的发展确实起到了一定的作用，但是显然目前的研究只是基于相对较为分散的研究着眼点，各研究点之间尚没有太大的关联，这说明社会企业的研究还没有形成一个完善的体系，还处于相对松散的研究，显然这对于有效支持社会企业的发展是远远不够的。

1.3.4 研究评述

总结前人研究可以发现，国内外社会企业在农业领域的研究还相对较少，各方面的理论都有待于完善，并且理论研究与实际应用之间还有较大的差距。目前研究尚存在着以下不足：

第一，面向传统农业生产领域的农业社会企业的研究尚没有完全展开。社会企业本身商业模式的复杂性，使得目前研究较为零散且不成系统，而面向农业领域的社会企业的应用研究则更为单薄，目前研究中的农业社会企业的分析框架及运作体系还没有完全建立。

第二，考虑到社会企业与农户这两大参与主体各自的不同特征显然会对社会企业+农户合作模式带来相应的影响，比如社会企业不同发展阶段呈现出的不同结构嵌入水平及农户存在机会主义行为所导致的不同关系嵌入水平等。目前研究尚没有关注到这些问题，因此需要进一步探讨。

第三，研究方法的应用还不是很完善。目前以理论深化、案例分析、比较分析方法的应用比较多，但从实证分析及数理分析的层面展开研究较少，社会企业本身就是一个新事物，如何基于农业生产的特点将多样的研究方法应用到农业社会企业仍旧是一片处女地。

第四，如何助推社会企业在农业领域顺利运作，促进社会企业与农户之间基于互惠互利的共生发展，目前还没有从政策及法规层面形成支持。缺少可以借鉴的决策环境及政策制定依据是主要问题所在，需要在政策情境仿真方面做进一步研究，既为后续政策制定提供借鉴和指导。

总体而言，目前以传统农业为主要目标的农业社会企业实践已经逐渐展开，比如国内以民乐村为代表的农户入股、利润锁定、能力促进的模式。显然理论上的研究已经落后于实践应用的发展，尤其缺乏系统性研究，已经很难对实践发展提供很好的借鉴和指导，而这些问题又都是实现农业社会企业健康发展所必须解决的难点问题。因此这既是对学术界加快相应研究提出了要求，同时也提供了很大的机遇。

1.4 研究内容

1.4.1 研究思路

本书基于社会企业的分析框架，将社会企业相关理论应用到农业产业这一具体领域，在分析过程中借助服务创新、社会嵌入、注意力基础观以及商业模式等相关理论的支持，探讨农业社会企业服务于农业供给侧的运作过程作用及作用机理。可以说，本书的重点就在于通过社会企业这一创新组织形式，辅以基于农业生产性服务需求的服务创新解决农业发展所面临的问题。不仅仅是组织分散的农户，而是通过社会企业嵌入到市场机制，引导农户逐步形成参与市场的能力。具体研究思路如下：

首先，给全书的分析搭建一个理论框架，这个框架奠定了后续分析的基础和范畴。这一点主要通过第一个专题（第3章）实现：基于服务创新理论，构建了农业社会企业实现生产性服务创新的框架，并提出了全产业链视角下实现生产性服务的三种具体模式。后续的二（第4章）、三（第5章）、四（第6章）三个专题的分析都是在此基础上展开和深化。

其次，基于农业社会企业生产性服务创新的框架，探讨农业社会企业的价值实现及契约协调过程，揭开"社会企业＋农户"模式的运作"黑箱"。这部分内容是本书的重点内容，主要包括二、三、四三个专题。专题二（第4章）从农业供应链整体层面揭示农业社会企业与农户究竟是如何联系在一起，并探讨"社会企业＋农户"模式下各种影响因素及作用机制如何对农户绩效产生促进，揭示"社会企业＋农户"网络价值的实现过程及协调机理。专题三（第5章）将研究目标对准农业社会企业本身，进一步从根源上深究农业社会企业为何会关注于社会目标，并能够主动去帮扶农户群体。本部分内容引入了注意力基础观，在此基础上揭示了农业社会企业的决策过程，为社会企业的相关理论做了进一步的拓展和延伸。专题四（第6章）基于社会嵌入的理念，界定不同类型的"社会企业＋农户"契约农业模式，并将该运作体系置于双渠道环境下，通过构建数理模型，探讨在面临渠道冲突的情况下，不同类型农业社会企业与农户在不同合作契约模式下的定价决策及对利润的影响。

最后，当本书厘清农业社会企业的价值实现过程和决策过程，明了其对农业供给侧改革所具有的推动作用后，自然而然就要探讨如何实现农业社会企业的发展壮大。专题五（第7章）主要论述这一问题。本部分内容首先基于异质性企业的理念探究了目前中国社会企业的发展定位，进而提出了促进社会企业健康发展的商业模式创新，为后续中国社会企业的发展实践提供一定的借鉴和指导，同时也为本书的研究画上一个圆满的句号。

本书的技术路线图如图1-3所示。

农业社会企业：价值实现及契约协调

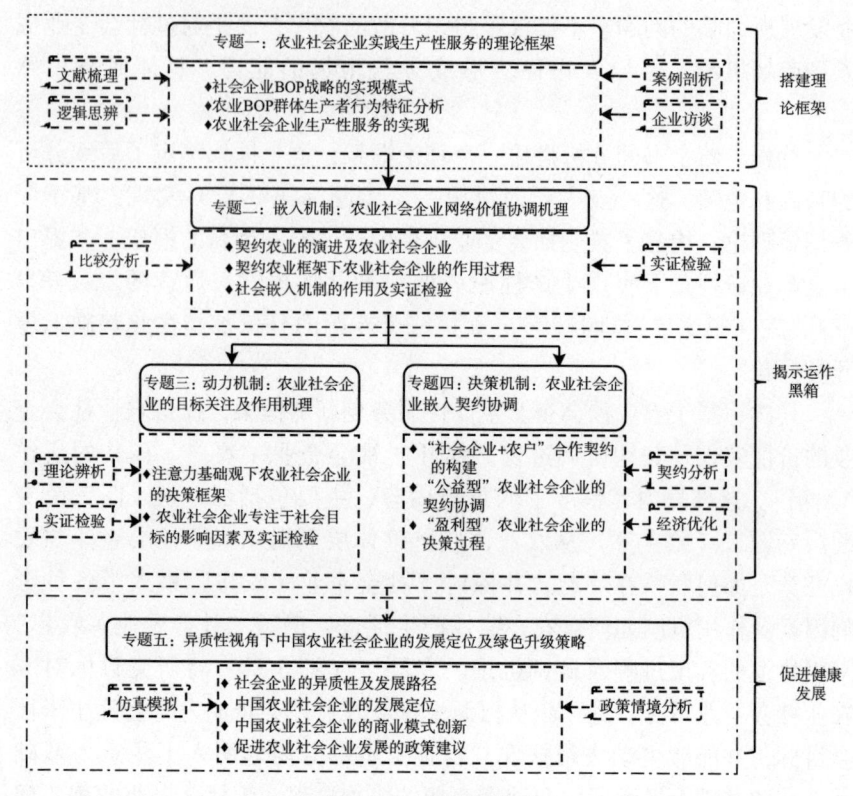

```
┌─────────────────────────────────────────────────────────────┐
│  ┌──────────┐   专题一：农业社会企业实践生产性服务的理论框架     ┐
│  │ 文献梳理 │──► ◆社会企业BOP战略的实现模式          ◄── 案例剖析  │搭建理
│  │ 逻辑思辨 │    ◆农业BOP群体生产者行为特征分析        ◄── 企业访谈  │论框架
│  └──────────┘    ◆农业社会企业生产性服务的实现                  ┘
│                                  ▼
│  ┌──────────┐   专题二：嵌入机制：农业社会企业网络价值协调机理    ┐
│  │ 比较分析 │──► ◆契约农业的演进及农业社会企业        ◄── 实证检验 │
│  └──────────┘    ◆契约农业框架下农业社会企业的作用过程            │
│                  ◆社会嵌入机制的作用及实证检验                   │揭示运作
│  ┌─────────────────────┐  ┌─────────────────────┐               │黑箱
│  │专题三：动力机制：农业│  │专题四：决策机制：农业│               │
│  │社会企业的目标关注及  │  │社会企业嵌入契约协调  │               │
│  │作用机理              │  │                      │               │
│  ├──────────┤          │  │"社会企业+农户"合作契约│◄── 契约分析   │
│  │ 理论辨析 │──►◆注意力基础观下农业社会企业│的构建                │
│  │ 实证检验 │   的决策框架        │◆"公益型"农业社会企业的│       │
│  └──────────┘   ◆农业社会企业专注于社会目│契约协调              │◄── 经济优化
│                 标的影响因素及实证检验  │◆"盈利型"农业社会企业的│
│                                        │决策过程              │
│                                 ▼
│  ┌──────────┐  专题五：异质性视角下中国农业社会企业的发展定位及绿色升级策略┐
│  │ 仿真模拟 │──► ◆社会企业的异质性及发展路径      ◄── 政策情境分析 │促进健康
│  └──────────┘    ◆中国农业社会企业的发展定位                     │发展
│                  ◆中国农业社会企业的商业模式创新                  │
│                  ◆促进农业社会企业发展的政策建议                  ┘
└─────────────────────────────────────────────────────────────┘
```

图1-3 技术路线图

1.4.2 研究方法

（1）理论分析和实证分析相结合。本书综合和交叉多种理论内容，首先，应用社会企业系统理论构建本书的基本框架；其次，基于供应链管理、社会嵌入及注意力基础观等理论对"农业社会企业+农户"模式下的农业供应链运作机理进行梳理；最后，通过调研问卷获得的数据，运用实证分析方法对上述分析进行检验。

（2）比较分析和关系论证相结合。采用因子分析法等手段检验影响农业供应链平稳顺利运行的因素；通过比较分析方法理清订单式农业、农业合作社与"农业社会企业+农户"运作模式的区别与联系；考虑社会效用最大化和经济效益协调的农业供应链机制设计，具体分析不同情形下农业供应链实现最优的运作模式选择。

(3) 数理分析和契约分析相结合。运用数理分析方法构建相应模式下农业供应链的运作模型；考虑社会价值最大化和经济效益协调的农业供应链契约机制设计，具体分析不同情形下农业供应链实现最优的运作模式选择。

(4) 案例分析和仿真模拟相结合。基于社会企业分析框架下的农业供应链的决策问题展开案例分析，通过对选定的农业社会企业从构建、到运营、到利润分配等全过程的深入剖析，探析其如何兼顾社会价值和经济价值；并在此基础上，利用仿真模拟，展开政策情境分析，形成具有共性的对策和方法。既验证本书之前分析的结论，也为中国农业实践的具体应用提供重要的指导和借鉴。

1.4.3 研究框架

本书的研究框架主要基于研究思路拓展开来，在研究思路的基础上辅以相应的前期研究准备以及最后的总结和研究展望。本书共包括 8 章，每章研究内容如下：

第 1 章，绪论。基于当前中国农业供应链及农业供给侧的现实情况，引出本书所要研究的问题。具体的内容包括展示研究背景和研究意义，梳理前期研究现状，提出研究思路、研究方法和研究框架，并总结研究创新之处。

第 2 章，农业供应链及 BOP 战略理论：一个综述。本书是置于农业供应链这样一个大的研究框架下，涉及社会企业和农户 BOP 群体这两个主要参与主体，以及将二者联系起来的企业 BOP 战略这一运作客体。因此，本书对国内外相关研究的梳理也从农业供应链管理和 BOP 战略理论这两个方面展开。

第 3 章，农业社会企业嵌入生产性服务的理论框架。本章给全文后续的分析搭建一个理论框架，这个框架奠定了后续分析的基础和范畴。具体内容包括：首先分析社会企业 BOP 战略的实现机理，面对不同类型的 BOP 群体，战略实现过程也有所不同；随后探讨农户作为农业 BOP 群体的生产者行为特征，将 BOP 群体纳入到整个价值链体系中，并施行由组织构建、资金投入、运作指导、收益分配等方面组成的农业社会企业服务创新框架，以期有效解决农业生产性服务缺乏的现状，进而实现农业社会企业与农业 BOP 群体的共同发展。

第 4 章，嵌入机制：农业社会企业网络价值协调机理。本章的主要研究内容就是探寻契约农业的新阶段——"社会企业+农户"模式的价值实现过程，以期弥补目前订单式农业及农业合作社所存在的缺陷。主要内容包括：在梳理前人文献的基础上，阐述契约农业的内涵以及演化进程，并对"社会企业+农户"这一新契约农业形式与订单式农业及农业合作社等传统契约农业形式进行比较；在契约农业的研究框架下，基于社会嵌入的视角探究农业社会企业提升农户绩效的作用机理及影响因素，并进行实证检验。

第 5 章，动力机制：农业社会企业的目标关注及作用机理。前面第 4 章的分析假定了一个前提，就是农业社会企业愿意帮扶农户，即便可能在帮扶的过程中可能使企业自身的经济利益受损。因此当农业社会企业面临社会目标和经济目标的二元约束时，就需要考虑当农业社会企业面临资源短缺，无法做到在经济目标和社会目标之间无限制的分配，此时农业社会企业是否会为了经济目标而采取一些可能损害农户利益的行为，即便是一种短期的行为？如果不会，那这其中影响农业社会企业对社会使命的贯彻的因素是什么？因此，本章的主要内容就是为了回答这个问题，基于注意力基础观的视角，构建农业社会企业决策框架，并理清影响社会企业贯彻社会使命的影响因素，或者说农业社会企业主动帮扶农户的根源；进而从高管团队价值观、农户生产性服务需求意愿以及企业柔性等角度探析农业社会企业专注于社会目标的作用机理，并进行实证分析。

第 6 章，决策机制：农业社会企业嵌入契约协调优化。基于第 3 章的内容，将"社会企业+农户"运作模式，较为简洁的刻画为这样一个运作体系：产前、产中的品种改良及土地改良，社会企业与农户共同参与，共担成本；产后的收益分配，社会企业与农户基于股权分红，共享收益。此外，基于第 4 章中结构嵌入的理念，根据农户在供应链网络上的地位不同，将农业社会企业区分为"公益型"及"盈利型"；基于关系嵌入的理念，根据农业社会企业对农户提供的生产性服务内容的不同，区分为松散式、紧凑式和整合式三种合作契约模式。并将该运作体系置于双渠道环境下，探讨在面临渠道冲突时，不同类型农业社会企业与农户在不同合作契约模式下的定价决策及对利润的影响。

第 7 章，中国农业社会企业发展定位及绿色转型策略。多元推动因素下的农业社会企业在创造经济价值和社会价值上体现出不同的效率，呈现出异质性的特点。农业社会企业需要整合商业和公益元素从而处于一种富有成效的平衡状态，实现社会价值与经济价值的均衡性，才有利于农业社会企业的可持续发展。基于发展异质性的视角，深入探析中国农业社会企业所面临的外部环境和自身模式的局限，并提出中国社会企业存在两种递进关系的发展定位：首先，由政府引导、社会推动、市场供需驱动融合促进农业社会企业的多元化发展；其次，农业社会企业兼顾经济和社会价值均衡共创发展。进而，借助商业模式的典型三维体系，将客户价值主张作为目标、企业资源和能力作为支撑、盈利模式作为基础，从目标定位、运营创新和理念更新三个方面对社会企业的商业模式进行了重构。最后，从完善政策体系、创新管理体制、加强理念培育等方面，就如何促进和支持中国社会企业的发展提出相关政策建议。

第 8 章，结论及研究展望。对全书进行总结，并对当前经济、社会环境下以农业社会企业为主导的农业供应链契约协调、农业闭环供应链以及农业社会企业相关理论向一般社会企业转化等未来可能的研究方向进行展望。

1.4.4　创新之处

本书针对农业生产性服务有效供给不足的特点，将社会企业的分析框架应用于农业供应链领域。通过一般理论与具体行业的结合，使针对社会企业的研究不再局限于一般化的组织行为的探讨，而是延伸到社会企业在某一具体行业上的应用，探讨基于行业特征下社会企业的战略管理及运营过程。这本身就是对社会企业相关理论和农业供应链管理理论在一定程度上的突破和创新。基于本书的研究内容，可以认为有如下几点具体的创新之处：

第一，揭示了社会嵌入机制在"社会企业＋农户"契约农业模式的作用机理，解释了农业社会企业促进农户绩效的作用过程。本书首先界定了农业社会企业的概念和内涵，构建了农业社会企业帮扶农户的服务创新模式；通过梳理契约农业的演进过程，对比分析了不同契约农业模式的运作特点；以往对契约农业的研究，大多是面向订单式农业及农业合作社，本书基于"社会企业+农户"模式所具有的"整合,嵌入"的特点，厘清了农业社会企业价值网络的协同机理，将农业社会企业以订单式农业为基础、辅以社会嵌入机制促进农户绩效的提升这一作用过程详细展示出来。

第二，通过动力机制理清农业社会企业主动贯彻社会使命的影响因素及源动力。目前对社会企业的研究，大多是基于其兼顾社会价值和经济价值的二元目标展开探讨，这实际上相当于已经定义了社会企业一定会追求社会价值这一前提。至于为什么社会企业会关注于社会目标却鲜有研究，这也是目前研究的一个缺陷。本书基于注意力基础观的视角构建了农业社会企业的决策框架，并从根源上揭示了农业社会企业专注于社会目标的作用过程及影响因素。

第三，通过决策机制展示"社会企业+农户"不同契约模式下参与主体的决策过程。基于社会嵌入的理念，区分了农户主导的"公益型"和企业主导的"盈利型"两类不同农业社会企业，并构建不同合作关系下"社会企业+农户"的不同契约执行内容和运作过程；通过数理模型刻画相应的契约执行过程及提出求解思路，针对两种类型农业社会企业+三种合作契约模式所形成的不同组合分别求解出农户及农业社会企业的定价策略。

第四，引入异质性企业的概念，并基于中国农业社会企业的发展定位，提出了适合农业社会企业发展与成长的新型商业模式。本书首次对中国农业社会企业确立了两种递进关系的发展定位，阐明了农业社会企业的发展推动力及发展路径；基于商业模式的三维体系重构了农业社会企业的商业模式，为农业社会企业实现其健康发展指明了方向。

第 2 章 农业供应链及 BOP 战略理论：一个综述

在第 1 章的论述中，已经确定本书的主要研究对象是农业社会企业，主要研究内容可以概括为基于农业供给侧所面临的不同困境，农业社会企业如何通过实现综合性的生产性服务创新来缓解或解决这些问题。我们在展开分析之前，必须要理清已有的文献，为后续分析建立一个坚定的理论基础。从第 1 章所论述的研究内容可以看出，本书是置于农业供应链这样一个大的研究框架下，涉及社会企业和农户 BOP 群体这两个主要参与主体，以及将二者联系起来的企业 BOP 战略这一运作客体。当农户群体面临较大的发展需求时，无论是政府公共部门还是一般商业企业，其基于 BOP 战略在提供生产性服务方面都存在不足以及低效率的现象，社会企业的出现为解决这一问题提供了一个新的路径（刘鲁浩等，2016）。基于这个思路，我们对国内外相关研究的梳理也从农业供应链管理和 BOP 战略理论这两个方面展开。

2.1 农业供应链管理

2.1.1 农业供应链管理内涵

面向农业的供应链管理始于 20 世纪 90 年代，目前已经逐渐成为满足和实现农业产业化发展需求的一个越来越重要的研究领域。而且发展至今，无论从理论上还是实践上，都从不同层面形成了对农业供应链管理的众多不同的认识。但是作为供应链管理这一理念在农业产业的应用，对农业供应链管理究竟是怎样的定义也没有形成非常统一、清晰的界定，不同的研究总是侧重于供应链管理的不同层面。如果说将农业供应链定义为提供满足消费者农产品需求的一系列流程和活动的有机组织网络（Christopher，2005）；而且这个网络是一个将众多处于不同专业生产领域的企业整合到一起的复杂系统（Bryceson & Smith，2008）。那么由此展开的农业供应链管理就可以延伸到一个非常广阔的范围：从供应链管理所涉及的流程和活动层面来看，可以包括农业综合采购战略（Gracia et al.，2013；Wiedenmann，2015；等等）、农业生产行为及管理（杨义武等，2016；Gollin et al.，2014；等等）、农业物流管理（王新利，2003；Poumanyvong et al.，2012；等等），等等，在这个层面上与其说是农业供应链管理，不如说是农业供应链某一结点参与主体自身的运营管理；从供应链管理所涉及的不同节点企业范围层面来看，既可以是面向上游的农业生产阶段的管理（聂辉华，2012；浦徐进，2015；Kumar，2008；等等），也可以是面向下游的农产品供需管理（Frank & Henderson，1992；Aruoma，2006；杨亚等，2016；刘瑞峰，2014；等等），由于涉及不同参与主体间的交易或合作行为，因此更多体现出了农业供应链管理及协调的理念。本书首先就这两种不同的研究范畴对已有文献做一个梳理。

2.1.2 农业供应链运营管理

按照谢家平（2016）等对供应链管理在业务层面的解释，农业供应链管理过程涉及的不同流程和活动，这一点也可以认为是农业供应链某一结点参与主体自身的运营管理，主要包括农资及农产品采购、农业生产管理、农业物流管理等环节。

（1）关于农业综合采购战略的文献大多集中于探讨对最终农产品的采购方面。格雷西亚等人（Gracia et al.，2013）、亚卡诺夫斯基等人（Jekanowski et al.，2000）等从农业供应链末端的消费者层面探讨了农产品的购买及消费行为，发现消费者的购买意愿受对农产品的认知、质量预期、对健康及环保的考虑、收入水平、性别及居住时间等的影响；郜振廷、于卓（2009）基于企业层面，以 TCO 分析方法的思路，探询鲜活农产品采购的策略以及方法；企业采用中央采购项目可以充分利用其强大的控制力量，在保证质量的同时，减少流通环节的成本，有效实现"农企对接"（王云，2011）。随着人们环保意识的增强，较多关于基于环保考虑的农产品采购方面的研究逐步出现，在消费层面，有机农产品对于消费者有着较高的吸引力，影响其购买行为的因素在于对健康问题的考虑以及有机农产品的价格（Cho Y. J. et al.，2015）；在生产层面，维登曼（Wiedenmann，2015）将不能用于食用及养殖的农产品原材料作为工业生产的可再生投入能源，论述了关于农产品原材料用于工业生产供给计划。另外有极少数学者探讨了农业产前农资产品的采购问题，但是这种文献探讨的重点并不在于农资产品本身，而在于采购方式及意愿等，比如钱大可等（2012）对农资产品团购过程中的采购者博弈行为进行了分析，认为采购者应尽可能在合理的利益分配基础上进行合谋以谋求更多的团购利益，从而避免团购过程中"搭便车"现象与议价成本重复投入；西里莎（Sirisha，2016）、阿坎达（Akanda，2012）等认为农户教育水平会提升其对种子等农业生产资料的认知能力，进而影响其采购决策。

（2）从运营层面探讨农业生产行为及生产组织过程的文献相对较少，原因在于农业生产环节更多是指种植过程及培育过程，这个过程具有季节性、周期性、自然条件依赖性，以及非标准化和不确定性的特点（郭慧伶，鲁再平，2003），而且生产过程并不会随着技术进步以及组织制度的更迭而发生本质改变（黄祖辉等，2005），因此从运营层面对这个过程进行规划的意义并不是很大。学者们大多关注于农业生产技术改进、农业生产不同阶段的管理以及农业生产效率提升及其影响因素等方面的。比如杨义武等（2016）运用动态广义矩估计方法进行再检验，发现农业技术进步对农民纯收入以及农民工资性和经营性收入都有显著的促进作用；而实现这种增收效应的影响因素可能很多，包括区域经济发展水平（Gollin et al.，2014）、农村人力资本（Robert，2002）等；农业生产技术的改进与农业生产管理有着相互促进的作用，不同层次的农业生产管理参与行为不仅带来农业生产技术的改善，还促进了分配公平（孟德锋等，2010），同样，新的农业技术——比如智能化、网络化农业信息技术的应用也会提高农业生产管理水平（于宏源等，2002），尤其是在目前"互联网+"的背景下，通过电子商务、在线平台、远程监控、智能管理等方式可以解决农业生产行为的两难悖论（周绍东，

2016);提升农业生产效率是农业生产过程的首要目标,农机具购置补贴(吕炜等,2015)、农业生产的分工演进(Coelli,2004)、农业技术扩撒(常向阳等,2014)等因素都对提升农业生产效率有显著影响,尤其是针对农业生产的非标准化特点,很多学者对如何实现农业生产标准化促进农业生产效率提升也进行了深入探讨(耿宁等,2013;Wei,et al.,2008;于冷,2004;等等)。

(3)农业物流是指以农业生产过程中,物品从供应地向接收地的实体流动,以及与之有关的技术、组织、管理活动。整个物流过程包括运输、储藏、加工、装卸、包装、流通和信息处理等基本功能和环节,并通过组织和管理活动有机整合在一起。农业供应物流、农业生产物流及农业销售物流构成了农业物流的主要内容(王新利,2003)。其中,农业供应物流与农业生产物流的研究相对较少,大多数研究都是针对农业销售物流,或者称为农产品物流。综合国内外研究可以发现,农村城镇化水平、物流运作模式、物流基础设施和配送中心选址等因素是影响农产品物流效率的主要因素。农村城镇化可以正向促进对运输能源的使用(Poumanyvong et al.,2012),提高农产品物流效率,并且随着时间推移,这种作用效果会越来越明显(杨军,王厚俊,杨春,2011);不同的物流运作形式代表一定的运作过程、管理水平甚至技术能力,这会基于对农产品的适用性而对其物流效率造成影响(Leat,2008)。目前,农产品物流模式正在由普通的交易导向模式向更加专业化的服务导向模式转化,在这个过程中会因为主导企业的不同而产生不同的效果(王程等,2014)。如果能够辅以特定的产权结构和激励约束机制,如奖惩结合、信息共享等方式,可以有效提高物流效率、促进物流成本的降低(梁静等,2006);物流基础设施的改善对于优化物流环境,提升物流能力有非常大的促进作用,并带动地区经济的发展(胡凯等,2010);通过实现物流配送中心的最优选址方案不仅可以节省配送时间,降低农产品的损耗,还能够降低企业物流成本(索志林,王栋,2007),更重要的是通过优化选址可以有效降低污染排放,从而实现环保效应(Figliozzi,2011)。

2.1.3 农业供应链协调管理

根据所涉及的不同参与主体范围,农业供应链的协调管理实际上可以分为两类：一类是基于"核心企业+下游"层面探讨产后加工—流通—消费环节的农业供应链，或者称为农产品供应链；一类是基于"核心企业+上游"层面探讨产前投入—产中运营—产后分销环节的农业供应链，如图2-1所示。

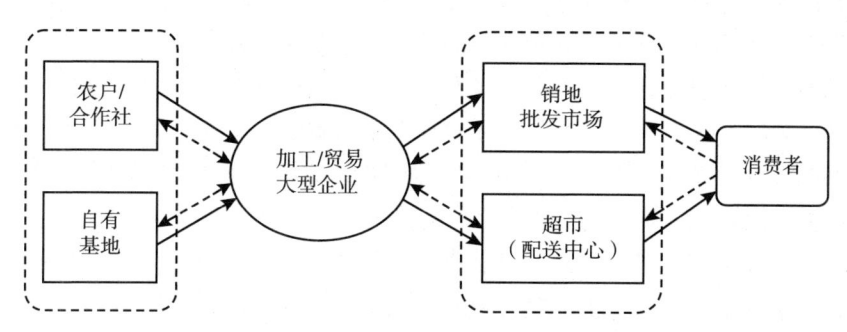

图2-1　农业供应链协调管理框架

之所以会有这样的区分，是因为从生物特性上来看，农产品具有不同于其他产品（比如工业品等）的特殊性——易腐蚀、单位产品价值低、产品的非标准化等（黄祖辉等，2005），这就将基于"核心企业+下游"层面的农产品供应链从农业供应链中独立出来，并逐渐受到学者们和管理者们的关注（Frank and Henderson，1992）。有学者对农产品供应链做了细致的构建，认为农产品供应链是包括农产品初级原料生产、初级加工、深加工、包装、储藏、运输、批发、零售直到消费者购买的各个环节相互联系的系统（Aruoma，2006）。从这个角度可以看出，对农产品供应链的定义和研究着重强调自加工往后的下游环节，而没有过多展示上游环节的农业生产运作过程，也没有强调核心企业对原料供应环节的支持和协调作用及其相互之间发生联系的内容及形式。实际上农产品作为一种消费品，根据其产品特性，农产品供应链也可以被理解为围绕核心企业，通过对信息流、物流、资金流、商业流的控制，贯穿从原材料产前环节—产中环节—产后加工环节—流通环节—消费环节—售后服务环节，最后由销售网络把产品供给消费者的模式。只不过这里的原材料是指生产农产品的原材料，而非农业生产的原材料，农产品供应链同样是一个将供应商、制造商、分销商、零售商、消费者连成整体的功能网链结构（李岩等，2008）。在这样一个定义下，农产品供应链就不仅仅如前文所述的农产品物流管理，只需要解决农产品自身的储藏、运输、保鲜等问题，更需要解决的是加工商或制造商与分销商或零售商的交易及合作问题，比如农产品定价、合作稳定性等。覃毅延等（2007）、赵霞等（2009）分别就数量折扣契约和收益共享契约研究了农产品供应链的定价问题，蔡晓强（Cai，2010）等考虑保证质量努力程度的情形下，分销商对农产品的最优定价策略；王磊、但斌（2014）拓展了以往研究，引入消费者偏好的概念，构建价格和新鲜度影响下的消费者时变选择模型，分析了零售商对于生鲜农产品的最优定价及最优保鲜投入。莱文（Levin，2003）、张春勋（2009）等则考虑到了质量（包括生鲜度）对契约稳定性的影响，认为供应链关系契约在提升农产品质量及供应链利润方面有显著作用，并且选择恰当的冷链设施补贴模式可提升生鲜农产品供应链关系契约的稳定性（熊峰等，2015）。

从"核心企业+上游"的农业产前投入—产中运营—产后分销环节的层面来看，主要探讨的是农业加工企业（龙头企业）与上游农户之间的各种交易或合作行为以及相互之间的联系。从已有文献来看，这之间实现二者交易或合作的组织模式以及联系模式也是多样的。根据第1章的阐述，本书的研究内容主要侧重于"核心企业+上游"层面，探索核心企业与农户之间有何种运作模式以及契约关系、对各自的绩效有何影响以及运作过程中可能存在的风险及问题，所以本文后续也从这几个方面对现有文献展开评述。

1. 农业供应链运作模式

面向农业供应链上游环节的运作模式可以看作是上游各参与主体之间为完成农业生产环节和初始农产品供应而进行的组织、计划、实施和控制的过程。这个过程中，如果参与主体之间按照契约关系不断拓展农业产业链，实现农业产业链的延伸和市场自组织化，并在合约基础上组织起规模化和专业化生产，这就实现了农业产业化，也是实现农业现代化的重要形式（王小映，2014）。所以说，不同的农业供应链运作模式实际上就代表了不同的农业产业化水平。从前人文献的研究可以看出，我国目前的农业供应链运作模式主要有如下三类："市场+农户"模式、"龙头企业+农户"模式、"龙头企业+农场"模式（聂辉华，2012；浦徐进，2015；Kumar，2008；Lovo，2012；等等）。除此以外还有一些模式可以看作是上述几种模式的衍生，比如"市场+合作社+农户""龙头企业+合作社+农户"等，这些模式只是在原来模式之中加入了一个中介组织，通过中介组织一定程度上弥补原来模式中可能存在的缺陷，但其实质与没有中介组织下的情形并没有很大差别（聂辉华，2012）。

"市场+农户"模式是最基本的农业供应链运作模式，农户作为独立的经济主体，自主生产和销售农产品，自发进入市场，承担交易成本，直接面对市场风险（Lovo，2012；Sauer，2012）。这种模式可以说是随着农业生产一直存在着，但是在我国随着家庭联产承包责任制的施行，农业生产力水平获得了较大的发展，自发的"市场+农户"模式也逐渐暴露出很多缺陷，其中最主要的就是小农户与大市场之间的矛盾，小农户资源有限、规模有限、效率较低（税尚楠，2013），有较高的生产成本和交易成本，很难满足大市场的需求（叶飞，林强，2015）。解决这一矛盾有两种思路：一是通过农户之间的横向联合，实现资源整合，增强分散农户的市场地位和谈判力量；二是通过企业与农户的垂直合作，增强农企之间的联系与支持，实现二者之间的协同（徐健，汪旭晖，2009）。

"龙头企业+农户"模式是目前国内应用较为广泛的农业供应链运作模式，一般以成熟农产品加工企业（俗称"龙头企业"）为主导，与多个农户签订契约，农户按龙头企业的要求组织生产，并在产后按契约规定将产品出售给龙头企业（聂辉华，2012）。这类模式的出现，不仅使龙头企业有了较为稳定的原材料供给来源，而且还可以改善农业生产条件、降低交易成本、增加农户就业等，可以说在稳定农业生产并促进农业增收方面做出了贡献（Opoku，2012；Kumar，2008）。但这种模式也有缺陷，由于农业契约的不完全和农户与企业信息的不对称会导致各种机会主义行为发生（Arrow，1984；Stiglitz，2000），比如农户违约风险、企业"敲竹杠"现象等（费梦琪等，2015）。聂辉华（2012）认为由于契约的不完全性，"敲竹杠"现象使得所有的农业产业化模式都不能达到最优效率；此外，邵春杰、孔令丞（2005）认为只有将农户纳入企业，实现生产环节的企业内部化，才能消除违约风险，也就是说在农业供应链的上游实现生产的纵向一体化是降低违约风险的手段，这实际上也就是"龙头企业+农场"的模式。

"龙头企业+农场"模式是指龙头企业将生产、加工与销售环节都纳入到企业内部，实现纵向一体化，通过雇佣农户在自有农场进行生产，农户成为产业工人，获得工资收入（聂辉华，2012）。"龙头企业+农场"的纵向一体化模式在发达国家已经广泛应用，梅纳德（Menard et al.，2004）在早期就指出欧美农业供应链有向紧密协作和一体化程度加强的趋势。纵向一体化最大的优势就在于节省交易成本（Coase，1937），以及帮助企业实现特定的战略目标和治理结构等（Williamson，1981）。"龙头企业+农场"的纵向一体化模式使农业价值链得到了延伸，同样可以降低交易费用，取得范围经济，拓展供应链的盈利空间（綦好东、王瑜，2014）；同时农户不再单独从事生产，受市场风险的威胁，企业通过纵向一体化可以对农业生产过程实现全程管理，双方也无须担心违约风险；而且供应链的一体化不仅会影响不同主体间的履约，还会影响农产品的质量，农业供应链的一体化程度越高，其提供产品的质量安全水平越高（汪普庆等，2009）。但是这种模式的问题在于，无论任何企业，在纵向一体化模式下，都需要解决管理成本及委托代理问题，管理成本过高会导致企业运作低效率，雇工的机会主义倾向会带来委托代理成本（Jensen et al.，1976），这一点对农业供应链来讲也不例外。可以说，"龙头企业+农场"模式与"龙头企业+农户"模式的缺陷都是源于农户与企业之间较低的信任及信息不共享，因此，如果能借助信任、互惠、灵活性、声誉机制和有效沟通等关系治理机制，可以有效克服上述模式的缺陷，在降低龙头企业与农户之间交易成本的基础上，还能提升双方的互动与交流，增强合作基础，进而提高合约履行绩效，实现公司与农户双赢发展的目标（万俊毅，2008）。

2. 农业供应链契约关系

农业供应链结点企业之间的契约关系也一直是学术界研究的热点问题。现有研究认为，影响契约稳定性的因素主要包括交易规则、供应链成员的风险偏好、渠道权力结构和信息结构等（Claro et al.，2003；Zaheer et al.，2007）。实际上，农业产业化中的契约选择，就是在选择规定决策权以及剩余分配办法的治理结构（王小映，2014），不同的契约模式可以影响企业和农户的收益，自然就会影响契约关系的稳定性。本书研究内容中所要用到的契约关系，实际上囊括了从产业经济学到组织行为学到供应链管理领域的范畴。从产业经济学领域来看，前文中所提到的"龙头企业＋农户"模式以及"龙头企业＋农场"模式实际上就是两种不同的契约关系：商品契约与要素契约（周立群，曹利群，2002）；从组织行为学领域来看，经济主体间的契约关系可以分为正式契约与关系契约两种（Baker，2002），农业龙头企业与农户之间的交易关系实质上就属于关系契约（陈灿等，2007），因为其具有长期、不完全、伴随较多不确定性和风险等特征（Grandori，2006）。但是农业供应链的关系契约具有一定的主体特殊性，因此需要特定的合同＋关系治理相结合的治理模式（陈灿等，2007）。也就是说，契约关系的稳定不仅仅是依赖企业与农户签订正式的合同，还需要双方达成一种互信、互助、共享、互惠的关系治理模式（Day et al.，2013）。由于以上两个方面实际上在农业供应链运作模式这部分的论述中已经有所体现，所以在此不再赘述。而在供应链管理领域，为了解决企业与农户间契约关系稳定性的问题，产生了诸多从不同角度展开契约优化的研究，本书后续主要对这些文献做简要的展示。

全球知名的供应链管理专家卡琼（Cachon，2003）对供应链契约协调做了详细分析和阐述，并基于报童模型介绍了不同契约模式的优点和缺点，主要包括批发价契约、回购契约、收益共享契约、数量柔性契约、销售返点契约、数量折扣契约，等等，从以往文献来看，最为常用的是批发价契约、收益共享契约（成本共担契约）等模式。不同商业模式下的供应链运作都需要契约协调。对于供应链整体而言，最优绩效的取得需要各结点企业的相互协作，但是在实际情况中，由于各参与主体更加关注的是自身利益而非供应链整体绩效的最大化，基于这种决策目标的供应链会因为"双重边际效应"而不能达到最优绩效。因此，基于特定契约形式的供应链协作才可以使企业的决策目标与供应链整体目标相一致，进而达到供应链的最优目标。而在具体应用过程中，罗伊等人（Roy et al.，2012）认为缔结契约的模式和契约类型的选择，需要考虑不同的市场需求情况、不同的市场结构，以及产品的生产成本、销售价格和服务的质量、期限、提供方式等多方面因素。

（1）批发价契约（wholesale-price contract）：批发价契约是商业应用中最普遍的契约。批发价契约下制造商的单位成本为 c，以一定的批发价 ω 将产品量 q 分销给销售商，销售商再以某一零售价格 p 卖给最终消费者。此时，供应商获得确定性的利润 $\pi=(\omega-c)q$，而把市场需求的不确定性和库存风险全部转嫁给销售商。批发价契约下制造商可以通过数量折扣和销售返点激励零售商协调供应链的订货决策，实现供应链总体利润最大化（Weng，2004；Bernstein & Federgruen，2005）；可以通过回购合同和数量柔性合同降低零售商的库存风险（Cachon et al.，2005），如果批发价格保持不变，则批发价契约不能实现供应链运作的优化（Lariviere，2001）。

（2）收益共享契约（revenue-sharing contract）：在收益共享契约模式下，供应商基于对零售商的激励效应，以较低的批发价 ω 将产品批发给零售商，促进零售商更多订货，再通过分享零售商销售收益的 $(1-\Phi)$ 作为收益弥补（Savaskan，2006）。这样零售商参与分担了因市场需求变动而带来的供应链风险，但零件供应商和产品制造企业以收益共享实现双方共同利润最大化与物料消耗最小化的目标并非都能同时达到均衡，需进一步的沟通与协商（Corbett & DeCroix，2001），供应链的设计能够改变供应链成本以及供应链上各企业的运营模式（Cachon，2014）。达纳和施皮尔（Dana & Spier，2001）梳理了收益共享合同在不同行业的应用，认为通过收益共享合同能够有效减小牛鞭效应，实现供应链整体协调。需求方以预先设置的利润分成比例将收益的一部分转移给供应商作为风险补偿，可以实现供应链整体的利润优化（Gerchak & Wang，2004）。但收益分成比例应立足供应链整体协调视角，寻求最优批发价、零售价和分成比例决策（陈菊红等，2008）。此外，客户对产品质量、服务质量和价格都很敏感，可引入质量担保条款，实现风险共担（Xiao et al.，2011）。

后续关于供应链契约在农业供应链的应用大多是基于上述几种主要的契约模式，然后在此基础上进行拓展，探讨不同情形及影响因素下，供应链及各参与主体的绩效变化及策略选择。比如针对努力投入，浦徐进等（2015）总结了农业供应链中的三种主要渠道模式，分别对应无契约、批发价契约、收益共享契约或成本分担契约的情形，然后同时引入生产努力和销售努力共同发生作用的情况下，对比分析不同渠道模式下两种努力的投入变化以及对供应链绩效的影响，研究发现收益共享契约或成本分担契约是一种更好的选择，会促进农户与企业努力投入的提高；这一点与卡亚（Kaya，2011）的研究结论基本是一致的，卡亚认为当企业存在销售努力时，同时运用收益共享和成本分担契约确实可以实现供应链协调；在不对称纳什谈判博弈下，会比 Stacklberg 博弈更能激励企业与农户提升努力水平（Aust，2015）。另外，农户的风险规避性也是诸多研究考虑的要素，迈克尔逊（Michelson，2012）认为正是由于农户的风险规避性才促使其直接选择"农超对接"契约；此时，如果企业能够帮助农户承担风险，可以提高农业供应链的效率，增加各成员的利润（凌六一等，2013）；但斌（2013）构建了农产品供应链的随机利润模型，通过对比不同模式下的利润变化，也认为"风险分担+回购"的组合式契约可以协调供应链。农业供应链最大的特征就是产出与需求的随机性，张吴颂等人（Jang et al.，2011）基于批发价契约探讨了农业企业与农户之间的最优合作规模及最优农产品产出数量，但此时销售价格都假定是外生的，当销售价格受农业生产随机产出率影响时，农业产业化组织的生产/销售决策都要随之发生变化（Kazaz et al.，2011）；叶飞等（2015）在此基础上也引入农户风险规避的影响，并将销售价格与随机产出率相关联，探讨了市场定价、固定定价、保护定价三种不同定价模式下农业企业和农户的最优决策选择；同样，当需求与产出都是随机的情况下，收益共享契约会比批发价契约更加有效地实现农业供应链协调（赵霞等，2009）。

3. 农业供应链绩效管理

对农业供应链绩效的研究可以分为不同层面，有的文献面向供应链的参与主体绩效，比如农户绩效、农业企业绩效，乃至农业供应链整体绩效等；还有文献面向农业供应链的某一运营环节绩效，比如体现供应链稳定性的交易绩效或合作绩效、影响农业生产效率的土地整改绩效、技术转移绩效，等等。前文所述农业供应链的契约关系，是否协调的标准实际上就是看不同契约模式下农业供应链各参与主体的绩效是否获得改善。而在本部分中所要论述的绩效管理，更多是通过实证分析的方法，探讨影响农业供应链绩效的各种具体因素，这些要素可以是不同的契约关系或治理模式，也可以是其他一些要素。

从社会资本和社会网络的视角对农业供应链绩效展开研究的文献较多。社会网络一般是指由个体、组织之间的社会关系所形成的体系，社会资本就蕴藏在社会网络之中（刘克春，2015），因此社会资本发生作用的过程实际上就与社会网络有关。一般认为，社会网络对企业绩效有正向促进作用（陶秋燕，2014），但是不同的社会网络关系所起到作用也是不同的，随着时间的推移，社会网络所起作用的效果也会发生变化（Peng et al., 2000），甚至有学者认为，社会网络关系与企业绩效之间呈现"倒U型"关系（Semrau, 2012）。

还有研究通过实证分析发现加入农业合作社对农户绩效有显著的正向作用，而且这种正向效应既体现在单纯从事农业生产的农户绩效上，还体现在同时从事农业生产和其他工作的兼业农户绩效上（张晋华等，2012），原因在于农户加入合作社，相当于获取了一定的社会资本，农户可以获得规模经济以降低交易成本以及获取有效服务载体等（蔡荣，2011），由于合作社可以保证所有的社会资本都能被成员所共享，因此合作社有时候又被称为社会资本的代理人（Chloupkova et al., 2003）。但是，合作社也有自身的缺陷，一是内部的高交易成本（Valentinov, 2004），这是由于合作社非常注重所有成员在决策制定和利益分配上的共同参与所导致；二是由于低效率和管理者权利扩张所导致的合作社社会资本不断流失，导致起源不足。因此如何继续将合作社往前推进，使其能更好地发挥提升农户绩效的作用是后续研究要关注的问题。

除了面向农业供应链参与主体绩效的研究，还有很多研究是面向农业供应链的某一运营环节绩效。许多文献将供应链的稳定性称为交易绩效或合作绩效，其中治理模式是影响交易绩效的主要因素。黄梦思等（2016）认为在农村特定的环境范围下，在农户与龙头企业的交易过程中存在"传统社会规范治理与正式契约治理的渠道复合治理以及关系治理与正式契约治理的渠道复合治理"两种模式，在这两种模式下，传统社会规范治理和关系治理都对正式契约治理有"挤出效应"，但关系治理的挤出效应可以正向影响农业供应链的交易绩效，相较于传统社会规范治理会更有效。在这个过程中，契约的明确性和可执行性会影响农户绩效水平，进而影响供应链的稳定性（夏春玉等，2015）。这是因为明确的契约关系相当于提供了制度框架，可以弥补非正式治理的缺陷（Liu, et al., 2009）；而契约的可执行性可以有效抑制机会主义行为，并体现出对成员的公平性（Antia et al., 2006）。另外，龙头企业对契约治理过程中的结果控制和过程控制也会促进交易绩效，但是对于契约明确性和可执行性对农户绩效的提升效果会起到削弱作用（夏春玉等，2015）。

还有文献认为由于农业生产的自然依赖性，从生产条件层面探讨不同因素对农业生产也具有非常重要的意义。比如农地整治及改良对农业生产效率也有很大的促进作用（Coelho，2001），汪文雄等（2016）通过实证分析，发现农户的有效参与会优化农地整治或改良项目，进而提升农地整治或改良项目的效果，最终提升农业生产绩效；技术知识转移同样会对供应链绩效产生促进作用，但是在农业供应链层面技术知识转移绩效受龙头企业技术知识转移意愿、转移能力、农户学习意愿、学习能力等因素的影响（马雨蕾等，2013）；政府政策层面的农地流转、政府补贴等行为都会对农业供应链绩效带来影响。上述这些研究大多是应用实证分析的方法对相关因素的作用效果展开验证，对农业供应链绩效管理无论从理论还是实践上都是非常有益的补充。

4. 文献评述

在世界上不同地区的国家，已经有越来越多的农业实践案例表明，要想提高本地区的农产品竞争力和农业竞争优势，就必须不断优化和创新农业供应链管理。而且，通过农业供应链的管理和协调能为各参与主体带来较多利益（Insch，2008）。很多发达国家的案例表明他们的农业之所以能够获得强大的竞争优势，离不开其高效的现代农业供应链系统；而在很多发展中国家，也可以基于本国的农业发展结构及发展水平，构建、整合和创新农业供应链管理，通过帮助供应链上游以农户为代表的弱势主体获得更多收益，不断提升本地区农产品竞争力和农业竞争优势（Edward et al.，2011）。

另外，以往研究中较少考虑到作为上游处于弱势地位的农户的问题，而实际上对于发展中国家而言，农业供应链上游弱势群体的利益是影响供应链稳定的一个重要因素。由于农户经营的分散性、生产过程的不稳定性以及价格波动的不确定性等因素，使得农户在农业供应链中处于非常不利的地位，农户靠经营农业实现持续增收并维持生产的基本需求无法得到保障。因此，这也为本书研究提供了一个切入点：基于"核心企业+上游"以及面向农业供应链上游的农户的发展需求这两个层面展开，探讨如何实现农业供应链的整合、协调及优化，并带动农户及农业供应链绩效的提升。

2.2 BOP 战略理论

2.2.1 BOP 战略的内涵

长期以来，贫困问题一直是困扰世界各国、各类社会组织的重大问题，如何消除贫困已经成为国际共识，但是彻底消除贫困却仍有很长的路要走。目前，学术界关于如何消除贫困的讨论大多集中在发展经济学和公共管理领域（Stiglitz，2003），强调通过政府和公共部门主导，通过慈善组织或公共政策来缓解乃至消除贫困。之所以如此，是因为考虑到贫困人群之所以贫困，一是其自身能力的低下以及资源的缺乏，在实现自身发展方面能力不足；二是一般的商业企业基于利润最大化的经济目标考虑，更加关注于有高消费能力的群体，贫困人群自然不在其考虑之列（谢家平等，2016）。因此，政府与慈善组织等公共部门便成为解决贫困问题的主要力量。但是，近年随着全球化的深入所引致的国家之间的发展不平衡，世界范围内的贫富分化程度在进一步加剧，在这个过程中，由于资源的限制以及公共组织在提供服务方面"市场失灵"的影响，政府和慈善组织等实施的各种扶贫计划和项目都收效甚微，贫困问题并没有呈现缓解的迹象；相反，政府以及公益组织却因此背上了较为沉重的财政负担（Easterly et al.，2008）。除此以外，还有学者将解决贫困问题寄托在商业企业践行社会责任要求（Singh，2016），但是实践表明这种思路不能从根本上解决问题，也无法从改变穷人的基本素质上解决发展需求问题。

基于这一现状，很多学者运用普哈拉和哈特（Prahalad & Hart, 2002）提出的通过商业模式创新缓解与消除贫困的金字塔底层（bottom of the pyramid, BOP）战略来解决低收入群体的需求问题。BOP 战略的提出是基于亚洲和拉丁美洲金融危机的背景下，普哈拉和哈特认为金融危机削弱了这些地区新兴市场的吸引力，其结果就是导致跨国公司在这些新兴市场的投资放缓甚至衰退。当新兴市场的极少数富人阶层以及新兴的"中产阶级"不能为振兴市场带来改变时，跨国公司就必须重新审视他的全球化战略，将目光转移到数以亿计的抱有发展需求的穷人阶层身上，从新的角度——世界经济的金字塔底层获取资源，展开竞争。普哈拉和哈特认为占世界人口 2/3 的 BOP 群体内蕴含着巨大的商业潜力，如图 2－2 所示。

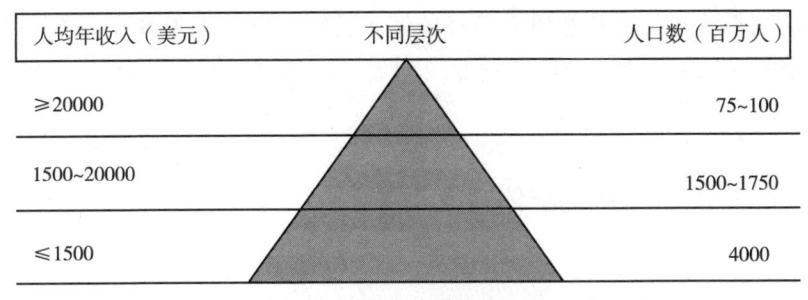

人均年收入（美元）	不同层次	人口数（百万人）
≥20000		75~100
1500~20000		1500~1750
≤1500		4000

图 2－2　世界不同群体收入分布

企业以该群体为目标市场进行探索与开发不仅可以获得可观的商业回报，而且还能够创造不可计数的社会价值，比如在基础设施和商品不能满足人们基本需求的国家发展环保可持续的新技术和新产品，既可以改善低收入群体的生活水平，又可以带来就业机会，提高低收入群体的收入水平，或者以提高低收入群体的生产能力等方式来缓解甚至消除贫困。企业的 BOP 战略将帮助众多穷人脱离贫困，获得其所需求的发展；甚至可能缓解犹豫贫富差距越来越大所引起的经济衰退、政局混乱、恐怖主义和环境恶化等问题。但是这一革命性的战略思想并非简单就能实现，因为他改变了现有商业模式背后的支撑逻辑，企业要施行 BOP 战略，就必须重新审视已有的成熟的市场理念与框架，从新的角度、路径与方法上对现行商业模式进行创新（郝秀清等，2013）。

商业模式这一概念最早出现在 20 世纪 30 年代，但是直到 90 年代才真正得到业界的传播和使用。商业模式自产生以来，就具有非常复杂的内涵，它可能包含产品及服务的概念，也可能包含市场及营销的概念，还可能包含供应链及运作的概念（Ardichvili & Cardozo，2000）。约翰逊和克里斯腾森等人（Johnson & Christensen et al.，2008）曾对商业模式提出了一个较为经典的阐述：商业模式是一个由客户价值主张、企业资源和能力、盈利模式构成的三维体系。客户价值主张是指对客户真实需求的满足，企业资源和能力是支持客户价值主张的具体运作模式，盈利模式则帮助企业实现经济价值。显然，对于传统商业企业而言，无论其商业模式如何创新，都不会改变其既定的客户价值主张。即针对有消费能力的客户，通过提供实现客户所需价值最大化的产品或服务，进而实现自身经济利润最大化（谢家平等，2016）。而企业要施行面向低收入群体的 BOP 战略显然无法直接沿用商业企业的做法，基于 BOP 战略的商业模式必须考虑 BOP 群体的基本特征，以及基于 BOP 战略导向下重新定义适合于自身的"商业规则"，从新的视角找到实现商业模式创新的可能路径。

2.2.2 BOP 的群体特征及类型

1. BOP 群体特征

金字塔底层（bottom of the pyramid，BOP）群体特征可以从两个方面来考量，一是群体自身的特征；二是群体外部所处的环境特征。环境和个体之间存在相互影响，是一种动态、互动的关系，因此企业实施 BOP 战略，就必须要从 BOP 群体的内部和外部两个层面充分认识其特征。

（1）BOP 群体自身特征。低收入群体作为 BOP 战略的主要面向对象，可以分为消费者与生产者乃至于企业家三种类型（World Economic Forum，2009）。对于消费型 BOP 群体而言，其存在明显的未被满足的需求，单体消费水平处于非常低的层次，购买能力低下，但是由于整个 BOP 群体占人口总量的比重很大（Prahalad & Hart，2002），因此整体市场规模很大；BOP 群体一般收入水平很低，消费能力除了受到收入水平的限制，还会受到其他比如消费渠道不完善、可得商品缺乏等因素的影响，消费能力无法得到充分释放（宗成华等，2016）；另外，所购买消费品主要是满足生活基本需求的必需性产品，比如食品等，非必需性的消费一般较少，大多是体现其社会地位的消费，如节日、婚丧嫁娶等。

对于生产型 BOP 群体而言，一般已经脱离基本生活需要的层次，而是转向能够帮助其实现价值创造能力提升的需求，包括生产资料和生产性服务（刘鲁浩等，2016）。其存在着认知能力、技术能力、对外部风险的抵御能力均比较低下的问题，并且一般无法取得信用和担保，此外该群体普遍具有风险规避的特性，使其对外界资源及力量的信任也不是很足（Hart，2005）。因此生产型 BOP 群体一般无法参与正规市场，即便参与，其在市场中的权力或地位也很低（邢小强，赵鹤，2016）。但是该群体中蕴含着大量未被有效利用的人力资源和其他资本，因此企业施行 BOP 战略首先就需要用某种方式将该群体纳入到商业活动中来，使其成为价值链的一部分（Karnani，2008），释放其蕴藏的各种资源或发展潜力。

对于企业家类型的 BOP 群体而言，该类群体一般具有一定的创新、创业意识，并且对于自身的发展目标及需求有着较为清楚的认识，但是他们仍然摆脱不了其他类型 BOP 群体所具有的特征。而且由于所处市场环境较为恶劣且资源比较缺乏，所以长期处于分散的自生自灭状态（Simanis & Hart，2008）。另外，由于此类 BOP 群体初期一般较强依赖本地的社会规范与风俗习惯等进行生产、生活与交易，因此也缺乏有效的管理与价值提升（Mair et al.，2012）。此时，企业的 BOP 战略就是要进一步激发 BOP 群体自身的创新意识与创业精神，然后通过市场化的方式帮助其把创新与创业成果转化为实际价值。

（2）BOP 市场环境特征。BOP 群体所在的外部市场环境一般存在如下特征：一是正式制度安排一般比较薄弱甚至缺失。支持商业市场体系正常运转的基础是制度安排，但是在 BOP 环境下这种制度安排是很薄弱的，不完全市场、不完美信息、公共品与外部性等问题导致 BOP 环境下的市场失灵现象（Mendoza et al.，2008），甚至形成制度空洞（Mair & Martí，2012）。因此 BOP 市场内存在的商业活动一般依赖关系和网络达成，这也使得关系治理的作用要优于正式的契约治理（万俊毅，2008）。二是能够实现价值增值的价值链不完整。在波特的价值链里理论中，所有的价值增值活动分为两大类：基本活动和辅助活动（Porter，1985）。在 BOP 市场下，无论是基本活动还是辅助活动都是不完整的，尤其是辅助活动，各种中介及支持机构建设非常不足，这也导致 BOP 市场内商业活动难以很好地开展（Rivera - Santos & Rufín，2010）。三是影响 BOP 群体收入的外部不确定性非常大。对于低收入群体而言，其对外部风险的抵御能力一般都非常弱（Hammond et al.，2007），原因在于 BOP 群体各种能力都比较低下，因此只能以一种低效率的方式从事生产，生产的产品或服务也一般很难达到正规市场所需要的标准，其竞争力会进一步弱化（Perez – Aleman & Sandilands，2008）。当 BOP 群体所能获取收入的仅存的缝隙市场也发生波动时，自然会对其造成非常大的影响。四是 BOP 市场一般地理位置分散且基础设施较差。由于 BOP 群体自身的特征，使其很难积聚起来形成很大的市场规模，在 BOP 战略实施之前，该群体无法体现出创造价值的潜力从而吸引资本投入，外加上公共服务能力的不足，使得 BOP 市场的基础设施都会比较差，当企业要实施 BOP 战略时，就要面对较高的物流成本和分销成本，甚至是修建或维护基础设施的成本（章军华等，2007）。

总结起来，BOP 群体所在的外部市场环境与正规商业市场环境有着非常大的不同（吉瑞，2013），主要体现在信任不足所导致的较高的交易成本以及制度与契约缺失所导致的市场失灵问题。但是完全依靠公共机构的介入又不足以从根本上解决问题，因此在这样的 BOP 市场环境下，如何利用它甚至改善它以支持 BOP 战略的实现，是企业需要着重考虑的问题。

2. BOP 战略的基本类型

上述金字塔底层（bottom of the pyramid，BOP）群体所存在的自身特征和所处的外部环境特征，使得企业进入 BOP 市场面临种种限制（Hart，2005）。因此，企业要实施 BOP 战略，就要通盘考虑可能涉及的所有层面，既要着眼于企业自身的规模、特点及发展需求等因素，也要考虑 BOP 战略中对低收入群体的定位问题。一般来说，企业制定 BOP 战略的着眼点主要有以下两方面：一方面是解决 BOP 群体所需要的最基本的生活资料的需求，要买得起、买得到和方便买，即以更高的性价比、更便利快捷的购买方式向 BOP 群体提供他们需要的商品（赵晶等，2007）；另一方面是解决 BOP 群体的高层次的、可持续的发展需求，通过开发贫困人群中所蕴藏的潜在活力和创造性，帮助他们彻底摆脱贫困（Visser，2010）。根据以上战略目标，很多文献将企业的 BOP 战略分为三大类。

（1）市场开发型 BOP 战略。这种战略是将 BOP 群体定位为基本消费者，即以 BOP 群体作为潜在的目标客户群，企业依据市场调研结果开发出满足 BOP 群体需求的产品，并且在提供产品的方式上，不能以正规市场的方式定价，而要以更合理的价格向他们提供所需商品或服务

（赵晶等，2007）；同时通过创业或企业间的合作增加销售渠道，使BOP群体可以更方便、更快捷的获得商品；在这个过程中，企业可以通过广告、口碑宣传等策略扩大对BOP市场的开发，占有更大的市场份额，在帮助穷人的同时获得更多的利润（World Economic Forum，2009）。

（2）资源开发型BOP战略。该战略是将BOP群体视为一种特殊的资源，通过各种方式撬动、激发BOP群体所蕴含的潜能。企业通过主动将BOP群体纳入到自身社会网络，使其获得发展所需的资源或技术，比如通过向他们提供工作机会、技术、管理、信息和资金支持等方式，通过持续开发BOP人力资源的潜能，提升其生产效率，进而帮助BOP群体不断提高收入水平（赵晶等，2007）；在实施资源开发型BOP战略的过程中，企业还可以充分整合BOP群体所蕴含的资源，与BOP群体实现资源互补，而且能获得更多利润，实现共赢。在资源开发型BOP战略下，赵晶（2010）又根据所面向BOP群体的不同类型对该战略做了进一步的细分，包括针对企业内部价值网络中的员工BOP群体进行培训开发的内网开发型商业模式、针对作为企业所在供应链上合作伙伴BOP群体进行必要的技术和知识支持、资金或信贷担保的外网开发型商业模式以及上述两种模式相结合的双网开发型商业模式。但是不管哪种模式，其根本出发点都是将BOP群体摆在生产者的角色，通过对BOP市场商业活动的供应网络、生产环节和销售网络重新设计与有机整合，将原本残缺的BOP市场价值链补充完整，通过提高BOP群体的人力资源价值，帮助其实现脱贫的目标。

（3）商业伙伴型BOP战略。商业伙伴型BOP战略对上述两种类型的BOP战略做了反思，并将帮助BOP群体脱离贫困这一理念向一个新维度拓展。席曼尼斯和哈特（Simanis & Hart，2008）通过观察发现，无论是消费者导向的市场开发型BOP战略还是生产者导向的资源开发型BOP战略，都没有取得预期的良好绩效。原因就在于对贫困的定义过于简单，将BOP群体定义为消费者，则贫困被定义为不能实现满足自身的某种程度的物质需求；将BOP群体定义为生产者，仍旧是通过经济收入来定义贫困，而收入的增加只不过是提升了其消费水平（邢小强等，2011）。简单地通过物质满足或收入提升来改变BOP市场是很难的，原因就在于贫困的缓解与消除不是物质与能力的问题，而大部分原因在于没有能够实现合作并且在持续合作中不断创造并分享价值的过程

（Landrum，2008）。因此，不能简单地将 BOP 群体看作是消费者或是生产者，而是应该看作是商业合伙伙伴，通过共同贡献自身的资源，并整合成一个价值共同体。商业伙伴导向的 BOP 战略本质上是要求企业与 BOP 群体去共同构建一种不同于正规市场的包容性市场体系（邢小强等，2011）。

2.2.3 创新视角下 BOP 战略实现

伦敦和哈特（London & Hart，2004）认为由于 BOP 市场的特殊性，企业实施 BOP 战略需要重新思考其资源配置方式，甚至需要进行相当程度的创新。后来很多学者也从创新的视角对如何顺利实现 BOP 战略展开探讨，从已有文献来看，主要包括两种创新视角：破坏性创新和包容性创新。

1. 破坏性创新

破坏性创新的概念最早是由经济学家熊彼特（1912）提出，但是真正应用到管理学领域还要归因于克里斯腾森（1997）对这个概念再次清晰的界定。克里斯腾森认为破坏性创新就是找到一种新的路径，这个路径是打破过去旧的模式或流程代之以一种新的生产函数或模式，通过一种新的价值主张（低成本、更好用、更方便、更简单等）来重塑现有市场。克里斯腾森将破坏性创新分为新市场破坏和旧市场低端破坏两种模式，其中新市场破坏是指从主流市场外部的市场展开，面向主流市场的非消费者。通过满足主流市场的非消费者的需求，进而逐步将主流市场的消费者也吸引过来，因此新市场破坏更像是一种商业模式的破坏（Thomond et al.，2003）；旧市场低端破坏是指在原有市场内，以更加高性价比的方式吸引主流企业所不看重的低端顾客，进而逐步吸引其他顾客，直至占领市场，低端破坏更加强调技术性破坏（陈劲，2002），因为只有技术上的提升才能带来更高性价比的产品。但是从上面的介绍可以看出，不管哪种模式的破坏性创新，其强调的都是低端侵入属性（Lindsay & Hopkins，2010），也就是说要么通过低端市场，要么通过低端商品，逐步展开向主流市场或商品的蚕食。

在破坏性创新产生以来，就已经有学者意识到破坏性创新对于弱小经济参与主体的重要性，康长杰等人（Hang et al., 2010）认为破坏性创新是弱势小企业从市场缝隙中突围的重要模式，也是新兴市场国家能够实现跨越式发展的重要路径。对于 BOP 市场而言，破坏式创新显然也具有非常重要的意义。这是因为正规市场的竞争已经非常激烈，甚至已经进入微利时代，相对而言不被主流商业企业所关注的 BOP 市场就演变成为一个非常大的机遇，要想打开这个市场，就不能沿用目前在正规市场已经非常成熟的做法，也就是说，采用维持性创新只会越来越脱离 BOP 市场（陈涛，罗以洪，2016）。国内外很多学者也针对面向 BOP 市场的破坏性创新展开了研究。比如周江华等（2012）、张利平等（2012）基于中国特色的山寨手机探讨面向 BOP 市场的产品创新，通过研究发现，要取得破坏性创新的成功，必须充分了解具有异质性的中国 BOP 市场，以及在技术和商业模式层面展开协同；哈特（Hart, 2005）认为应该将对 BOP 市场的开放列入到企业的发展战略之中，并探讨了破坏性创新应用于 BOP 市场的过程；另外，哈特和克里斯腾森（Hart & Christensen, 2002）还认为破坏性创新不仅会提供满足 BOP 群体需求偏好的产品或服务，还会迎合 BOP 市场基础设施建设比较落后的特点。

2. 包容性创新

包容性创新的概念源于亚洲开发银行提出的包容性增长的理念，是指在通过市场机制发挥效率创造社会财富的同时，还需要考虑因为环境差异所带来的不平等现象，强调普遍参与、共同承担和分享这样一种机制（Ali & Zhuang, 2007）。从这个理念上而言，包容性创新实际上强调的就是改变 BOP 群体在社会经济及政治活动中所缺少的参与、合作及共享现象（Landrum, 2008），而造成该群体被排斥在外的原因就是上文 BOP 特征中所包含的内容。包容性创新就是要改变以往对 BOP 群体的排斥，将其纳入到市场体系来发挥作用（Prahalad, 2005），实现过程就是将 BOP 群体视为真正的消费者与生产者，通过包容性创新来激发其潜在能力，进而创造出新的经济价值及社会价值。因而，包容性创新与破坏性创新的不同之处就在于，并不强调"破坏"，而是强调"整和"，它并不是某种技术创新或商业模式创新，而更多是一种理念创新。

国内学者邢小强、周江华、仝允桓（2015）对包容性创新的研究做了详细的综述，他们认为目前有关包容性创新的研究主要集中于企业的微观视角,并把相关文献按照营销、战略、制度与组织四个角度进行了梳理。在营销层面,由于 BOP 群体的特殊性,企业重新考察传统营销策略中的"4P"组合在 BOP 市场的适用性,并且认为无论是产品创新还是服务创新都以 BOP 群体的接受为准入条件,而创新本身以及合适的营销策略可以促进这种情况的实现(Chikweche & Fletcher,2010);在战略层面,企业要想在 BOP 市场取得成功,就必须要具有"本地化能力"(London & Hart,2005),即抛开企业自身资源能力的视角,转而深入 BOP 市场,整合当地资源来开发新商业模式;在制度层面,需要动员、联系 BOP 市场内外多方面的组织机构共同努力促进市场体系的构建与有效运行(Rivera – Santos & Rufín,2012),但是企业在这个过程中到底要作为主导者还是放弃一定的决策权会更好并不确定;而组织层面则聚焦于企业内部运营环节的决策流程、管理行为与组织架构调整等问题,探讨如何合理的构建或设计这些流程会更好地促进包容性创新。

2.2.4 嵌入视角下 BOP 战略实现

嵌入理论是学术界所采用的一个重要的概念,经济学家将其看作是用来解释处于不确定性情境中的经济行动的概念,认为"嵌入性"是指在特定经济情境下,行为主体进行决策时所处的一种特定结构,这种特定结构由社会、文化、政治和认知四个层面构成。嵌入性体现出了行为主体与其所处的外在社会环境之间不可分割的联系,外部的客观因素会影响行动者的行动过程和结果(简斯,叶鹏飞,2004)。社会环境关系中的非经济性因素,比如互惠、信任、地位、政策等在经济行为和决策中相互管理,对经济活动的结果产生影响(时立荣等,2014)。管理学家将这一观点具体化,认为外部环境的影响对于企业塑造竞争优势有非常重要的作用(Zeitlin,2011),通过嵌入外部环境可以帮助企业同供应链上的相关利益者,比如供应商、客户、技术伙伴、合格的员工乃至于竞争对手等建立关系,并因此获取相应的知识、信息和资源(Lane & Probert,2006)。企业不仅要加强存在于经济体内部的信息、资源的利用和交换,还要充分利用外部资源及能力。这种嵌入过程不是提高单个个体,而是有效整合具有异质性的不同参与主体,并形成较高的整体竞争力水平（Martin，2012）。可以说，社会嵌入性体现出在任何不确定情境中的经济行动，其实都受到了其他非经济性社会因素的影响，也就是说，经济行为过程及效果并非是完全基于行为主体本身，而是在行为过程中或多或少会融合其他外在社会因素，受到社会性约束及影响，这种约束能力和影响程度的高低决定了经济和社会之间协调与否的关系，决定经济行为、行业或者社会能否和谐发展。

通过前文关于BOP的特征分析，可以看出BOP群体的发展需求以及面临的障碍与约束并非属于商业范畴，这也导致企业无法直接沿用传统的商业模式施行面向低收入群体的BOP战略。戈德史密斯（Goldsmith，2011）认为通过特定的社会嵌入机制，企业与当地政府部门、社区组织、中介机构与贫困人群自身等非传统商业伙伴建立具有特定关系与结构的合作网络是BOP战略取得成功的重要因素。而且正如上文所述社会嵌入的作用机理，社会嵌入无论对于企业还是BOP群体都会带来很大的好处：一方面，基于企业所面向的BOP群体特质，通过嵌入帮助企业融合到本地网络，有利于企业整合很多难以通过市场交易获得的稀缺资源以及开发新的市场（Hens，2012）；另一方面，嵌入机制帮助供应链各参与主体间降低交易成本、消除外部不确定性、促进信任和互惠、实现资源和利益的共享以及风险的共担，对企业自身的运营和绩效以及BOP群体的福利都有很大的影响（Mair & Marti，2009；Hart，2010）。

在厘清社会嵌入的作用机制之后，很多学者针对企业在实施BOP战略过程中实现社会嵌入的过程以及影响因素展开研究。从上文可以看出，通过社会嵌入使得企业和BOP群体都可以获得自身原本无法获得的资源，以及降低交易成本、消除不确定性等，都是社会资本的体现。可以说，这种通过网络连带所形成的社会资本对企业进行商业模式创新具有非常重要的作用（赵晶，2010）。但是，社会嵌入机制不仅会带来积极的作用，还有学者认为与社会资本共同产生的，还包括带来消极作用效果的社会负债。嵌入特定社会网络的参与主体如果能够利用网络资源促进网络行动与目标实现，此时社会嵌入的效果就表现为社会资本；如果不仅没有起到促进作用，反而阻碍了网络行动和目标实现，那社会嵌入的效果就表现为社会负债（Gabbay & Leenders，2001），社会负债实际上代表了社会资本的权变结果，因为行动主体要获得社会资本就必须付出一定的代价，不仅如此，还要面临网络选择的风险以及网络资源的负面性（周小虎，陈传明，2005）。需要注意的是，社会资本和社会负债并非一成不变的静态，而是随着时间推移、环境变化而相互之间发生转化。在某种状态下很多对企业有利的网络关系和结构很可能在另一种状态下就会对企业产生损害（Gargiulo et al.，1999）。邢小强等（2015）深化了前人的研究，认为社会资本与社会负债的组合、在社会网络内的分布以及相互之间的动态转化都会对供应链不同参与主体的活动与绩效造成影响，这实际上呼应了前文所述的社会嵌入的两面性以及动态性。在此基础上，邢小强等（2015）构建了BOP网络演化的理论分析框架：BOP网络的关系与结构特征决定了成员的社会嵌入状态，进而产生相应的社会资本与社会负债组合，影响成员间的合作行为与网络绩效。在这个过程中，企业可以通过主动调整网络关系与结构来推动网络演化，其中引入代表BOP生产者集体利益的中介组织形成分层治理是简化与优化网络的重要途径，企业可以给中介组织让渡部分网络权力来降低与BOP生产者的关系嵌入程度，提高运营效率。

当企业无法改变社会网络关系与结构特征，只能被动适应的时候，又该如何通过技术或商业模式创新来满足社会与市场的双重需求呢？张利平等（2011）基于中国农业产业化的背景，运用多案例研究方法，探讨了社会嵌入机制是如何影响企业面向BOP的创新活动的。基于莱文塞尔等人（Levinthal et al.，1993）对于学习类型的阐述，张利平等认为企业也具有两种面向BOP群体的创新：利用型创新和探索型创新。二者的区别在于前者更加关注企业目前的生存问题，后者更加关注企业未来的发展机会问题。在面临特定的社会网络关系嵌入和结构嵌入特性时，利用型创新和探索型创新会与商业机构及非商业机构呈现出强度不同的链接关系。前人研究中，对于不同经济主体之间的强、弱链接关系会带来什么样的作用效果有不同的看法（Granovetter，1973；Dyer，1998），有学者认为弱链接更有利于获得异质性非常高的不同资源；有学者则认为强连接会更有意义，更能促进参与双方的合作、交流、共享与转移等。张利平等人的研究将强弱链接适用情况做了更为详细的展示，认为网络中的强、弱连接是与企业的合作成员的性质、创新活动的性质相关的。只有在特定的创新类型下，与特定性质的合作伙伴之间采取合理的链接关系才能取得最大的合作效果。实际上，不管社会网络中的链接关系强弱与否，其与BOP战略都是相互促进的，社会嵌入的深度与广度影响着 BOP 战略实施的顺畅度和有效度；BOP 战略执行效率则反过来又影响着社会嵌入的深度与广度（林孔团等，2016）。

另外，以往研究中并未对所涉及的企业进行分类，只是作为一般的商业企业加以研究，苏布拉马尼扬等人（Subrahmanyan et al.，2008）将施行 BOP 战略的企业分为本土企业和跨国企业，从提供就业来帮助 BOP 群体缓解贫困这个层面，探讨不同企业类型通过社会嵌入所发生作用的效果，结果发现 BOP 市场所在地区的本土企业实施 BOP 战略要比跨国公司发挥更大的作用。

综上所述，BOP 战略是指企业通过商业模式创新来解决低收入群体的需求问题。根据企业和 BOP 群体所处价值链上位置的不同，BOP 战略通常分为以 BOP 群体作为消费者和作为生产者两种形式，即这 BOP 群体的需求既包括消费需求，有包括发展需求。但是由于 BOP 群体自身以及所处环境的特殊性，使得企业无法直接将传统商业模式应用其中。本书研究所面向的农户群体尽管兼具消费者和生产者的共同特征，但在农业供应链中，农户是典型的处于生产者地位的 BOP 群体，他们有自己家庭为主的农业生产能力，但是在面对规模远超过自身生产能力且需求不确定的大市场情况下，却经常面临生产困难、销售困难的境地。此时，生产者导向的 BOP 战略不是卖给穷人更多的产品，也不仅仅是强调企业购买穷人的资源或产出，更需要企业通过自身社会网络帮助穷人获得更多原本无法获取的资源；比如通过小额信贷等方式支持弱势群体开展创业活动；或者对缺少工作能力的群体提供培训、提供工作岗位通等方式来提高其生产技能并增加收入。也就是说，生产者导向的 BOP 战略更加强调的是如何通过提供生产性服务而非提供一般性产品来帮助弱势群体。对比前文分析的企业 BOP 战略的实现过程：破坏性创新、包容性创新以及社会嵌入的视角，在农业供应链中，龙头企业又该采用哪种方式去践行 BOP 战略？这种战略实施是否受到龙头企业盈利要求的限制？BOP 战略的实施效果受哪些因素的影响？这些问题都将在本书后续研究中获得解答。

第3章 农业社会企业嵌入生产性服务的理论框架

3.1 社会企业服务创新及 BOP 战略实现

3.1.1 社会企业服务创新的理念

1. 服务创新的相关理论

创新最早的研究是从制造业领域开始的,近几年来,相关研究学者一直在试图界定服务创新,以区分产品创新。迈克尔·波特认为,创新是创造一个新的以客户为导向的价值,服务对象可以是所有利益相关者——顾客、员工、股东,甚至是企业外的合作伙伴等。如今服务创新已经成为用于实现竞争优势不可或缺的途径之一。从广义上看,服务创新指一切与服务相关或针对服务的创新行为与活动,强调的是"服务产品"和"服务过程"。熊彼特(Schumpeter,1939)就认为不能把创新仅作为一个结果,可以是一种新的形势,也可以是一种新的组合。罗杰斯(Rogers,1995)也定义创新可以是一个想法,可以是一种实践、一个过程,不仅仅是一种产品。欧洲服务业创新系统(1995)将服务创新看作是全新的或者是有所提升的产品或服务,即在原有服务中使用新技术或对现有技术有新应用;是企业为满足客户的多样化需求,运用新思想、新技术等来改善和变革产品及服务提供流程和提供方式,为客户实现价值改善并使企业形成竞争优势的活动(Vang & Zellner,2005)。

狭义上的服务创新主要是指服务企业的创新活动和行为，强调服务企业自身的模式创新。包括服务企业改善服务流程和服务产品，提升服务质量和效率（Sundbo，1997）或者增加新的服务、拓展现有服务、改善服务提供方式等（Berry et al.，2006）。总体而言，服务创新就是企业为满足客户的多样化需求，运用新思想、新技术等来改善和变革服务提供流程和提供方式、为客户实现价值改善并形成竞争优势的活动。从上述服务创新的定义可以看出，服务创新的目标是以客户价值和利益出发，在实现客户目标的基础上带来自身价值的提升。

但是无论是广义还是狭义的服务创新，其研究都围绕着技术导向、服务导向或者整合研究三种视角（蔺雷，吴贵生，2005），旨在解决服务创新的由来、服务创新的特性、服务创新的范式等问题。因而，在以往不同的概念解释中，隐含着对服务创新两方面共同的特征认识——服务创新的无形性和多样性。一方面，服务本身就是一种无形的概念、过程和标准，服务创新是在原来的基础上提出一种新的解决问题的方法，比如一种新的服务传递方式，一种新的服务作业系统等。相较于有形的技术创新和产品创新，服务创新更多体现出无形性的特点；另一方面，服务创新需要多元主体的参与，这也导致服务创新的形式是多样的，既包括服务内容的创新，比如服务内容的增加、服务效率的提升，也包括服务流程和提供方式的创新等。

而在当前，随着技术手段的快速发展导致的产品更新换代的加快以及经济竞争的加剧，不同企业都逐步进入生产的微利时代。同时，物联网的发展以及智能互联产品的出现，也彻底改变了企业以销售为主的商业模式，企业的价值链被重新构造，价值创造和价值获取方式都发生很大变化。此时，不仅仅是服务企业，包括制造业在内的其他行业都要迫切考虑服务创新的问题，服务创新的内涵也随之发生改变。在企业满足客户需求的过程中，更加强调的是产品或服务所能带来的使用价值，客户可以不拥有或尽可能少拥有有形产品，以服务来实现有形产品的功能。此时企业向客户所提供的服务，不仅是产品的运输、交付和使用，还包括后市场服务的产品维护、改装、客户培训、提供产品租赁消费以及基于最终效果的产品全面管理服务等等。也就是说，服务创新不再是单纯的指向"无形"服务，而是包括"有形"产品与"无形"服务的整合；服务创新的"多样性"也不仅仅体现在服务内容和效率以及服务流程和方式的改善，还应该将目光扩大到以服务为导向的商业模式的创新。

2. 社会企业服务创新的内涵

社会企业的核心特征是兼具公共部门和私人部门的双重属性，在价值获取上以社会价值创造为主导、以经济价值获取为手段（刘志阳，金仁旻，2015），这使社会企业本质上具有实现经济目标和社会目标相协调的可能。但是也正由于这种独特的"双重身份"，使得社会企业也面临着不同于公益组织和商业企业的困境：相较于公益组织充足的资金流入和不计成本的慈善运作，社会企业创造社会效益的能力弱于公益组织；相较于商业企业完善的商业模式和较高的技术水平，社会企业在商业竞争方面又弱于商业企业。社会企业要延续自身发展并实现其社会使命，就必须通过服务创新增强市场竞争力、突破自身产品及服务能力的约束、提高盈利水平，同时降低社会消费成本及资源损耗，实现企业利润、竞争和社会效益的协同。在这种情况下，以能力观为基础的产品+服务、以服务为主导的服务创新逻辑，可以很好地满足社会企业的需求，体现出不同于以往服务创新的鲜明优势：

（1）产品与服务的整合。新形势下服务创新的最大特点是"有形"产品与"无形"服务的整合。以产品为载体，通过提供综合性的服务，实现客户所需的解决方案（Velamuri et al., 2013）。在提供服务的过程中，根据产品与服务整合范围大小，可以分为3种不同的整合模式：面向产品的服务、面向过程的服务、面向结果的服务（罗建强等，2014），不同的模式中企业提供的服务形式不同。其中，面向产品的服务要求在提供产品的同时增加对产品的维护与客户培训服务，此时的服务创新只是创造较低的经济价值，目的在于提高客户满意度；面向过程的服务强调客户既定目的的实现，客户并不在意拥有产品与否，此时社会企业可以通过租赁、共享等方式整合外部资源，在实现客户目的的同时降低自身费用支出；面向效果的服务是指帮助客户对产品进行全面的管理服务，实现客户所需要的最终效果。面向效果的服务创新产品与服务的整合范围最大，创造的经济价值也最高。

（2）服务的价值增值。服务为主导的策略既可以给社会企业带来更多经济价值的增加，又可以促进社会效益的提升。一方面，服务本身能够带来比产品销售更高的利润和稳定的收入（Brax & Jonsson，2009），较高的服务质量还可以带动有形产品的销售，通过服务与客户建立长期的紧密的联系，企业既可以利用对自己产品的专业知识获得服务的增值收益，又能够牢固地锁定用户，这种产品+服务的整合模式往往是竞争对手难以模仿的，给企业带来了差异化的竞争优势（Chesbrough，2011）；另一方面，后市场服务中的维护、改装和回收以及培训服务覆盖了产品的全生命周期，可以有效减少资源的损耗和浪费、提高产品的利用效率、延长产品的使用时间，既降低了客户在产品生命周期内的投资成本，又减少了对环境的影响，提升了社会价值。

可以说，社会企业的服务创新，实现了从"服务基础"经济向"产品+服务"经济的转换，企业更重视满足客户个性化的需求而非实现大规模、大批量的产品生产，既实现了资源节约，又能从基于服务创新的差异化竞争优势中获利。这在我国当前的经济发展环境下，不仅仅是对社会企业，对于一般商业企业乃至宏观经济而言，都是一种非常值得借鉴的可持续的发展战略。

3.1.2 社会企业服务创新的典型模式

由于处于不同行业的社会企业所能提供服务的种类和方式不同，使得社会企业的服务创新存在不同的运作模式。对应于前文分析中不同的产品与服务整合范围，社会企业的服务创新主要包括下面几种运作模式：

1. 产品租赁服务模式

社会物质需求的提升带动了资源消耗的增加，因此要摆脱不可持续发展的危机，就必须改变当前对资源的"购买消费"模式，而转换为"租赁服务"模式。这种模式可以有效解决资金较为紧张或者对有形产品依赖性不强的使用者的需求，比如社会企业所面对的低收入和弱势群体。在"租赁服务"模式下，产品的所有权仍属于社会企业，使用者通过租赁产品实现自身对相关功能的需求，社会企业也可以实现产品的多次循环利用，降低成本的同时增加对产品使用的相关服务支持。同时，"租赁服务"模式可以有效减少资源消耗和污染输出，进一步降低回收再制造的成本，实现环境效益的提升。另外，由于使用者更注重的是产品的质量或功能而非产品实体，可以在不必获得产品所有权的基础上，仅仅基于他们所得到的功能或服务付费，既可以降低消费成本，又可以降低因信息不对称导致的额外交易成本。客户需求得到满足的同时，也实现了较高的经济收益。

比如印度的 ZHL 保健有限公司就是一个产品租赁服务模式的社会企业，其社会使命是通过提供救护车租赁"为印度人提供全天候高质量的救护车服务，无论服务对象有钱还是没钱"。由于印度无论大城市还是边远地区，专业救护车都属于奢侈品，为了提高印度的救护服务水平，ZHL 公司提供了救护车租赁服务。ZHL 公司采取区别收费的方式：对指定到私立医院的富人用户收取较高费用，而对只能负担公立医疗的穷人只收取很低的费用或完全免费。这种"交叉补贴"模式既能保证收入，也能顾及所有阶层的消费群；既能实现公司的自给自足，又能推进社会使命的实施。

2. 产品技术服务模式

产品技术服务主要应用于价值较高的产品，指通过对产品进行维护、改装、翻新及回收等技术支持，延长产品使用寿命，提升生产效率，实现产品的经济效益和环境效益增值。这种模式主要应用于产品具有较高技术含量的社会企业，比如制造"穷人手机"的企业等。这种模式所针对的对象一般是弱势群体中消费层次相对较高的那部分人群，他们对产品及服务的质量仍有一定的要求，因此社会企业在提供产品的同时，需要提供相应的技术支持服务。在产品技术服务模式下，社会企业的商业运作最接近于一般商业企业，产品技术服务模式的设计和实现需要对有形产品和无形服务进行特定方式的整合，并且在整合过程中需要注意三方面问题：第一，技术服务是系统性的流程，并且必须与社会企业本身所具有的产品生产系统以及产品的不同生命周期相匹配；第二，有形产品与无形技术的整合必须参考和结合社会企业所同时采用的其他服务创新模式；第三，技术服务任务分配机制必须具有足够的柔性，以能够克服客户需求波动的风险。

由于产品技术服务模式所需的技术要求和资本要求都比较高，因此施行的一般都是商业企业所持有或控股的社会企业，比如高盛（GS）

公司下属的社会企业在过去的十年在世界各地农村地区安装了超过320万个家庭太阳能系统，同时以较低价格对废旧太阳能提供改装、翻新及回收服务，这些服务极大地满足了弱势群体的需求。

3. 综合性服务模式

综合性服务所涵盖的范围较广，包括对客户的咨询服务、培训服务以及全面管理服务。这种模式主要应用于日常生活服务、护理、化工等行业。很多社会企业已经把对客户的咨询服务和培训服务作为一项重要的潜在"收入"来源。通过满足客户的咨询服务，可以充分了解客户对产品的要求，找到产品的不足以及提升产品质量或功能的方向，提升企业满足客户个性化需求的能力；通过对客户的培训，使其掌握较高水平的技术能力，在提升对产品利用效率、延长使用周期的同时，还可以降低因使用不当所造成的突发性服务需求，也降低了企业的服务成本；通过全面管理服务，由企业而非客户全面掌握产品及使用，实现客户所需要的结果，减少客户使用过程中可能存在的风险及浪费。

比如深圳残友集团就是一家解决残疾人集中就业的高科技行业的社会企业。深圳残友集团主要是承接高科技产品的组装与精工制造、电子商务、物联网与咨询培训等。电脑技术规避了残疾人行动不便的弱势，通过对残疾人进行技术培训，并同时为他们提供就业机会。目前残友集团从管理层到技术骨干直至蓝领工人全部由不同残疾程度的优秀人力资源组成。残友集团坚守自己的社会使命，从来没有将企业盈利用来给股东分红，除了员工工资，全部用于企业的进一步发展或支持各种公益机构，以期实现更大的社会价值。

除此之外，社会企业的服务创新还包括以供应链融资和小额贷款为主要形式的金融服务模式以及构建制造商、供应商和客户之间相互联系的信息管理服务模式等。但是不管哪种应用模式，都体现了产品与服务整合、通过服务实现价值增值的理念：通过产品与服务的整合重构企业与客户的价值链结构；通过服务实现企业与客户经济价值与社会价值的提升。

3.1.3 社会企业 BOP 战略的实现

社会弱势群体在名义上是一个虚拟群体，是社会中一些生活困难、能力不足或者被边缘化的人的概称，比如农民工、残疾人、老人、妇女、儿童等。国际上将每天生活费不足 2 美元的人群定义为金字塔底层（bottom of the pyramid，BOP）的群体，他们仍然有生活必需的需求和消费。社会弱势群体一直都是公益组织和社会部门着重帮助的群体，因此政府鼓励一些公共部门之外的其他组织，包括企业、非营利组织（non-profit organization，NPO）等进行运作模式的创新，以满足贫困和需要援助的群体的需求和愿望。在这个过程中，出现了一批通过商业模式获得收入以实现其社会目标的非营利组织形式，被称之为社会企业（Kerlin，2006）。社会企业不同于一般的商业企业，其社会性是第一位，经济性是第二位；同时也有别于传统的非营利性组织或公益组织，并非依赖捐赠和资助维持企业的正常运营，而是通过商业形式实现社会目标，并通过商业运作获得利润来支持社会企业的可持续发展。社会企业的本质就在于具有社会目标的内核，在实现社会目标的同时仍然要实现自给自足。

发达国家的政府部门已经越来越倾向于通过社会企业来解决社会问题（Teasdale，2012）。尽管有学者认为 BOP 群体很难作为一个市场或创新的源泉，但国外很多社会企业已经获得了成功，比如为穷人设计的手机、为推销汽车而投资维修道路、为解决贫困偏远地区的用电问题而开发的太阳能屋顶，甚至一些企业挖掘 BOP 群体作为传统手工艺者制造高附加值的传统手工艺品等；还有社会企业通过整合社会资源扶贫，比如电网能源生产、有机农场、小额信贷等。作为解决社会问题的制度创新之一，社会企业的价值体现在兼顾社会利益和经济利益，可以有效协调"社会"和"获利"双重目标——通过商业化的运作方式获利，实现可持续发展，支持其社会使命。从服务对象的范围而言，社会企业有效存在于以政府为首的公共部门和以商业企业为代表的私人部门所不能顾及的"真空"地带：被主流大众和商业组织所忽略的边缘人群的福利水平与生活质量（Shaw & Carter，2007），对于弥补公共部门提供社会服务能力不足以及突破私人部门在社会公益方面"市场失灵"提供了一种全新的路径选择。许多发达国家也提供各种激励政策，鼓励社会企业进行更多的产品/服务创新，提高产品/服务的质量和响应速度，以满足不同的社会需求（Eric & Roger，2003）。

BOP 战略本质上是通过商业创新为企业与低收入群体同时创造出新

的价值。对于公益组织而言，其本质任务就是面向 BOP 群体提供产品与服务，但是由于其资金来源完全依赖于政府、机构和志愿者的慷慨行为，因此公益组织可以看作是一种"滴水经济"，其 BOP 战略的可持续性受到很大的影响；对于商业企业而言，具有较强的商业创新能力，但是受制于利润最大化这一主要目标的影响，其面向 BOP 群体的时候，往往并不能将 BOP 群体的利益放在首要的位置，而只是将其看作是一个市场，BOP 战略的出发点更多是基于企业利益而非弱势群体的利益。

因此，社会企业兼顾社会目标与经济目标的特性，使其相对于商业企业和公益组织更容易实现面向 BOP 群体的战略，并且面对不同类型的 BOP 群体，其 BOP 战略的实现过程也有所不同。我们综合已有的文献，将 BOP 群体分为两类：消费型 BOP 群体与生产型 BOP 群体，这两类群体在需求层次、消费能力、收入水平、市场潜力、决策特征等方面都有所不同，如表 3-1 所示。

表 3-1　　　　　　不同类型 BOP 群体的特征比较

	消费型 BOP 群体	生产型 BOP 群体
需求层次	生活资料及消费性服务	生产资料及生产性服务
消费能力	较低，价格敏感性大	较低，价格敏感性大
收入水平	很低，无稳定收入来源	较低，有较稳定收入来源，一般从事农业相关劳动
市场潜力	较大，对维持基本生活品质有较强需求	较大，对提升创造收入的能力有较强需求
决策特征	风险规避，尽量避免不熟悉的产品	风险规避，在供应链中处于最弱势地位

对于消费型 BOP 群体而言，社会企业的 BOP 战略可以定义为"产品"导向战略。消费型 BOP 群体所需要的是能够维持其基本生活品质的需求，包括基本的生活资料和消费型服务。无论是产品还是服务都是为了满足 BOP 群体的消费需求，因此称为"产品"导向战略。由于消费能力低下，此时社会企业不一定提供能够带来消费者最大效用的产品，而只是以较低价格提供一定质量的生活必需品或消费型服务，但是必须满足群体的最低需求。在提供产品或服务的过程中，社会企业所收取的较低价格并非因为产品或服务的质量较低，而是在保证一定质量的基础上仍旧考虑面向群体的消费能力，在不影响社会企业发展需求的基

础上区别于利润最大化目标所收取的次优价格。

对于生产型 BOP 群体而言，社会企业的 BOP 战略可以定义为"服务"导向战略。相较于消费型 BOP 群体，生产型 BOP 群体脱离基本生活需要的层次，而是转向能够帮助其实现价值创造能力提升的需求，包括生产资料和生产性服务。无论是产品还是服务都是为了满足 BOP 群体的发展需要，因此称为"服务"导向战略。此时社会企业要把生产型 BOP 群体看作是资源的提供者或者合作伙伴，通过一定的方式或者提供一个解决方案，将群体中原本分散的资源或能力调动、整合起来，创造出该群体原本不能实现的价值。在帮扶 BOP 群体实现更好发展的过程中，社会企业通过与 BOP 群体贡献与整合各自的资源能力，形成较强的共同承诺和相互依赖感，并共同承担责任和分享收益。

本书的研究主要面向以农户为代表的生产型 BOP 群体，从社会企业的视角探讨如何通过服务创新，整合农户分散的资源，拓展经营渠道，提高农业生产效率，实现农业 BOP 群体的收入增加。由于农业 BOP 群体在生产型 BOP 群体中占据了较大的比例，而且农业问题也是我们国家无论是从政策还是实践角度一直关注的重要问题，因此本书以该群体为研究对象具有较大的代表性和实际意义。

3.2 农业社会企业的内涵及特征

3.2.1 农业社会企业的产生背景

一个拥有 13 亿人口的农业大国，粮食安全问题一直是我国各项方针政策关注的重点。由于农业生产所具有的特殊性——供需不确定、价格波动频繁等，使得农业供应链在运作过程中经常会面临各种不利状况，尤其是对于上游处于弱势地位的农户而言，一直受"增产不增收""举债种粮"等问题的困扰，严重影响其从事农业生产的积极性。为了缓解农业生产所面临的种种不利问题，长期以来，针对如何消除贫困、实现农户增收已经在公共经济学与发展经济学的领域获得了广泛的讨论，并且以政府为主导的，辅以各种公益组织、慈善组织消除贫困的行为已经很多。但是由于资源的限制以及公共组织在提供服务方面"市场失灵"的影响，农户从事农业生产的收入并没有增加的迹象；相反，政府以及公益组织却因此背上了较为沉重的财政负担。

在普拉哈拉德（Prahalad）与哈特提出的 BOP 战略中，根据企业和 BOP 群体所处价值链上位置的不同，通常将 BOP 群体分为消费者和作为生产者两种形式。而农户尽管兼具消费者和生产者的共同特征，但在农业供应链中，农户是典型的处于生产者地位的 BOP 群体。生产者导向的 BOP 战略强调企业不是卖给穷人更多的产品，也不只是购买穷人的资源或产出，而是要帮助穷人获得更多原本无法获取的资源。比如通过小额信贷等方式支持弱势群体开展创业活动；或者对缺少工作能力的群体提供培训、提供工作岗位来提高其生产技能并增加收入。也就是说，生产者导向的 BOP 战略更加强调的是如何通过提供生产性服务而非提供一般性产品来帮助弱势群体。

在中国情境下，生产者导向的 BOP 战略最广泛的应用就是农业产业化中典型的"企业 + 农户"及其衍生模式。"企业 + 农户"的模式确实可以通过签订契约或者订单等方式来稳定农业生产，但是在增加农户收入方面却并非完全有效。主要原因有二：一是作为不同的利益主体，公司与农户的目标并不相同，在二者合作的过程中，风险并没有消除。由于企业与农户不能成为一个利益共同体，因此也就无法通过"企业 + 农户"的方式完全实现农民脱离贫困，甚至有研究认为"订单农业"是企业剥削小农的重要手段；二是生产性服务不足，企业面向农户的生产性服务更多体现在帮助农户提供技术支持、签订收购协议等，这对于降低生产风险、拓展增收渠道等方面是远远不够的。需要进一步创新生产性服务，提供面向农户发展需求的服务支持体系以及完善的问题解决方案，才能真正从根源上解决农户的发展需求问题，实现收入的长期提升。

3.2.2 农业社会企业的概念界定

那么如何在"企业 + 农户"这一传统的农业产业化经营模式的基础上，进一步创新经营的机制与模式，解决农业生产性服务不足以及不够深入的问题呢？本书引入社会企业的概念，将社会企业兼顾社会价值与经济价值的理念引入到"企业+农户"的模式中，构建"社会企业+农户"的模式，从社会企业的视角来探讨如何通过面向农业 BOP 群体的服务创新来实现企业与农户的双赢，力图为农业 BOP 群体的贫困治理提出新的思路和方法。

因此，在本书中，农业社会企业实际上就是指社会企业这一组织模式在农业领域的应用，把面向农业的涉农型社会企业简称为农业社会企业。但是，尽管农业社会企业具有较大的应用潜力，但对其研究却相对较少，无论从理论还是实践上都未形成较为系统的体系，甚至对农业社会企业尚没有一个清晰的界定。按照以往文献对社会企业的定义方式，农业社会企业可以认为是以帮扶农户为首要目标，同时依靠参与涉农商业活动获取经济收益、维持自身运转的企业组织。这一定义更多体现了农业社会企业的宗旨。本书基于陆汉文等（2012）、刘鲁浩等（2016）的观点，从运营过程的角度将对农业社会企业的界定进一步细化，认为农业社会企业是通过高度社会嵌入的方式，基于合作与互惠的契约模式，辅以自身较为充裕的要素资源，在优先满足农业生产及农户群体发展需求目标的同时，通过参与涉农商业活动获取经济收益的一种企业组织形式。比如具有一定规模和盈利能力的农业社会福利企业、民办非企业单位以及部分在工商部门注册但从事公益活动的农业企业，前文所提到的四川省的民乐村模式就属于农业社会企业的范畴，由中国扶贫基金会为主导，建立民富现代农业有限公司，农户以土地经营权或其他资本形式入股，与扶贫基金会共同成为企业股东。

3.2.3 农业社会企业的基本特征

通过对农业社会企业的界定，就将其与订单式农业以及新型农业合作社区分开来：服务主体由规范的农产品加工企业、农业生产龙头企业或者其他社会力量组建的企业来承担；服务内容从农业产前、产中、产后的专项生产性服务支持开始向农业供应链整体的综合性服务支持转变；服务提供方式不再是简单的经营性服务，而是以公益性服务理念为主导。本书综合已有实践形式，将"社会企业+农户"的模式分为三种情形：众包种植的松散合作型、土地入股的紧密合作型以及土地流转的集中控制型。但不管哪种情形，农业社会企业都是通过对内整合农户资源，对外帮助农户获取更多的社会资本，以一种完全嵌入的方式发挥作用。

农业社会企业依然遵循社会企业的核心特征，以帮扶农业 BOP 群体作为主要目标，在此基础上通过商业运作寻求自身生存和发展。显然社会企业所具有的特质使其可以很好地应用于关系式农业模式：

一方面，农业相较于其他行业本身发展较为落后，资本回报率水平较低，而且农户作为中国范围最大的一个群体，其自身就处于金字塔的底层（BOP），处于较为弱势的地位，无论是农业还是农户都有帮扶的需求。

另一方面，农业社会企业以社会价值为主要目标的特性，使其有动力、有能力去实现扶贫任务，可以较容易与农户达成"合作式"契约。农业社会企业具有更强的"利他主义"倾向，相较于"利己主义"的商业企业具有无可比拟的优越性。因而通过农业社会企业来增加农业资本投入，帮扶农户这一最大的 BOP 群体，有利于实现农民生活水平的提升，又可以促进农业产业化、现代化的发展。

3.3 农业社会企业生产性服务实现过程

3.3.1 面向农业的生产性服务

1. 生产性服务的内涵

生产性服务的概念最早源于格林菲尔德（Greenfield，1966）提出的"生产者服务"的概念，之后很多学者对这一概念做了延伸，但是目前的文献大多仍旧比较认可格林菲尔德对生产性服务的界定：生产性服务仍旧是提供某种服务，但服务对象是面向生产者而非消费者。这种生产性服务应该是由需求方以外的企业提供，如果说消费性服务是为了满足最终消费者的某种需求，使其获得某种效用，那么生产性服务是为了产出技术或知识，并通过帮助其他企业间接产生效用。生产性服务对于提供企业而言可能是最终产出，但是对于需求企业而言可能只是一种中间投入品，需求企业将其作为一种生产要素或某种安排，能够帮助其实现更好的生产（Grubel & Walker，1989）。生产性服务与消费性服务的区别就在于，生产性服务与最终消费者没有直接关联，并不满足消费者的需求，它的作用在于提高生产环节的效率，以帮助生产者获得更大产出（刘明宇等，2010）。

早期的文献对于生产性服务的内容已经有了大致的界定，一般认为，生产性服务包括三个方面内容：与信息相关的软硬件、数据处理、研发、市场调研等服务；与产品相关的物流、包装、维修等服务；与组织支持相关的法律、金融等服务（Marshall et al.，1987）。但是随着时间的推移，无论是科学技术层面还是社会经济的运行都已经与以往不同，因此上述相关服务的具体内容及应用也都发生了很大的变化。从近期文献来看，对生产性服务内容的研究更多是基于某一项生产性服务内容及其应用展开深层次的挖掘，比如供应链金融、第三方/第四方物流、物联网的应用，等等。

2. 生产性服务与契约农业

早先对生产性服务的应用及研究大多是基于制造业，这是因为生产性服务就是脱胎于制造业，而且根据发达国家的经验表明，生产性服务是提升制造业竞争力的重要基础（Goedkoop et al.，1999）。随着农业流通市场的不断发展以及生产专业化水平的推进，对生产性服务的需求也日益提升，此时对生产性服务应用于农业领域的研究也逐渐增多。在农业供应链中，生产性服务本质上是企业基于自身资源为了满足农户生产需求形成的中间投入品（Simmons et al.，2005），内容主要包括：农业产前的良种、农用物资的生产和供应等服务；产中的技术指导、信息提供、防疫、保险等服务；产后的农产品处理、储藏、加工、运输、营销等服务等（庄丽娟等，2011）。

之所以需要农业生产性服务，是因为农业生产中所体现出来可以称为是"二元悖论"的问题（Feng，2008）：一方面，以农户个体和家庭为基础的小农生产方式，难以体现规模经济优势；另一方面，完全资本主导的农业纵向一体化生产方式虽然实现了规模经营，却又难以解决资本监督劳动和受雇佣者的微观激励问题。通过某种生产性服务可以一定程度上中和农业生产中的"二元悖论"问题（周邵东，2016），比如通过某种形式的生产性服务提升小农生产的效率，解决小农生产过程中的困难（孙顶强等，2016）；通过"互联网+"乃至于物联网的应用实现远程监控、智能管理等手段，解决"企业+农户"生产方式中的监督及管理问题（周绍东，2016）。但是在目前从技术层面看，"互联网+"及物联网的应用距离达到"万物互联"的程度还很远，显然处于小农生产与纵向一体化生产方式之间的农企合作才是目前农业产业需要大力推崇的产业化模式，而这个过程中就需要生产性服务及创新起到调和剂及催化剂的作用。

为了充分发挥生产性服务对农业生产的支持作用，需要通过缔结契约的方式整合原本割裂且低效的农业供应链（周立群，曹利群，2002），或者说契约农业就是农业生产性服务的实现载体。农业生产性服务的供给效率及作用效果就依赖于契约农业模式的有效性。实际上农业生产实践中已经出现了多种体现不同生产性服务内容的契约农业运作模式，比如目前应用广泛的"企业+农户"的订单式农业和农业合作社等。而目前应用广泛的上述两种契约农业模式从增强农户协作、降低交易成本、发现市场机会等方面，确实对于克服"小农户"与"大市场"之间的矛盾起到很大的帮助作用（Opoku，2012；Kumar et al.，2008；叶飞，林强，2015；周立群，曹利群，2001；等等），通过特定契约农业模式实现农业生产性服务可以很好地促进农户经济福利（徐健，汪旭辉，2009）。但是随着实践应用的深入，这两种形式也逐渐暴露出很多不足之处，比如订单式农业模式下，农户的弱势地位导致其利益受到侵害（Zhang，2013；生秀东，2007；等等）；由于农业生产以及农产品价格的不确定性，使得契约农业的履约率存在很大的变数，面临各种违约行为（王亚飞等，2014；生秀东，2007；等等），有学者将其归咎于契约设计的不完备性（刘凤芹，2003）；农业合作社尽管可以整合农户群体，在一定程度上提升农户群体的经营规模扩张能力和市场交易中的谈判力和影响力，却往往由于资源不足以及监督成本等问题导致运作效率低下（黄祖辉等，2011）。这些问题不仅降低了农业供应链的整体运作效率，而且极大影响了农户从事农业生产的积极性，甚至有学者认为契约农业是剥削农户的重要手段（Zhang，2013）。可以说，只要资源的"过度逐利"目标没有改变，上述两种农业生产性服务契约的缺陷就不会完全消除。而要提升农业供应链的运作效率，就必须在农业生产性服务的内容和提供方式上实现创新。

综上可以看出，生产性服务确实为不同行业的发展带来了很大的帮助。但是有一个问题目前仍没有被学者们注意到，那就是在农业领域生产性服务的提供及交易与制造业不同，制造业中的生产性服务更多是基于比较优势所产生的某部分生产环节的外包，在这个过程中交易的双方是企业对企业，而且，根据比较优势理论，这种生产性服务对于交易双方而言都是有利的。然而在农业领域，情况就完全不是这样，生产性服务交易的双方是农户与企业，显然这二者之间的地位是不对等的，如果说企业之间有谈判力或影响力的强弱区分，那么农户则处于完全的弱势地位，尽管农户对农业生产性服务需求迫切，但是农户作为 BOP 群体的特征显示其在获取生产性服务的过程上并不像制造业企业那么容易。原因在于一方面农户自身对生产性服务的了解程度和需求表达需要完善和提高；另一方面在于目前生产性服务的提供主渠道仍旧是政府以及准政府部门等，农民合作社等新型服务主体的农业生产技术服务又比较有限（李显戈，姜长云，2015）。所以说即便生产性服务会很好地帮助小农生产，政府也在不断呼吁构建综合性的社会化服务体系，但是谁愿意提供给支付能力不足的农户呢？生产性服务的提供者企业也需要获得利润，尤其是农业生产并不像制造业生产过程那样标准化，农业生产对自然条件的依赖以及面临的各种不确定性非常大，此时，即便企业基于比较优势提供生产性服务，也不见得一定能够获得受益。因此，当很多文献都认为生产性服务对于农业生产有推动及支持作用，那么问题就变成由谁来提供生产性服务、提供什么样的生产性服务以及如何提供。显然，以目前农业供应链中所用到的生产性服务而言，并不能很好地解决上述问题。

3.3.2 农业 BOP 群体的生产者行为特征

对于生产型 BOP 群体而言，群体中蕴含着大量未被有效利用的人力资源和其他资本，企业施行 BOP 战略需要将该群体纳入商业活动中来。由于 BOP 群体具有不同于其他群体的特征，在参与商业活动的过程中会带来很多新的挑战。因此，在探讨社会企业实现服务创新之前，我们首先要弄清楚农业 BOP 群体的生产者行为特征。根据以往对 BOP

群体特征的研究，我们归纳出作为生产型的农业 BOP 群体，将从以下几个方面影响企业的商业活动。

1. 认知特征

农业 BOP 群体受教育的水平一般比较低，加上信息不完全等因素，导致其认知能力也比较低下。较低的认知能力使该群体在判断自身发展需求的时候往往没有确切方向，很难对项目的盈利性做出合理的判断；另外由于所处环境导致的信息不完全、市场不完全以及公共品与外部性等，都会使得一些发展机会以一种排斥穷人的方式运作。因此，农业 BOP 群体在面临自身发展需求的时候，是否参与某一项目或者对项目如何实行都存在认知缺陷，因此在很多时候，农业生产更多处于一种故步自封的状态。

2. 能力特征

农业 BOP 群体的能力特征可以从技术能力和资本能力两个方面来考虑。一方面，较低的教育水平使得农业 BOP 群体的技术熟练程度也比较低下，只能以一种相对低效的方式从事农业生产经营；另一方面，由于农业生产周期长、农户收入不稳定特定，以及农业生产资源在所有权和经营权等方面的不明确和缺乏有效的配套服务设施，使得农业 BOP 群体所拥有的资产与能力很难充分资本化，因此也就很难取得商业信用和担保，生产资金的缺乏进一步束缚了提高生产效率的可能性与机会。在当前，由于农户技术能力及抵御风险能力低下，使得依靠农业增收收效甚微，进一步恶化了资本能力。

3. 经营特征

农业 BOP 群体目前大多以分散的家庭经营为主从事农业生产，合作经营和产业化经营的程度很低，这种分散经营的方式对于影响其收入波动性的各种冲击非常脆弱且无力保护。尽管目前存在的订单农业模式可以通过签订契约或者合同等方式保证农产品的销售渠道，但是也只是解决了农产品"卖难"的问题，对于提高农民收入的作用并不明显。除此以外，有少部分农户拥有自己的微型企业，但基本上是由于没有其他选择而从事的自我雇佣式生产，并且由于技术能力和资本能力的不足，这种自我雇佣生产并不能真正成为农户收入的主要来源，而更多的是作为农业生产的补充。可以说，目前农业 BOP 群体的生产经营过程中缺乏有效的组织，在与企业合作的过程中由于并不能算是真正的利益共同体，使得农户获得公平的收入更加困难。

4. 信任特征

农业 BOP 群体普遍具有风险规避的特性。主要原因在于大部分农户规模小，只能依靠极少的土地资源进行简单再生产，这就决定了农户是有风险规避的。由于这种风险规避的特性，当面临收益不确定或者对预期收益及分配不明确时，农户对于是否参与该项目往往会比较犹豫。此时，农户一般会选择与家庭、朋友、邻居及其他社区成员组成相应的网络来分享信息和经验，而面对不熟悉的项目或者组织方式时则会表现出一定的排斥性。

从上面的分析我们可以得出一个结论：对于农业 BOP 群体而言，如果仅仅依靠于从事农业生产，单凭一己之力来脱离贫困、实现收入增长基本是不可能的事情。由于知识水平有限，农户无法找到可以增加收入的好方法；由于技术能力和资本能力的不足，只能以一种相对低效的方式从事生产经营；分散经营的特征使其无法形成规模经济，无力承担各种不确定性的冲击；风险规避的特性又使农户更多地关注短期收益，当长期收益不确定时往往对原本好的发展模式持反对态度。但是在该群体中蕴藏了丰富的劳动力和土地资源，此时需要一定方式的生产性服务支持，通过施行面向农业 BOP 群体的服务创新，构建多类型农业规模经营体系和多元化农业服务体系来引导、撬动、整合这些不能实现高效利用的资源，帮助农业 BOP 群体获得资源优势和效率优势。

3.3.3 农业社会企业生产性服务的实现

服务创新是企业为满足客户的多样化需求，运用新思想、新技术等来改善和变革服务提供流程和提供方式，为客户实现价值改善并形成竞争优势的活动。从服务创新的定义可以看出，服务创新的目标是从客户价值和利益出发，在实现客户目标的基础上带来自身价值的提升。从这个角度而言，社会企业施行面向农业 BOP 群体的服务创新具有先天的优势。通过识别该群体的行为特征并将该群体纳入整个价值链体系，提供从农业生产前的组织规划、投入到生产中的管理、技术指导到生产后的销售、收益分配等一系列完整的服务支持，可以充分汇拢农业 BOP 群体中蕴藏的各种资源，并通过资源整合和高效利用，实现社会企业与农业 BOP 群体的共同发展。社会企业实现服务创新的具体分析框架如图 3-1 所示。

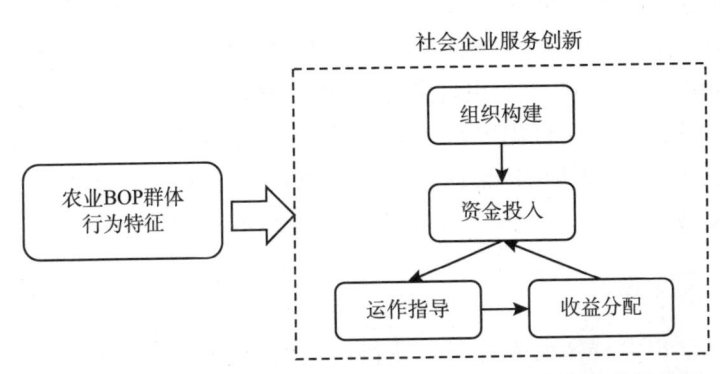

图 3-1　社会企业面向农业 BOP 群体生产性服务创新的分析框架

1. 组织构建

就目前来看，农业 BOP 群体的生计主要依靠农业生产和外出打工相结合的兼业生产方式，农业生产的收入已经呈现收益递减的趋势，在很多农业大省，农民的工资性收入已经超过家庭生产经营收入。主要原因在于这种零散的、小规模化的兼业生产无法实现规模化、组织化经营的效果，力量单薄也无力抵御市场风险。要想改变这种现状，必须整合农业生产所需要的资源，包括土地、劳动力、资金等，采用现代化的生产方式。但是由于农业 BOP 群体所具有的知识水平和技术水平较低以及风险规避性等特征，加上农村集体财产较为有限，使得农户的集体行动能力很差，单纯依靠群体本身自发式的形成合作性的组织来经营生产并不现实。只有通过外部力量帮助农业 BOP 群体构建起合作性的组织，比如农业合作社、农村集体企业等，把零散的资源有效整合起来，组成一个有效的团队，才能真正实现规模化、产业化、现代化的农业生产经营。

因此，如何构建一个有效的集体组织是社会企业实现服务创新的先决条件。这一点无论是公益组织还是商业企业都无法做到，公益组织主要的任务是资助农业，并不考虑组织生产；商业企业更希望通过农业规模化经营稳定农产品供给，而非关注于农业 BOP 群体的收益问题。社会企业相较于公益组织和商业企业，更容易被 BOP 群体所接受。社会企业可以组织农业 BOP 群体形成合作社，选取具有一定市场前景的经营项目，后续通过资金投入、辅助管理、技术指导以及收益分配等参与方式实现完全"嵌入"。这种完全"嵌入"的方式有益于社会企业获得有关 BOP 市场的详尽信息，提高集体组织的运行效率；同时，社会企业的完全"嵌入"也使其与 BOP 群体成为真正的利益共同体，更容易获得合法性和 BOP 群体的信任。因此社会企业有动力也有能力帮助农业 BOP 群体构建集体组织，实现社会企业和农业 BOP 群体的共同发展。

2. 资金投入

农业 BOP 群体大多处于农业供应链的上游，属于最弱势的群体，其对从事生产所需的农资购入价格以及对收获农产品的出售价格都没有任何影响力，只能被动地接受。因此在面临较为严重的生产资金约束时，举债种粮就将成为中国农户普遍存在的现象。由于农业生产的独特性以及与金融机构间的信息非对称性，缺乏有效抵押物使农户获得传统正规金融机构的融资极为困难。此外，受到小农意识的影响，以及农户对历史上集体经济失败的深刻印象和对资金使用透明度的担心，农户本身对于搞集体经济并不是很认同，农户手中即使有一定的资金，也不愿意集中到一起共同使用。在这种背景下，即便能够构建起合作社或集体企业，也只是一个空架子，会因为缺少资金而无法正常运作。

社会企业的介入可以较好地解决农户集体组织的资金问题。首先，社会企业并非像公益组织那样把资金直接发放到农户的手中，而是以入股的形式捐赠资金，并将部分股权量化到农户，帮助集体企业解决初始运营资本的问题。借助本地资源，以集体组织作为平台，发展规模适宜、具有一定市场前景的项目。由于社会企业需要实现自给自足的盈利需求，而这种盈利来源只能是基于集体企业的一定比例的业绩分红，因此必然以集体企业的利益为重。在这种示范作用的带动下，可以有效鼓励农户及其他外部资金入股。农户在这个过程中，不仅可以获得股权分红，还可以通过为集体企业务工、参与集体企业支持的农户自主发展、较为灵活的小项目等学习新技能，发展个体经济。其次，尽管社会企业将资金捐赠给集体企业，但不会放弃监督权及管理权。也就是说，社会企业仍旧是集体组织的利益相关方，通过监督和管理，一方面可以防止集体企业将用于生产经营的资金挪作他用或直接分掉；另一方面也可以防范集体企业运营的最终目标发生偏移，变成为了企业利益而非农户利益或社区利益服务。

3. 运作指导

农业 BOP 群体的能力特征不仅只有资本能力的问题，还包括技术和管理能力的问题。一般情况下，农业 BOP 群体中具有技术、管理知识又有市场意识的高素质人才很少，即便有一定的高素质人才，也会因为农业的低经济效益而流出。要想实现农业生产的集约化、高效率，就必须从外界引进人才。在传统分散式农业生产中，农户主要靠与周围相熟人群的经验交流、向先发展地区学习来提高技术水平，这在产业化的农业生产过程中显然是不够的。对于已经形成的农业合作社或集体企业而言，已经不再仅仅是如何组织农业生产的问题，而是如何转变观念、管理好企业、提高企业项目运作效率的问题，假如这个问题不能解决，不仅会影响集体企业运作，社会企业投入的帮扶资金也可能不会得到很好的利用。

通过运作指导提高农业经济效益是社会企业服务创新顺利实现的关键。但是这种运作指导如何实现呢？借助社会企业的力量吸引高层次技术人员和职业管理人员不失为一个好的选择。农业 BOP 群体有土地、劳动力，但缺少资金和人才；社会企业有资金，但缺少有效使用资金的途径和机制；高层次技术人员和职业管理人员有技术和经营管理才能，但缺少资金。因此三者可以很好地融合在一起，通过取长补短，使农业产业化发展所需的资金、土地、劳动力、技术、经营管理人才等基本条件都得到满足。社会企业通过帮助农业 BOP 群体实现组织构建和资金投入，可以有效改善农业地区信息闭塞、资金匮乏、抗风险能力差的外在形象，进而吸引高层次技术人员和管理人员参与到农业集体企业的运作中；同时通过对专业人才实施特定的薪酬奖励制度，产生一定的激励效应，充分调动专业人员运作指导服务的积极性。

4. 收益分配

收益分配形式是社会企业区别于公益组织与商业组织的一个重要特征，也是实现扩大再生产的重要环节。在提供生产性服务过程中以"嵌入"形式与农业 BOP 群体成为一个利益共同体后，如何进行收益分配就更成为社会企业实现服务创新可持续性的一个重要基础。农业 BOP 群体本身所具有的风险规避性，使其对于集体经济总是存在一定的顾虑，尤其是资金使用的透明性问题。尽管他们迫切需要外界的生产性服务支持，但是他们更不愿意在投入资金后，却发现通过引入服务支持所获得的收益或利益目标更多是朝向了企业而非自己。这种情况一旦出现，会极大地挫伤 BOP 群体的积极性，社会企业所做的一切也就难以为继。为了避免以往集体经济中因缺少现代管理制度而导致的投入与收益不对等的问题，社会企业在帮助农业 BOP 群体实现组织构建之后，在集体企业中引入现代公司治理结构，其中最主要的一点就是建立收益共享机制。通过合理的股权制度和资金分配制度设计，让发展成果为所有农业 BOP 群体共享。比如在资金投入过程中，社会企业将捐赠资金获得股权的一部分直接量化到农户，这样农户就可以根据股权获得分红；在生产项目选择上，除了将大部分资金用于集约化、产业化经营的规模项目，还将小部分资金用于支持农户自主发展，灵活且容易掌握的小项目，借此发挥和带动农户的积极性；除此以外，在集体企业里股权分红比例也有一定限制，必须首先保证经营项目的扩大再生产，同时保证一定比例的资金用于社区环境的公共事业发展，作为社区治理的资源，使没有劳动能力及经济能力的 BOP 群体也能分享发展成果。

通过上述分析可以看出，农业生产性服务的缺乏使得社会企业的服务创新有了可以存在的空间。通过识别农业 BOP 群体的行为特征，理解其所面临的服务需求，将该群体纳入整个价值链体系，进而实现资源的整合，创造出原来分散的农业低收入群体所不能实现的发展优势。为了能更清晰地看出社会企业面向农业 BOP 群体的服务创新模式与公益组织和商业企业所实行的农业帮扶模式的区别，我们将三种不同的方案进行对比，如表 3-2 所示。

表 3–2　　　　　　不同企业（组织）服务创新方案的比较

	公益组织+农户	社会企业+农户	商业企业+农户
BOP群体的角色	接受捐助，单独从事生产	接受捐助，单独/联合从事生产	单独/联合从事生产
企业（组织）角色	捐助者	捐助者，合作者，受益者	合作者，受益者
扶贫途径	直接捐赠	组建集体企业，增加就业，股权分红，能力建设，社区建设	赊销提供农资，供应链融资担保等
主体关系	捐赠与被捐赠的关系	集体企业共同所有者，利益共同体	供应链上下游关系
资金投入	无偿捐赠资金	以入股的形式捐赠资金，并将相当比例的股权量化到农户	无资金投入
运作指导	一般无运作指导	集体企业聘请高级技术人员或专业管理人员	有技术人员指导
收益分配	收益全部归农户	收益扣除社区建设、集体企业扩大再生产部分后，按股权分配	收益按契约规定执行

从表 3-2 可以看出，在提供服务的过程中，基于完全"嵌入"的"社会企业+农户"的形式要优于公益组织游离于生产过程之外、不收取任何回报的慈善捐赠形式以及更关注企业自身发展和利益的"企业+农户"的形式。社会企业作为农业集体企业的股东，同农户一样是利益相关方，可以凭借股权获得收益；同时社会企业更加侧重于集体企业的经济效益归所有 BOP 群体共同所有，通过分红、就业、能力建设等多个角度提高人力资本积累和农户收入增加。

3.4　本章小结

本章从社会企业的视角出发，构建"社会企业+农户"的运作模式，力图通过一种基于生产性服务需求的服务创新解决农业发展所面临的问题。社会企业由于兼顾经济价值与社会价值的特性，使其在帮扶农业 BOP 群体的过程中，既可以通过特定的收益分配形式实现自给自足；又能够与农户结成利益共同体，真正实现农户的发展需要。社会企业面向农业 BOP 群体的服务创新，在于将该群体纳入整个农业价值链体系，提供从农业生产前的组织规划、投入，到生产中的管理、技术指导，再到生产后的销售、收益分配等一系列完整的服务支持，可以充分聚拢农业 BOP 群体中蕴藏的各种资源，并通过资源整合和高效利用，实现社会企业与农业 BOP 群体的共同发展。但同时我们也要注意到，由于农业 BOP 群体独特的生产者行为特征以及集体企业所存在的现代企业运营与管理中的各种问题，社会企业在整合农业资源、提供服务的过程中，仍有一些问题需要注意。比如在社会企业筹建农业合作社及集体企业的初期，可能会遇到各种质疑、阻挠等，需要社会企业必须制订好合理的计划，逐步深入，通过不断磨合，逐渐让农民接受；再比如集体企业的管理问题。这需要集体企业的所有者（社会企业、农户）制定好合理的组织规程，确定好不同层面的规范制度。既要解决管理人员缺乏以及管理过程中的"代理"问题等，有利于集体企业形成市场竞争力；又要通过完善的监管机制和利益分配机制，以防止集体企业被占有较多股权的利益相关者绑架，为少部分人的利益而非全体农户和社区的利益服务。

除此以外，第 3 章的主要作用还在于给后续分析搭建了一个可以遵循的理论框架，并引出了需要解决的主要问题，如图 3-2 所示。

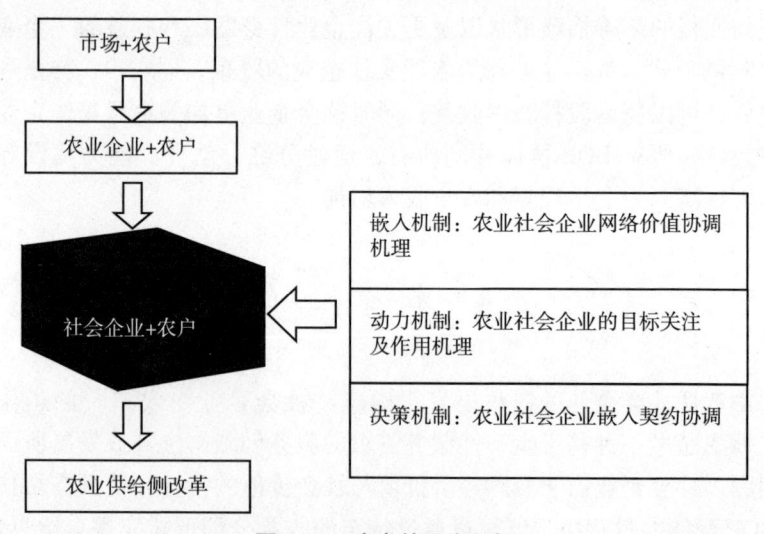

图 3-2 本书的研究目标

当我们明白目前农业领域中应用的"市场+农户"及"农业企业+农户"模式，已经不能有效满足农户对农业生产性服务的需求，进而无法对农业供给侧改革形成很好的支持，而"社会企业+农户"模式作为一种可能的解决方案浮出水面的时候，我们后续所要做的，就是基于农业社会企业生产性服务创新的框架，探究"社会企业+农户"模式具体的价值实现及契约协调过程，揭开"社会企业+农户"模式的运作"黑箱"。

第一，嵌入机制。农业社会企业与农户究竟是如何联系在一起？"社会企业+农户"模式下各种影响因素及作用机制如何对农户绩效产生促进？

第二，动力机制。农业社会企业专注于帮扶农户并实现其社会目标的动力源于哪里？作用过程是怎样的？

第三，决策机制。如果"社会企业+农户"的模式可行，在具体的运营过程是否存在不同类型的"社会企业+农户"契约模式？不同模式下农户和农业社会企业该如何决策？对各自利润会有什么样的影响？

所有的这些问题，都将在本书的第4章、第5章、第6章获得解决。

第4章 嵌入机制：农业社会企业网络价值协调机理

为了解决生产性服务支持不足所导致的农业生产效率低下以及农户收入不稳定等问题，农业生产实践中已经出现了多种不同的契约农业运作模式，比如目前应用广泛的"龙头企业+农户"的订单式农业和农业合作社等。这两种契约农业形式从增强农户协作、降低交易成本、发现市场机会等方面，确实对于克服"小农户"与"大市场"之间的矛盾起到很大的帮助作用（Opoku，2012；Kumar et al.，2008；叶飞和林强，2015；周立群和曹利群，2001；等等），但是随着实践应用的深入，这两种形式也逐渐暴露出很多不足之处，比如订单式农业模式下，农户的弱势地位导致其利益受到侵害以及遇到各种违约行为（Zhang，2013；Simmons，2005；王亚飞等，2014；生秀东，2007；等等）；农业合作社尽管可以整合农户群体，在一定程度上提升农户群体的经营规模、扩张能力和市场交易中的谈判力和影响力，却往往由于资源不足以及监督成本等问题导致运作效率低下（黄祖辉等，2011）。这些问题不仅降低了农业供应链的整体运作效率，而且极大影响了农户从事农业生产的积极性。可以说，只要资源的"过度逐利"目标没有改变，上述两种契约农业模式的缺陷就不会完全消除。政府也逐步意识到这一点，试图从产业政策层面陆续出台很多支持措施来弥补这些缺陷。比如党的十七届三中全会（2008）提出的构建以龙头企业为骨干，公益性服务与经营性服务相结合、专项服务和综合服务相协调的新型农业社会化服务体系；国家发改委、农业部（2016）发布了推进农业领域政府与社会资本合作的指导意见，多渠道增加农业投入，促进农民增收。这些措施确实具有较强的引导性和针对性，一定程度上促进了农业资本投入、改善了资源"逐利"的目标，但是这种自上而下的政府干预毕竟不同于企业自发的市场行为,其在突破目前契约农业所遭遇到的"瓶颈"上究竟会起到多大作用并不确定。

社会企业的出现为解决上述农业契约安排中出现的问题提供了一个新思路。社会企业是一种以社会价值最大化为主要目标,通过商业运作创造利润来维持自我发展的企业形式(Borzaga & Defourny,2001)。社会企业兼具社会公益性和商业可持续性的特质,使其可以很好地应用到农业领域。在"社会企业+农户"模式下,农业社会企业会基于社会价值目标,更加兼顾弱势农户群体的需求,并通过生产性服务创新,提供面向农户发展需求的综合服务支持体系以及完善的问题解决方案(刘鲁浩等,2016),从根源上解决农业供应链的合作低效率问题及农户发展需求问题。可以说,"社会企业+农户"模式恰好可以满足前文所提到的国家政策的需求标准:有组织的较强的社会力量、综合性的生产服务支持体系以及公益性服务理念。不但很好地克服了订单式农业和农业合作社存在的缺陷,也将契约农业的体现形式拓展到一个新的范畴。

但是,农业社会企业在参与契约农业的过程中,其发挥作用的基础是什么?与传统订单式农业和农业合作社相比又体现出怎样的不同之处?这些都是目前亟待关注的问题。尤其在当前我国农业社会企业发展尚不是很成熟的情况下,有必要去探讨"社会企业+农户"这一契约农业模式的具体实现过程,力图在揭开农业社会企业运作"黑箱"的同时,也为后续社会、政府等不同层面进一步支持其顺利发展提供支持和借鉴。因此,本章的主要研究目的就是探寻契约农业的新阶段——农业社会企业的价值实现过程,以期弥补目前订单式农业所存在的缺陷。本章后续内容结构如下:4.1 节构建本章的理论框架,在梳理前人文献的基础上,阐述契约农业的内涵以及演化进程,并对"农业社会企业+农户"这一新契约农业形式的内涵进行阐述;4.2 节提出本文的研究假设,在契约农业的研究框架下,探究农业社会企业基于商品契约提升农户绩效的作用机理;4.3 节是实证研究设计;4.4 节进行数据分析并得出相应实证检验结果;4.5 节是本章小结,对本章的研究过程和主要结论做一个简要的总结。

4.1 从契约农业到农业社会企业的理论框架

4.1.1 契约农业的内涵及演进

在我国，契约农业这一概念是基于计划经济结束到市场经济初期，农业供应链被人为割裂这一背景产生。从上游农业生产到中游农产品加工到下游农产品流通，以及贯穿于这个链条之中的农资产品供应、农用技术咨询等环节相互脱节，导致农业整体发展缓慢、效率低下。为了促进农业的产业化发展，后期一些社会组织开始出现，通过提供面向农业的生产性服务来提升农业的产业化水平，并借此对割裂的农业供应链各环节重新整合，实现这种整合的主要载体就是契约（周立群和曹利群，2002）。聂辉华（2013）也认为"农业产业化的本质就是农户、农业企业和农业中介组织之间的一种契约形式"。从这个意义上来看，当在农业供应链不同主体之间有缔结契约的行为时，契约农业就产生了，可以说广义上的契约农业实际上就是在现货市场交易形式之外的、有某种契约形式存在的农业管理模式。

从缔结契约的标的内容上来看，契约农业可以分为两大类：一类是要素契约，另一类是商品契约。

要素契约的主要做法是通过土地流转，企业征用农户土地，然后雇佣农户按照企业要求进行生产（周立群和曹利群，2002），比如美国的嘉吉（Cargill）公司的商业模式。作为世界最大的农产品和动物营养品制造商，嘉吉在其全产业链上游通过雇用农户种植来建立自己的种植基地，实现了原材料供给的规模化。这种模式下农户成为企业的工人，生产过程中基本没有决策权。要素契约可以认为是一种"集中式农业供应链"，在企业集中控制下可以很好地实现农业产业化。但是由于农业属于劳动密集型以及农业生产的非标准化特性，企业如果不能很好地降低组织管理成本和解决委托代理以及信息不对称等问题，也会陷入发展困境（Bijman et al.，2006）。有调查显示，目前的技术条件下"集中式农业"农产品的单位质量和产量都要低于其他非集中式农业，这也是目前要素契约形式应用并不是很广泛的原因。

商品契约在农业领域的应用较为普遍，企业与农户是相互独立的主体，采取的契约形式可以是企业与农户之间只签订农产品供销合同，也可以是在此基础上企业同时以一定方式向农户提供技术指导或生产资料（周立群和曹利群，2002）。目前应用最为广泛的"订单式农业"就属于商品契约的范畴。订单式农业是指企业与农户于生产前签订产销合同，并确定双方的权利和义务关系，农户按合同组织生产，企业按合同收购农民生产的农产品（刘凤芹，2003）。订单式农业主要面向产品流通环节，既可以减少农户生产的盲目性，获得稳定的销售渠道，又可以使企业获得稳定的农产品供货来源，同时通过减少流通环节，降低农业生产成本（叶飞和林强，2015），对于改善农户小生产难以适应市场大需求的问题起到很大促进作用。因此，订单式农业是目前最基本的也是最具有代表性的商品契约农业形式。

目前国内很多研究中，将订单式农业就看作是契约农业，实际上这是对我国一段时期以来农业生产具体实践中所体现出来的契约农业模式的一种即时化和简单化的认知。根据前人文献（Robert，2007）以及笔者于2016年所做调研发现，目前我国2/3以上的契约农业模式是订单式农业，契约内容只涉及农产品的供销而不涉及农业生产环节，另有少数的契约农业模式涉及对农业生产活动的投入、技术和流程等方面的简单要求，由此导致对契约农业的认知局限于订单式农业模式。但是随着订单式农业应用的深入，也逐渐暴露出一些问题，比如农户的弱势地位导致其利益受到侵害以及遭受各种违约行为，等等。本书认为导致这种情况的关键原因就在于订单式农业模式下，农户与企业之间仍旧是一种"交易式"供应链契约关系，除了签订购销合同之外，二者与现货市场交易形式下的关系并无区别，仍旧处于一种不对等的地位，面临系统风险时农户利益仍旧不能得到保障。因此，在当前农业产业化、现代化建设加速的情况下，对契约农业的认识应该逐步扩展到其本源——通过契约关系将农业供应链各环节整合为一个整体加以考虑。也就是说，需要将"交易式"契约为特征的订单式农业继续往前推进，实施以"合作式"契约为特征的关系式农业。

所谓以"合作式"契约为特征的关系式农业，本书将其总结为通过缔结契约的形式提供包括产前投入、产中运营、产后销售等各种面向农业的生产性服务，这种生产性服务的核心必须是基于企业与农户之间的信任、了解、合作与互惠。也就是说，订单式服务只是关系式农业的基础，其真正内容是要建立起企业与农户之间的收益共享、风险共担的合作机制，最终实现农业生产的稳定以及农民收入的提升。实际上，关系式农业在国内很多地区已经有较为成熟的实践，比如四川省的民乐村模式（陆汉文等，2012）：由中国扶贫基金会为主导，建立民富现代农业有限公司，农户以土地经营权或其他资本形式入股，与扶贫基金会共同成为企业股东；企业于产前、产中环节统一向农户提供农资并对农户进行技术指导，于产后收购农产品；农户除了获得农产品种植收入，还会获得股权分红收入，相当于在企业与农户之间既实现了成本共担，又实现了收益共享。该模式下企业与农户的合作性很强，既增强对产前、产中各环节的质量控制，又通过股权收益分配进一步削弱产出需求及价格波动对农户的影响，极大地提高农户从事生产的积极性。但是这种关系式契约农业模式的实现需要一个前提，那就是企业要有"社会目标"或者"利他主义"倾向（Stevens et al.，2015），比如前文例子中所提到的作为主导的中国扶贫基金会，对于传统商业企业而言要实现这一点并不现实。原因在于：一方面，利润最大化是商业企业的主要目标，而很少考虑社会公益目的；另一方面，即便商业企业基于社会责任制的要求，在服务社会方面也做出了贡献，但是由于受盈利目标的制约，这种实现企业社会责任的意愿和努力程度都会大打折扣（谢家平等，2016）。因此，关系式农业的实施需要一种新的企业组织形式及经营理念，而社会企业的出现为解决这个问题提供了契机。

综上所述，本书根据企业与农户之间的关系紧密程度将契约农业的不同形式区分如图 4-1 所示。其中需要注意的是，关系式农业中，能

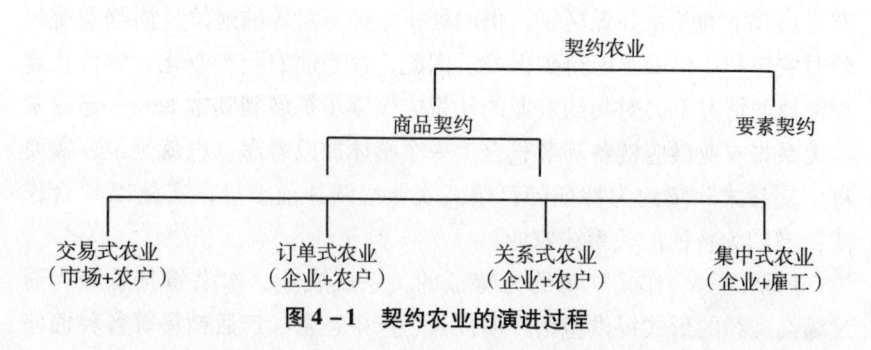

```
                            契约农业
                    ┌──────────┴──────────┐
                  商品契约               要素契约
         ┌──────────┼──────────┐             │
     交易式农业   订单式农业   关系式农业   集中式农业
     （市场+农户） （企业+农户） （企业+农户） （企业+雇工）
```

图 4-1　契约农业的演进过程

够与农户形成高效"合作式"契约是本书后续要讨论的农业社会企业；而在集中式农业中，尽管目前已经有商业企业在实践这种模式，但是农业社会企业的特质会使其比商业企业更有效率。

4.1.2 农业社会企业的社会嵌入特性

本书把面向农业的涉农型社会企业简称为农业社会企业。前文分析中提到，关系式农业的实施需要一种新的企业组织形式及经营理念，显然社会企业所具有的特质使其可以很好地应用于关系式农业模式。一方面，农业相较于其他行业本身发展较为落后，资本回报率水平较低（蒲艳萍和成肖，2014），而且农户作为中国范围最大的一个群体，其自身就处于金字塔的底层（BOP），处于较为弱势的地位，无论是农业还是农户都有帮扶的需求；另一方面，农业社会企业以社会价值为主要目标的特性，使其有动力、有能力去实现扶贫任务，可以较容易与农户达成"合作式"契约。农业社会企业具有更强的"利他主义"倾向，相较于"利己主义"的商业企业具有无可比拟的优越性。因而通过农业社会企业来增加农业资本投入，帮扶农户这一最大的BOP群体，有利于实现农民生活水平的提升，又可以促进农业产业化、现代化的发展。

但是，尽管农业社会企业具有较大的应用潜力，但对其研究却相对较少，无论从理论还是实践上都未形成较为系统的体系，甚至对农业社会企业尚没有一个清晰的界定。本书将已有研究分为两大类来考量：

一类可以被称为是新型农业合作社，这也是目前出现较多的带有社会企业性质的农业运作模式（Monzon & Chaves 2008）。新型农业合作社主要是为了应对传统的农业合作社已无法满足农业生产的多种类、多功能需求而出现，形式主要包括土地流转合作社、社区股份合作社、资金互助合作社等；此外，基于农户创业所产生的社会农业也属于新型农业合作社的范畴，比如农村微型金融、生态信任农业、特色旅游农业等多元化农业项目，只不过社会农业大多规模较小，业务范围较窄，运营能力不是很强。相较于传统农业合作社，新型农业合作社呈现出组织职能综合化、成员异质化、管理企业化等的特点，通过"合作式"契约整合农户群体内部蕴藏的各种资源，同时通过教育、培训、资助、雇工等方式帮扶农户中更为弱势的群体（Fuzzi, 2010），通过规范的管理提升合作社的运营能力和竞争能力。但是新型农业合作社仍旧属于农户群体内部的自助行为，具有公益性服务的理念，但却利用不到较强的外部社会力量，嵌入外部社会网络的程度较低，运作效率也要弱于商业企业；另外，内部利益分配也并不完善，比如存在收益被大户或大股东拿走，普通成员获利甚微，也没有什么话语权等问题（李金珊等，2016）。因此，新型农业合作社属于关系式农业的范畴，也具有社会企业的属性，却并非本书所要探讨的真正的农业社会企业。

另一类就是本书所要研究的农业社会企业，基于陆汉文等（2012）、刘鲁浩等（2016）的观点，本书从运营过程的角度将农业社会企业界定为通过高度社会嵌入的方式，基于合作与互惠的契约模式，辅以自身较为充裕的要素资源，满足农业生产及农户群体发展需求目标的一种企业组织形式，比如前文所提到的四川省的民乐村模式。从这个意义上，农业社会企业就与订单式农业以及新型农业合作社区分开来：服务主体由规范的农产品加工企业、农业生产龙头企业或者其他社会力量组建的企业来承担；服务内容从农业产前、产中、产后的专项生产性服务支持开始向农业供应链整体的综合性服务支持转变；服务提供方式不再是简单的经营性服务，而是以公益性服务理念为主导。本书综合已有实践形式，将"农业社会企业+农户"的模式分为三种情形：众包种植的松散合作型、土地入股的紧密合作型以及土地流转的集中控制型。但不管哪种情形，农业社会企业都是通过对内整合农户资源，对外帮助农户获取更多的社会资本，以一种完全嵌入的方式发挥作用。

4.1.3 不同契约农业模式的比较

综合前文的分析，本书总结不同契约农业模式的特点，如图4-2所示。

订单式农业通过龙头企业与农户签订供销协议，在一定程度上弥补了交易式农业的缺陷，但是其既没有充分利用农户群体中蕴藏的资源，也没有给农户带来更多的生产性服务支持，处于一种"非整合，非嵌入"的状态；新型农业合作社对内挖掘、整合分散的农户资源，提升群体的经营能力以及对外交往能力和谈判能力，同时实现对其他弱势农户的救助，但是对外与龙头企业仍旧处于一种交易性的契约关系，缺少外

```
┌─────────────────────────────────────┐
│   农业社会企业+农户：      关系式农业：集成协作
│      整合，嵌入
│   ┌─────────────────────┐
│   │ 新型农业合作社+农户： 关系式农业：联盟合作
│   │    整合，非嵌入
│   │   ┌───────────────┐
│   │   │ 龙头企业+农户： 订单式农业：松散合作
│   │   │  非整合，非嵌入
```

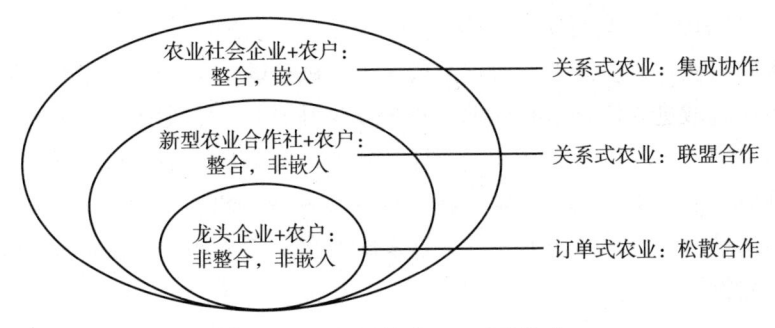

图 4-2　不同契约农业形式及特点

部力量的支持，因此处于一种"整合，非嵌入"的状态；农业社会企业基于订单式农业这一基础，建立起企业与农户之间的收益共享、风险共担的合作机制，实现农户与企业利益目标的一致性；并借助自身所在的供应链地位，帮助农户获得更为丰富的外部资源。因此处于一种"整合，嵌入"的状态，这一点也构成了本书后续分析的理论基础。由于目前以农业社会企业为主导的集中式农业应用很少，所以本书暂不讨论。

4.2　契约农业框架下农业社会企业的作用过程

前文我们已经对契约农业和农业社会企业做了一个详细的解构，分析了其优势和劣势。尽管本书认为"农业社会企业+农户"的形式是基于订单式农业，通过社会嵌入机制弥补订单式农业的不足，有效提升其作用效果，但农业社会企业在这个过程中的具体作用机制，目前尚无相关文献对其进行深入分析。本部分内容就是要在前文契约农业的理论框架下理清农业社会企业的运作机理和过程，并提出相应的研究假设。

4.2.1　订单式农业对农户绩效的影响

订单式农业如何影响农户绩效，已经有很多学者对其展开研究，但研究结论却不尽相同。一部分学者认为订单式农业通过增加市场机会、改善生产条件以及节约交易成本等方面促进农户绩效的提升。张闯和夏春玉（2010）认为订单式农业体现出典型的契约渠道关系，通过交易式契约将农业供应链上下游联结成一个有机整体。在这个基础上分散农户可以有效进入市场，并借助龙头企业获得更多市场机会，在保证农户利益和生产过程的自主性和独特性基础上，又能充分接触市场网络以及实现农产品加工、销售的规模性（周立群和曹利群，2001）；除了市场机会的增加，订单式农业还在一定程度上实现了农业生产的纵向一体化（刘晓鸥和邱元，2013），农户可以获得农产品种养所需的生产资料、生产技术等服务内容，既在一定程度上解决了分散农户所面临的生产约束（Opoku，2012），又能显著降低农业生产过程中的不确定性风险，推动农户种植结构调整，进而有效增加农户收入（Masakure & Henson，2005；Warning & Key，2002）；从交易成本层面来看，订单式农业可以帮助农户和龙头企业建立起较为稳定的供求关系，因而可以有效降低农业生产的事前交易费用，比如信息搜寻成本、运输成本、流通成本、垄断定价损失、专用性资产投资不足的损失等（生秀东，2007；叶飞和林强，2015）。除了上述直接影响，订单式农业还会对农户绩效产生间接影响，比如对当地的就业、基础设施建设和市场开发产生倍增效益，并降低政府在信贷支持、稳定粮食价格、农业投入补贴、政府研究等公共项目上的支出（Dirven，1996），通过改善农村生活环境和农业生产环境促进农户绩效的提升。比如库马尔等人（Kumar et al.，2008）对比了订单式农业和非订单式农业下，农户收入与就业水平的区别，发现订单式农业不仅能够给农户带来直接的收入提升，还可以通过降低农业生产和销售负担使农户有更多的精力从事与其他经济活动，间接帮助农户拓展增收渠道。

相应的，还有一部分学者则并不认可订单式农业的积极作用。他们认为尽管"企业+农户"的订单式农业确实可以通过签订供销合同等方式在一定程度上稳定农业生产，但是在增加农户收入、完善农业经营行为方面却并非完全有效。目前订单式农业在农业生产实践中问题频发充分说明了这一点：第一，在供应链下游的农产品流通层面，通过"龙头企业+农户"的形式，理论上可以较好地解决农户卖粮难的问题。但是，由于农业契约的不完全性以及机会主义行为、违约追索成本的高昂，使得农户和龙头企业"履约困难"和"违约率高"的现象都比较常见（生秀东，2007）。近几年，中国部分地区农业订单的违约率甚至达到了50%（王亚飞等，2014）。第二，在供应链上游的农业生产环节，由于农业生产的不确定性，企业和农户之间往往只签订一些较为粗略的契约（生秀东，2007），这体现订单式农业在引导农户经营、提升农业生产效率等方面的有效作用并不是很高，有的订单契约只是徒有形式而无实际内容，其对农户绩效的促进作用也就无从谈起。

导致上述问题的原因，本书认为主要在于订单式农业本身存在一定的缺陷：第一，交易性契约关系。作为不同的利益主体，公司与农户的目标并不相同，在二者合作的过程中，风险并没有消除。由于企业与农户不能成为一个利益共同体，因此也就无法通过"企业+农户"的方式完全实现农民脱贫，双方在各自寻求最大利益的过程中，违约及道德问题也就比较常见。第二，生产性服务的提供主体较为分散，生产性服务不足。订单式农业下企业面向农户的生产性服务更多体现在帮助农户提供技术支持、签订收购协议等，这对于降低生产风险、拓展增收渠道等方面是远远不够的，需要进一步创新生产性服务，提供面向农户发展需求的更为全面的服务支持体系以及完善的问题解决方案，才能真正从根源上解决农户的发展需求以及完善农业经营行为等问题。第三，农户的分散性经营仍大面积存在。这使得农户依旧处于弱势地位，资源短缺、能力低下的状况没有得到实质性改变。在同企业的交易过程中很容易遭受利益损失，张（Zhang，2013）甚至认为订单式农业是企业剥削小农的重要手段。总之，契约约束的脆弱性和协调上的困难是订单式农业的内在缺陷，而农业生产的不确定性则是订单式农业的外在压力。这些缺陷体现出订单式农业的"非整合、非嵌入"特性，表明订单式农业并非契约农业的"最优"模式。

总体而言，前人研究中看似对立的观点，实际上体现了订单式农业对农户绩效的不同作用层面，问题在于造成订单式农业不同作用效果的因素是同时存在的，促进农户绩效提升的同时，也会对农户绩效产生制约。另外，实践应用中的订单式契约农业模式也并非具有一个非常绝对的"边界"，农户自身也会有一定的社会网络关系，这些因素都会依附于订单契约而发生作用，也就导致无法对订单式农业对农户绩效的确定性影响做出一个较好的判断。因此，基于以上分析，本书暂提出如下假设：

H1a：参与订单式农业对农户绩效有促进作用；

H1b：参与订单式农业对农户绩效有削弱作用。

4.2.2 农业社会企业嵌入机制对农户绩效的影响

嵌入理论是学术界所采用的一个重要的概念，经济学家将其看作是用来解释处于不确定性情境中的经济行动的概念，认为"嵌入性"是指"经济情境中决策的社会、文化、政治和认知的结构，它指出了行动者与其所处社会环境之间不可分割的联系"，外部的客观因素会影响行动者的行动过程和结果（简斯和叶鹏飞，2004）。社会环境关系中的非经济性因素，比如互惠、信任、地位、政策等在经济行为和决策中相互管理，对经济活动的结果产生影响（时立荣等，2014）。管理学家将这一观点具体化，认为外部环境的影响对于企业塑造竞争优势有非常重要的作用（Zeitlin et al., 2011），通过嵌入外部环境可以帮助企业同供应链上的相关利益者，比如供应商、客户、技术伙伴、合格的员工乃至于竞争对手等建立关系，并因此获取相应的知识、信息和资源（Lane & Probert，2006）。企业不仅要加强存在于经济体内部的信息、资源的利用和交换，还要充分利用外部资源及能力。这种嵌入过程目的不是提高经济体个体能力，而是有效整合具有异质性的不同参与主体，并形成较高的整体竞争力水平（Martin，2012）。可以说，社会嵌入性体现出在任何不确定情境中的经济行动，都含有其他非经济性的社会因素对经济性因素所产生的作用，即对经济行为过程及效果的社会性控制能力及影响，这种约束能力和影响程度的高低决定了经济和社会之间协调与否，决定经济行为、行业或者社会能否和谐发展。

对社会企业而言，其社会目标为主导、经济目标为辅助的本质特征更加强调这种嵌入性。其所面向的 BOP 群体特质，使得嵌入机制成为其开发新市场、降低交易成本、消除环境不确定性、促进信任和互惠、实现资源和利益共享的重要方式，对企业自身的运营和绩效以及 BOP 群体的福利都有很大的影响（Mair & Marti, 2009；Hart, 2010）。农业社会企业亦是如此，通过识别农户的行为特征并将其嵌入整个价值链体系，提供从农业生产前的组织规划、要素投入到生产中的运营管理、技术指导到生产后的产品销售、收益分配等一系列完整的服务支持，可以充分汇拢农业供应链中蕴藏的各种资源，并通过资源整合和高效利用，实现社会企业与农户的共同发展。可以说，农业社会企业不仅是一个农业运营组织，还是一个嵌入性组织，这也是农业社会企业区别于"非嵌入性"的订单式农业的主要特点。在提供服务的过程中，基于完全"嵌入"的"社会企业+农户"的形式要优于公益组织游离于生产过程之外、不收取任何回报的慈善捐赠形式以及更关注企业自身发展和利益的"企业+农户"的形式（谢家平等，2016）。

对社会嵌入理论的典型分析框架是格兰诺维特（Granovetter，1985）提出的关系嵌入和结构嵌入两个维度；后来的很多学者对社会嵌入的研究，也大多从关系嵌入和结构嵌入两个维度展开（Gulati，1998；Day et al.，2012；邢小强等，2015；赵辉和田志龙，2014；等等）。对于农业社会企业的嵌入机制对经济要素所起到的调节和控制作用，本书也从这两个方面展开分析：

1. 关系嵌入的作用机制

关系嵌入是指社会网络中二元主体之间的关系质量，表现为各经济体之间交互发展的合作关系，主要特征包括连带强度、信任、亲密程度、友谊、共享价值和程序等（Nahapiet and Ghoshal，1998）。如果说结构嵌入决定行动者从社会网络中所能获得资源的数量和范围，那关系嵌入主要强调所能获得这些潜在资源的可能性或者资源的可利用程度（Moran，2005）。

前人研究认为农业供应链中龙头企业与农户之间的关系，不能仅依赖于法律法规、制度、合约等正式措施，这种情形下二者之间的嵌入关系仅限于制定"交易性契约"，使得双方之间并不能实现资源的充分共享。要想改变交易为主的合作方式，还需要加入互信、合作、互惠等关系治理手段，形成"合作式契约"（Claro et al.，2003；），这种契约关系对农业供应链的绩效有显著作用（熊峰等，2015）。"合作式契约"治理的过程实际上就是关系嵌入发挥作用的过程，而农业社会企业则正是这种"合作式契约"的具体组织形式体现。

农业社会企业关系嵌入的实现过程、影响因素及作用机制如下：

（1）农业社会企业的关系嵌入，可以帮助农户获得认知性的社会资本。认知性社会资本是社会资本的一个方面，是指参与者对组织集体目标和行动的理解程度（Tsai and Ghoshal，1998），体现出参与者的相对主观性感受（梁巧等，2014）。农户群体受教育水平一般比较低，外加所处环境信息不完全等因素,导致其认知性社会资本较为缺乏,因此主观性认知能力也比较低下。这也使该群体在判断自身发展需求的时候往往没有确切方向,很难对项目的盈利性做出合理的判断;另外由于所处环境导致的信息不完全、市场不完全以及公共品与外部性等,都会使一些发展机会以一种排斥穷人的方式运作。因此,农户对是否参与某一项目或者对项目的目标、使命及如何实行都存在认知缺陷,也使得农业生产更多处于一种故步自封的状态。传统契约农业的施行和发展,在很多方面受限于农户认知能力的约束。很多合理的做法可能会遇到各种质疑、阻挠等,这在一定程度上体现出了小农意识与农业产业化思路之间的矛盾以及农民对短期利益与长期预期收益不确定之间的矛盾。农业社会企业在介入初始,就展现出带有公益色彩的扶助特性,能够让农户感受到与企业之间是一个利益共同体。通过逐步深入农户群体,不断磨合,逐渐让农民了解和接受契约农业的做法和目标。所以说,农业社会企业运营过程中的关系嵌入特性,可以让农户看到外部帮扶力量的真正目的和使命,实际上就是增强了农户的认知能力,促使其接受将具有外部特征的资源转变为自己可以了解并且获取的具有内部特征的资源。

(2)关系嵌入可以增强农业社会企业和农户间的互相信任,降低交易成本。对于农业供应链上的龙头企业而言,其上游所面对的是带有BOP性质的农民群体,这与专业市场以及具有一定资质的供应商有很大的差别,其交易过程势必受到BOP市场诸多不确定性的影响,因而相较于专业市场,BOP市场的交易成本也要大得多。包括农业生产不同环节的信息成本、谈判成本以及执行成本等(黄祖辉和张静,2008)。这也给传统订单式农业中的龙头企业带来一个两难选择:一是通过大范围的垂直整合和横向多元化来内化交易(Rivera-Santos & Rufin,2010),降低交易成本,但是这种整合成本往往很高;二是如果不采用成本内部化的方式,仅仅是通过正式契约或"交易式契约"来实现经济策略,会因为农户群体的低认知能力、风险规避及对不熟悉项目的排斥等特性而增加策略实现的难度。也可以说,传统订单式农业交易成本过高的主要原因在于供应链不同主体之间的信任程度不够,不能形成一个利益共同体,由此导致了交易行为的不流畅乃至于道德风险的出现。

关系嵌入的核心在于建立不同经济体之间的信任(Day et al.,2012),

这可以看作是关系嵌入的"情感属性"。基于关系嵌入所产生的信任感，会使不同经济主体间相互依赖而放弃采取相应的机会主义行为（Handfield & Bechtel，2002），在进行决策时会遵循之前的约定并且将对对方的福利影响考虑在内，并且这种信任感会由于企业战略决策以及日常运营行为而受到影响（Day et al.，2012）。

农业社会企业的社会使命是帮扶农户脱贫，不以自身利润最大化为主要目标的战略决策使得农业社会企业很容易与农户形成较高的关系质量，获得农户的信任；另外，农业社会企业社会使命的实现，不仅是从战略决策上让农户理解，还需要提供从农业生产前的组织规划、投入到生产中的管理、技术指导到生产后的销售、收益分配等一系列完整的服务支持，通过运营过程使农户亲眼看到自身被纳入整个价值链体系。比如帮助农户组建农业合作社或农村集体企业、以量化股权的形式鼓励农户和企业共同投入资金、聘用高层次技术人员和职业管理人员、建立基于收益共享的分配机制等。可以说，农业社会企业的关系嵌入，使农户充分了解其战略决策和运营过程，相较于传统订单式农业的做法，农户会更信任农业社会企业的模式，在契约执行和运营决策过程中，会更愿意与企业进行配合，进而降低订单式农业中较高的交易成本。而且农业社会企业的关系嵌入与相互之间的信任会形成一种互相促进的机制，关系嵌入越充分，相互信任越高，反之亦然。

总而言之，农业社会企业的关系嵌入通过增加农户的认知性社会资本、增强相互之间的信任，降低交易成本，可以更好地促进订单式农业的施行，进而提升农业供应链的绩效。因此，本书提出以下假设：

H2a：农业社会企业通过关系嵌入促进农户绩效的提升；

H2b：农业社会企业通过关系嵌入，对订单式农业与农户绩效之间的关系起到调节作用。

2. 结构嵌入的作用机制

结构嵌入视社会网络关系为一个整体，是各经济体之间相互连接的网络形态（Coleman，1994），表现为围绕中心主体的关系结构的特征对主体行为的影响，一般用网络规模、密度或成员在网络中的地位来表征（Granovetter，1992）。结构嵌入主要强调由所处的社会网络结构给行动者带来的优势，包括帮助行动者和其他行为主体建立联系，以及决定可获得资源的数量和范围（Moran，2005）。前文提到，订单式农业中的"交易式契约"关系使得农户只是作为供应链上的一个孤立结点存在，与其他经济参与主体并不存在很好的社会网络关系，因而也不能充分利用供应链网络中的其他潜在资源。在"合作式契约"情形下，农业社会企业将农户真正纳入供应链整体，提升农户在供应链上的地位，同时通过农业社会企业自身良好的外部网络关系帮助农户获取供应链网络中的潜在资源，体现出结构嵌入的作用和优势。

农业社会企业结构嵌入的实现过程、影响因素及作用机制如下：

（1）农业社会企业的结构嵌入可以帮助农户获得结构性社会资本。结构性社会资本是社会资本的另一个方面，主要是指外部社会网络关系以及在网络中所处的地位（Uphoff and Wijayaratna，2000），具有客观性的特点（梁巧等，2014）。农户天生具有的 BOP 群体特性使其结构性社会资本也比较缺乏，具体体现在两方面，一是农户的外部社会网络关系较差，二是农户在供应链网络中的地位较低。当农户面临收益不确定或者对预期收益及分配不明确的情况时，一般只能选择与家庭、朋友、邻居及其他社区成员组成相应的网络来分享信息和经验，而无法获得更为专业的管理指导；此外，受到小农意识的影响，农户对历史上集体经济失败的深刻印象和对资金使用透明度的担心，对于搞集体经济并不是很认同，这也使得农户之间的关系也更多局限于信息交流而很难形成有规模、有组织的生产经营能力。农业社会企业本身一般具有良好的外部社会网络关系，这会给农户带来原本传统生产模式下所得不到的一些资源和优势，而且农户也理解农业社会企业的目标和使命，因此会吸引农户参与到以农业社会企业为核心的经营模式中来。一方面，农业社会企业以自身为纽带，将分散的农户联系起来，并且与他们有共同的利益关系，因此会极大地增强农户之间的凝聚力和信心，并且形成较为规范和具有一定规模的生产运营能力；另一方面，农业社会企业与农户形成一个整体，相当于提升了农户在供应链中的地位，有利于增强农户与外部交易对象之间的谈判能力，减少相互之间的机会主义行为，还能降低信息和交易成本。

（2）结构嵌入可以实现农业社会企业和农户间的资源、利益共享，风险共担，增加农户生产积极性。订单式农业可以解决农户的"卖难"问题，但对于农户而言这一点是不够的。农业生产开始到最后产品卖出这个过程存在巨大不确定性，包括生产过程因自然条件、管理水平等因素对产量及质量的影响以及产后销售价格的波动等，这些不确定性极大影响着农户从事生产的积极性。也就是说，农户需要的不仅仅是解决"卖难"问题，更需要的是解决经营管理问题以及稳定收益问题：一方面较低的教育水平使得农户技术熟练程度比较低下，只能以一种相对低效的方式从事农业生产经营。同时，农户所拥有的资产与能力很难充分资本化，因此也就无法取得信用和担保，运作资金的缺乏进一步束缚了提高生产效率的可能性与机会。另一方面，风险规避的特性又使农户更多的关注短期收益，当农产品价格波动导致长期收益不确定时，农户往往会对原本好的发展模式持反对态度。也就是说，订单式农业下农户仍旧存在资源不足、能力低下以及收益不稳定的问题。因此，单凭农户一己之力来脱离贫困、实现收入增长是比较困难的事情。

结构嵌入的核心就在于不同经济主体之间的共享与共担，这一点可以看作是结构嵌入的"经济属性"。结构嵌入"经济属性"的存在，源于两个方面：一是从行为经济学来看，任何经济主体都不是完全理性的，都会在一定程度上存在一定的"利他动机"，即在追求自身利益的同时，也会考虑通过帮助他人来促进社会福利的最大化，且这种利他动机随着社会网络中经济主体之间的关系密切程度、信任程度等的增强而增强（Curry & Dunbar, 2011）；二是基于共享经济下闲置资源效率提升的需求，通过共享实现资源的重新配置，在解决资源约束单位面临困难的同时，提高资源冗余单位的投资效率（郑志来，2016）。

农业社会企业的结构嵌入就是对其"经济属性"的很好阐释。首先，可以联系分散的农户建立起有效的集体组织，这一点是传统订单式农业无法做到的。其次，社会企业可以通过特定的方式较好的解决农户集体组织的资金问题，这一点是农业合作社无法做到的。比如以入股的形式捐赠资金，并将部分股权量化到农户，帮助集体企业解决初始运营资本问题；借助本地资源，以集体组织作为平台，发展规模适宜、具有一定市场前景的项目。在这种示范作用的带动下，可以有效鼓励农户及其他外部资金入股。农户在这个过程中，不仅可以获得股权分红，还可以通过为集体企业务工、参与集体企业支持的农户自主发展、较为灵活的小项目等方式来学习新技能，发展个体经济。再次，社会企业通过自身影响力吸引到高层次技术人员和职业管理人员。农户群体有土地、劳动力，但缺少资金和人才；社会企业有资金，但缺少有效使用资金的途径和机制；高层次技术人员和职业管理人员有技术和经营管理才能，但缺少资金。因此三者可以很好地融合在一起，通过取长补短，使农业产业化发展所需的资金、土地、劳动力、技术、经营管理人才等基本条件都得到满足。最后，农业社会企业通过建立收益共享机制。通过合理的股权制度和资金分配制度设计，让发展成果为所有参与农户共享。比如在资金投入过程中，社会企业将捐赠资金获得股权的一部分直接量化到农户，这样农户就可以根据股权获得分红；在生产项目选择上，除了将大部分资金用于集约化、产业化经营的规模项目，削弱生产不确定性及价格不确定性的风险，还将小部分资金用于支持农户自主发展，灵活且容易掌握的小项目，借此发挥和带动农户的积极性。

总而言之，农业社会企业的结构嵌入，将农户群体纳入整个价值链体系，通过增加农户的结构性社会资本，提升农户的供应链地位，并通过社会企业和农户的资源、利益共享，增强农户从事生产的积极性和信心。在传统订单式农业的基础上，不仅仅解决了农户"卖难"的问题，而且提升了农业生产过程的经营管理问题以及产后的收益分配问题，创造出订单式农业所不能实现的发展优势。因此，本文提出如下假设：

H3a：农业社会企业通过结构嵌入促进农户绩效提升；

H3b：农业社会企业通过结构嵌入，对订单式农业与农户绩效之间的关系起到调节作用。

需要再次强调的一点是，本书所分析的订单式农业与以农业社会企业的关系，并非是对立的二元关系，也就是说，当农业社会企业出现的时候，并非完全摒弃了订单式农业，而只是对其的一个补充和拓展。农业社会企业的作用机制和运营过程仍旧以订单式农业为基础，辅以嵌入机制增强了订单式农业对农户绩效的影响，其中结构嵌入决定了农户与企业相互影响行为的广度和深度，而关系嵌入决定了这种影响行为的发生成本。整个构念模型如图4-3所示。

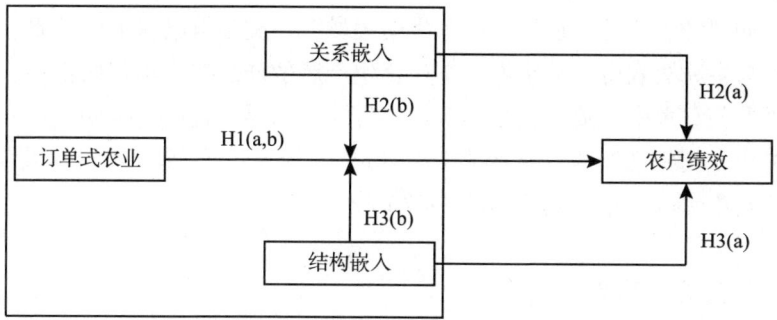

图4-3 农业社会企业影响农户绩效的构念模型

4.3 研究设计

4.3.1 数据来源

本数据主要来源于国家社科重大基金项目"基于绿色全产业链的产业与企业转型升级研究"以及上海财经大学"千村调查"项目的调查研究，本书就农村地区农民生产、农民就业、农民创业、契约农业实施情况等相关方面展开调研。调研所涉及的区域包括四川、山东、福建、安徽、河南等地的农户，共收回调研问卷2000多份，为了使问卷能更好地反映农业社会企业的特质，本书分析数据选用面向四川地区的农户调研的相关问卷，主要原因在于2008年汶川地震之后，国务院扶贫办设立专门的工作机构，指导、协助、帮助当地扶贫系统整合资源、有序有力地推动灾后及贫困村庄的恢复重建工作，通过全面参与的方式发动群众、加强能力培训、开展农企合作、创新重建与扶贫开发模式。整个过程参与机构众多，包括社会福利企业、民办非企业单位、各类合作社以及其他公益组织、基金会等在当地有类似于社会企业功能的扶助组织；随着灾后贫困村的重建恢复工作取得显著成效，相应的农村、农业发展运作模式也固定并延续下来，比如民乐村模式、民福村模式等。因此，本书选择四川省的调研问卷作为样本数据，在研究农业社会企业方面具有较强的代表性意义，问卷数据的搜集基本能反映与农业社会企业有关联的农户的情况。

调研的农户从特征描述中分为两大类，一类是自己从事分散农业经营，自主购买农资，从事农业生产，生产后的产品按市场价格销售；另一类参与订单式农业，包括与企业签订农产品供销合同、接受企业的生产指导、安排和监督、从企业购买相应农资等。调研有效问卷共420份，其中参与订单式农业的问卷320份。

4.3.2　变量测量

本书的所有量表都是来自前人研究的成熟量表，但是基于本书的研究内容对个别题项做了相应的调整，使之符合农业社会企业这一模式的相关特征，并且也保证能让被调研者充分理解。量表中所有题项采用李克特5点量表予以测量，其中1代表"非常不同意"，5代表"非常同意"。具体的变量情况说明如下：

（1）因变量：农户绩效。根据本书需求，对农户绩效的刻画主要从农业生产层面考虑，而不考虑其他非农业生产层面。另外，在农业社会企业的作用过程中，帮助农户提升农业生产收入是一个方面，还有一个方面是为了能够提升农户从事农业生产的积极性。因此，本书在萨马哈等人（Samaha et al., 2011）的基础上，从三个方面刻画农户绩效：

题项1：近三年农业生产整体收入水平非常高（经济绩效）；

题项2：近三年农业生产收入增长非常快（经济绩效）；

题项3：近三年对从事农业生产的满意度非常高（情感绩效）。

（2）自变量：是否参与订单式农业。根据前文分析，订单式农业不具有社会互动的"情感属性"，只具有不完整的契约形式的"经济属性"。订单式农业涉及生产后的农产品商品契约和生产前及生产中的农资商品契约，只要涉及其中之一我们就认为参与了订单式农业，都不涉及我们认为没有参与订单式农业。对于是否参与订单式农业用虚拟变量表示，参与订单式农业为1，没有参与为0。

题项1：是否与企业签订某种形式的农产品收购协议；

题项2：是否与企业签订某种形式的农资产品使用或购买协议。

（3）调节变量：社会嵌入。根据前人的研究，社会嵌入可以分为两个层面：关系嵌入与结构嵌入。本书在刘克春（2015）、梁巧等

(2014) 的基础上，分别对关系嵌入与结构嵌入设计如下题项：

关系嵌入：题项设计主要针对认知性社会资本以及互信这两个层面。

题项1：发展识别：农户对自身发展需求有较好的认识；

题项2：机会识别：农户对外部发展机会有更好的认识；

题项3：平等地位：出现问题时，企业不以大欺小，能够平等与农户协商解决；

题项4：信任程度：农户与社会企业相互很信任，较少出现违约情况；

题项5：熟悉程度：农户非常熟悉社会企业的运营方式和目标及使命；

题项6：亲密程度：农户与企业的亲密度非常高，合作过程顺畅。

结构嵌入：题项设计主要针对结构性社会资本和互惠这两个层面。

题项1：农户之间更加团结互助；

题项2：农户在与其他部门交往过程中更加方便顺畅；

题项3：农户与外界面临纠纷时，更容易居于主动地位；

题项4：农户可以从企业获取信息与技术；

题项5：农户可以从企业获取资金支持；

题项6：无论行情好坏，企业都会按预先约定向农户让利。

（4）控制变量。很多研究表明，农户自身的人口社会学特征及经营特征、农业生产市场环境特征都会对农户绩效产生影响，因此将相关影响因素作为控制变量，具体变量如下：

农户家庭及经营特征：家庭种植规模：对农户家庭用于农业生产的土地面积取自然对数；家庭劳动力数量，农户家庭中从事农业生产的劳动力有多少人；户主受教育程度：按照未上学、小学、初中、高中、高中以上五个阶段区分，户主按照1到5打分，最低受教育程度未上学记为1，最高受教育程度高中以上记为5，其他类推；家庭是否有打工或创业经历：农户家庭成员中是否有外出到城市打工以及从事创业的经历，如果有外出打工或创业经历，记为1，反之为0；家庭在村庄的社会地位：农户家庭在村中是否受尊敬、有较好人缘关系等，由农户依据自身情况从1到5打分，社会地位非常低记为1，非常高记为5，其他类推；年均自主农业生产投入额度：农户每年依靠家庭自身资源用于农业生产的投资数额，并取自然对数；

农业生产市场环境特征：储藏和运输的基础设施：由农户根据村、镇等的具体情况从1到5打分，基础设施非常差记为1，非常完善记为

5，其他类推；完成销售的方便程度：用村庄距离最近的县级及以上城市的地理距离表示，并取自然对数。

4.3.3 量表的信度与效度检验

本书采用 SPSS19.0 软件进行数据处理。首先采用 Cronbach's α 系数对相关量表内部一致性进行了信度检验。一般认为，Cronbach's α 系数大于 0.7 时，表示量表具有较高的信度。分析结果表明，模型主要变量 Cronbach's α 系数值均大于 0.7，说明研究变量具有较高的内部一致性，能稳定可靠地测量各概念的本质特征。

基于不同效度层面的分析方法，本书主要从内容和结构上来评估量表所测概念结果的真实性和准确性。由于主要变量及其测量题项均来源于明确的文献资料，并依据农村调查实际和专家意见对问卷内容进行了适当修正，因而调查问卷具有较高的内容效度。通过验证性因子分析，本书检验了各测量变量的结构效度。因子分析结果显示，主要变量各测量题项的因子载荷均大于 0.6，说明量表具有良好的结构效度。模型中各变量的统计性描述及信度与效度分析结果见表 4-1。

表 4-1　　模型变量统计性描述及信度与效度分析

变量与题项	均值	标准差	因子载荷	Cronbach's Alpha
农户绩效				
近三年农业生产整体收入水平非常高	3.49	1.198	0.849	0.787
近三年农业生产收入增长非常快	3.32	1.317	0.787	
近三年农户从事农业生产满意度非常高	3.53	1.023	0.897	
是否参与订单式农业	0.69	0.464		
关系嵌入				
农户对自身发展需求有较好的认识	3.64	1.022	0.643	0.808
农户对外部发展机会有更好的认识	3.35	1.051	0.817	
企业不以大欺小，能平等与农户协商解决问题	4.08	0.876	0.855	
农户非常熟悉社会企业运营方式、目标及使命	3.55	1.008	0.868	
农户与企业的亲密度非常高，交流非常频繁	3.6	0.857	0.78	
农户与农业社会企业相互信任程度很高	3.97	0.875	0.853	

续表

变量与题项	均值	标准差	因子载荷	Cronbach's Alpha
结构嵌入				
农户之间更加团结互助	3.51	0.973	0.797	
农户在与其他部门交往过程中更加方便顺畅	3.21	0.868	0.864	
农户面临经济纠纷时更容易居于主动地位	3.32	1.053	0.753	0.912
农户可以从农业社会企业获取信息与技术	4.63	0.471	0.826	
农户可以从农业社会企业获取资金支持	4.07	0.476	0.918	
无论行情好坏农业社会企业都会按契约规定向农户让利	4.21	0.562	0.888	
控制变量				
农户家庭特征				
家庭农业生产种植规模	14.02	9.062		
家庭劳动力数量	2.24	1.222		
家庭户主教育程度	2.82	0.86		
家庭成员是否有打工经历	0.42	0.495		
家庭在村中的社会地位	3.39	0.696		
农户年均自主农业生产投入数额（单位：千元）	19.22	26.63		
农村环境特征				
储藏与运输等基础设施是否便利	3.37	1.01		
距最近县级及其以上城市距离（单位：千米）	9.06	5.32		

资料来源：作者整理。

4.3.4 变量的相关性分析

各个变量之间的相关性系数如表4-2所示。可以看出，主要解释变量之间的相关性系数均低于0.5，因此不存在多重共线性问题；农户绩效与是否参与订单式农业、关系嵌入、结构嵌入以及三个控制变量家庭种植规模、家庭在村中的社会地位、年均自主农业投入额度显著正相关，初步可以验证我们之前的假设，从而为下一步回归分析奠定了基础。

表 4-2 模型变量相关性分析

变量	1	2	3	4	5	6	7	8	9	10	11	12
农户绩效	1											
是否参与订单式农业	0.382*	1										
关系嵌入	0.702**	0.112*	1									
结构嵌入	0.789**	0.297*	0.128*	1								
家庭种植规模	0.149*	0.121*	0.108*	0.138*	1							
家庭劳动力数量	-0.095	-0.205*	0.152*	0.157*	-0.659*	1						
户主教育程度	0.071	0.654	0.217*	0.137*	0.213*	0.068	1					
家庭成员是否有打工经历	-0.073	0.102	0.083	0.102	-0.005	-0.121*	0.012	1				
家庭在村中社会地位	0.275*	0.435	0.231*	0.237*	0.038	-0.060	0.092	-0.013	1			
年均自主农资投入额度	0.108*	0.150*	-0.218	-0.056	0.245**	0.188*	-0.119	-0.048	0.219*	1		
基础设施是否便利	0.363	-0.108	0.432	0.329	-0.012	0.023	-0.009	0.102	0.043	0.044	1	
与最近的县级以上城市距离	0.211	0.108*	0.159	0.035	-0.111	-0.167	0.098	0.022	-0.139	-0.322	-0.201	1

注：* 表示在 0.10 水平上显著相关，** 表示在 0.05 水平上显著相关，*** 表示在 0.01 水平上显著相关。
资料来源：作者整理。

4.4 数据分析与结果

本书采取多元层次回归分析方法对模型进行检验,之所以选用这个方法,是与我们的处理过程相关。我们首先要检验契约农业与非契约农业相比对农户绩效的影响,然后再引入社会嵌入变量,验证社会嵌入对契约农业的作用机制。也就是说,本书的解释变量进入回归分析模型是有顺序的,因此通过多元层次回归分析方法不仅可以更清晰地展现各自变量对因变量的影响,而且还可以检验新引入的变量是否能显著提高模型的解释能力(R^2),所以说,采用多元层次回归分析方法是合适的。此外,在具体的回归模型应用方面,由于本书通过主成分分析法将因变量和很多自变量下的多个题项重新组合成一个新的指标用来衡量原变量,因此相关变量数据都是连续变量,而非有序多分类变量,所以选择多元线性回归模型进行处理。

依据本书理论分析部分所做出的理论模型及假设,本书通过层次回归分析共计六个模型展开分析,具体回归结果如表4-3所示。其中,模型1包括所有控制变量,模型2在模型1的基础上加入主解释变量——是否参与订单式农业,模型3在模型2的基础上加入另外两个变量——关系嵌入与结构嵌入,模型4、模型5在模型2和模型3的基础上分别加入两个交互项,模型6包括所有的控制变量、解释变量、调节变量及交互项。

表4-3　　　　　模型回归结果分析:标准系数

变量	被解释变量:农户绩效					
	模型1	模型2	模型3	模型4	模型5	模型6
家庭种植规模	0.174*	0.164	0.078**	0.073**	0.079**	0.076**
家庭劳动力数量	-0.08	-0.113	-0.026	-0.027	-0.032	-0.031
户主教育程度	-0.004	0.034	0.057	-0.054	-0.065**	-0.062
家庭成员是否有打工经历	0.079	0.058	0.018	0.023	0.021	0.022

续表

变量	被解释变量：农户绩效					
	模型1	模型2	模型3	模型4	模型5	模型6
家庭在村中社会地位	0.439***	0.345***	0.102***	0.077***	0.063**	0.064**
年均自主农资投资额度	0.239**	0.202**	0.189**	0.166**	0.145**	0.144**
基础设施是否便利	0.021	0.022	0.038	0.25	0.28	0.26
与最近县级以上城市距离	-0.103	-0.112	-0.112	-0.009	-0.021	-0.019
是否参与订单式农业		0.251***	-0.729	-0.19	-0.061	-0.035
关系嵌入			0.170**	0.721***	0.166**	0.376**
结构嵌入			1.155***	1.182***	1.873***	1.692***
是否参与订单式农业（关系嵌入）				1.053**		0.401***
是否参与订单式农业（结构嵌入）					1.298***	0.951**
F值	17.42**	19.06**	160.51**	153.67**	156.18**	140.77**
R^2	0.217	0.268	0.805	0.817	0.819	0.82
$Ad-R^2$	0.205	0.254	0.8	0.812	0.814	0.817

注：*表示在0.10水平上显著相关，**表示在0.05水平上显著相关，***表示在0.01水平上显著相关。

资料来源：作者整理。

表4-3中模型1的检验结果表明，在所有控制变量中，家庭种植规模、家庭在村中的社会地位以及年均自主农资投资额度对农户绩效有显著的促进作用，且在后面的模型中这种促进作用依然显著。这表明在面临农业生产供给和需求不确定性都较强的情况下，大规模种植所带来的规模经济效应仍旧是抵御风险的较好手段。尤其随着农业生产技术水平和管理水平的提升，农业生产过程的不确定性逐渐减弱；需求层面可能面临粮价波动所造成的"卖粮难"问题，但是随着契约农业的施行，这种情况也会逐渐减少，另外在政府限定粮价的基础上，尽管国家收购部门可能减少收购量，但是大户的大规模生产似乎要比非常分散的小农

户更容易被收购（Singh，2006）。所以说，家庭种植规模与年均自主农资投入均有显著的促进作用。家庭在村中的社会地位，则说明在农村这样一个较小范围内的农户群体，有较高社会地位的家庭，往往代表着家庭有较丰裕的资产、家族较为庞大、较大的生产规模或者与政府等管理部门有较好的联系，这些层面可以给这些家庭带来额外的资源，从而显示出超出一般农户家庭的竞争力。

模型2引入了主要解释变量是否参与订单式农业，显示出参与订单式农业会对农户绩效造成显著的促进作用。但是需要明确的一点是，模型2中并未引入其他解释变量和调节变量，因此这里的订单式农业所表示的并非是传统意义上的订单式农业，而是在包括了一般的商品订单契约与要素购买契约的基础上，囊括了包含社会嵌入等因素在内的农业社会企业契约农业形式。模型2中的结果表明农户参与订单式农业后，随着社会企业的介入，通过社会嵌入机制在一定程度上缓解了农户从事农业生产所面临的风险，不仅使农户能够获得更多的农业生产收入，而且还提高了农户从事农业生产的积极性。相较于没有参加订单式农业的农户，农业社会企业模式可以有效提高农户绩效，但是传统契约农业在只存在订单契约和要素购买契约情况下，对农户绩效的影响是怎样的，这里并不能确定。

模型3引入社会嵌入相关变量，分析了关系嵌入与结构嵌入对农户绩效的影响，结果显示关系嵌入与结构嵌入均对农户绩效有显著促进作用，且在后续模型4、模型5、模型6中作用显著。这也论证了本书之前的分析，农业社会企业相较于订单式农业和农业合作社，最大的优势是外部力量和资源在实现其社会目标方面的主动性。农户可能自身也具有一定的社会网络资本，但是由于该群体认知能力、运营能力的欠缺，其社会网络资本一般很弱或者很难很好地发挥作用，而农业社会企业以社会使命为主的特性，使其将农户群体纳入到整个供应链体系，农户利益的实现就是农业社会企业社会价值的实现。因此，农业社会企业通过嵌入机制，从有形资源的共享（比如成本共担、收益共享等）到对农户能力建设方面的促进（比如认知能力、技术能力等），都会直接促进农户绩效的增加。通过模型3，假设H2a、假设H3a得到验证。

模型4、模型5、模型6分别引入了关系嵌入、结构嵌入与是否参与订单式农业的交互项，结果显示所有交互项结果均显著，并且符号为正。这表示关系嵌入和结构嵌入在是否参与订单式农业与农户绩效的关系之间起到了调节作用。从模型4、模型5、模型6中都可以看到，是否参与订单式农业对农户绩效的影响系数为负，但是并不显著，也就是说我们无法确认订单式农业模式是否能够促进农户绩效的增长，假设1无法得到验证。这一点与之前文献研究中关于订单式农业对农户绩效作用效果的不确定性结论也是比较符合的。由于主效应的结果并不显著，因此也就无法确定关系嵌入与结构嵌入的调节作用究竟是增强了还是弱化了订单式农业与农户绩效之间的关系。但是可以确定的是，随着农业社会企业的介入，这种调节作用的结果是使得农户绩效进一步得到提升。因此，通过模型4、模型5、模型6，假设H2b、H3b得到验证。

4.5 本章小结

本书通过对以往文献的梳理，构建了契约农业模式下从"企业＋农户"的订单式农业到"农业社会企业＋农户"的关系式农业的理论演进框架，并解构了农业社会企业的运作过程。分析认为农业社会企业并非摒弃了传统的订单式农业，而是在此基础上通过社会嵌入机制，使农户BOP群体的社会网络获得拓展。在这个过程中，农业社会企业通过关系嵌入和结构嵌入这两个层面直接或间接促进了农户绩效的提升。最后，通过实证分析验证了农业社会企业通过嵌入机制对农户绩效的促进作用。主要结论归纳如下：

（1）农户作为弱势群体，只依靠自身力量以及体制下的政策机制无法解决长远可持续发展的问题。而简单的传统意义上的契约农业仅限于订单式农业，这对农户的扶持远远不够，并且由于订单式农业存在的缺陷，其作用结果甚至都无法确定，也就无法调动农户从事农业生产的积极性。我们将参与订单式农业的用户和没有参与的用户进行对比，发现农业社会企业的加入不仅能够调动农户从事农业生产的积极性，并且对提高农户绩效有很大的帮助。

（2）高水平的关系嵌入和结构嵌入是社会企业区别于一般农资公司的特性。农户自身或许有一定的社会网络，并且通过与农资公司的交易也有一定程度的网络嵌入，但是这种交易式农业对农户社会网络的拓展显然作用微乎其微。而农业社会企业的属性和出发点决定其会更主动的帮扶农户，通过以关系嵌入和结构嵌入为主要内容的关系式农业，主动将农户纳入到一个更有宽度和深度的社会网络中，将农户利益与自身利益捆绑，利用自身的技术、资金、渠道和影响力等优势，对农户绩效产生影响显著，并对提升农业可持续发展起到更好的促进作用。

（3）尽管农业社会企业的关系嵌入和结构嵌入促进了农户绩效的提升，但订单式农业对农户绩效的增长却没有显著影响。订单式契约只是解决农户销售问题，但不能从本质上缓解和解决农户的根本发展需求。但是这并不代表就要摒弃订单式农业，订单式农业确实是实现农业产业化发展的最基本的契约农业模式，本书认为传统的订单式农业模式在新形势下不应该生搬硬套式的推广，而是应该在推广的过程中增强农户与企业之间的互信与互惠，通过二者之间的合作促使订单式农业发挥更大的作用。

第5章 动力机制：农业社会企业的目标关注及作用机理

通过第4章的分析，我们可以看出，在中国应用较为广泛的订单式农业对农户绩效的促进作用是不确定的，主要原因在农业契约的不完全性以及农业供应链参与主体的地位不平等，导致事后的违约风险以及农户利益受到侵害的情况。农业社会企业通过社会嵌入，主动将农户纳入价值链整体，将农户利益与自身利益捆绑，通过与农户的合作式契约关系帮扶农户提升收入的同时，企业也获得经济效益，实现农业社会企业兼顾社会价值和经济价值的核心目标。但是，第4章的分析主要是探讨农业社会企业的运作过程以及影响农户绩效的机理，并且发现社会嵌入程度越高，农业社会企业对农户绩效的促进作用越强。这其中实际上我们已经假定了一个前提，那就是农业社会企业愿意帮扶农户，即便可能在帮扶的过程中使企业自身的经济利益受损，并通过自身的资源和影响力主动将农户嵌入一个更为广泛的社会网络。在前面的分析中，我们知道，社会企业兼具社会价值和经济价值的特性，并且其运营过程中是将社会价值放到首位，这种分析在一定程度上是一种理想化的分析，也就是说，我们希望而且定义了社会企业一定会这么做。但是，社会企业毕竟也是一个企业，它还有经济目标的要求，它的经营过程也是由管理者掌控，如果经济收益不能达到一定的水平，不只是社会价值的实现会受到影响，甚至企业自身的维持都会发生问题。

事实上，任何企业在经营过程中都会面临不同的问题，社会企业在面临多目标决策的问题上要更甚于商业企业，因为社会企业还多了一个社会目标的范围。所以，基于上述分析，当农业社会企业面临社会目标和经济目标的二元约束时，就出现两个问题需要考虑：第一，当农业社会企业的经济收益水平较低时，还能不能一如既往地坚持对农户的扶持,尤其是当农业社会企业自身的资源是有限的,无法在经济目标和社会目标之间无限制的分配,此时农业社会企业是否会为了经济目标而采取一些可能损害农户利益的行为,即便是一种短期的行为?第二,当农业社会企业的经济受益水平很好时,企业能否不出现对社会目标的偏离?或者说,是否会因为经济收益的丰厚而一定程度上放弃对社会使命的坚持?如果不会,那这其中影响农业社会企业对社会使命的贯彻的因素是什么?

可以说,上述两个问题确实是需要认真对待的问题,毕竟推动社会企业的发展不仅是一句口号,而是真正需要实现的任务,我们不能理所当然的就认为社会企业就一定会按照理论分析的模式运作,而是要非常实际的厘清影响社会企业贯彻社会使命的影响因素,或者说主动性的根源是什么,只有这样才能在社会企业的发展过程中对其进行监督、指导及管理,使其保持住社会企业的本质。

5.1 农业社会企业的决策框架:注意力基础观的视角

企业在面对多任务目标时会采取什么样的行动或者决策是战略管理领域中的一个重要问题。根据前人的研究,企业作为一种组织,具有有限的资源和有限的理性,因此企业如何基于有限理性分配资源到企业所面临的多任务目标就成为其决策关键。奥卡西奥(Ocasio,1997)提出的注意力基础观给这一问题的解答提供了思路,本书后续正是基于注意力基础观的视角对农业社会企业的决策框架及决策行为展开分析。

5.1.1 注意力基础观

从注意力的视角探讨企业行为问题最早源于1947年西蒙(Simon)对组织管理行为的论述,他抛弃了当时占主流地位的"理性选择"的经济学理论,而是强调人在决策过程中的"有限理性",并在此基础上将影响组织行为或决策过程的因素拓展到一个非常新的角度——注意力视角。西蒙认为决策者都是有限理性的,这种有限理性体现在人类对事物有限的关注能力或注意力。当面对不同的问题时，即便所掌握的信息够多，但处理信息的能力却是稀缺的；而且，决策者对于所采取行动带来的结果是什么、是否有价值以及是否会有更符合理性的替代决策都无法做到充分预估或了解。因此，组织行为可以看作是一个认知和结构化的过程，决策的关键就在于决策者有限注意力本身以及如何合理、有效地分配其有限的注意力。在这个基础上，奥卡西奥（1997）综合前人的研究，整合当前的社会结构、外部环境、个体和社会认知等因素，将基于注意力视角的组织管理行为，从西蒙的决策者个体独立的注意力配置拓展到由个体、组织和环境共同塑造的一个多层级的注意力配置过程，或者说是基于这种多层级的关系，组织内部如何配置决策者注意力的社会结构模式（Ocasio，1995），这就是注意力基础观（attention-based view）。注意力基础观实际上是从一个开放的、系统性的视角（Scott，1992），把对企业行为的解释看作是企业如何配置决策者的有限注意力的过程。奥卡西奥（1997）将这个过程分为三个递进的步骤：

第一，注意力聚焦过程：决策者的行为取决于他们所关注的问题和可能的解决方案，这体现了个体认知的作用；

第二，注意力情境化过程：决策者关注什么样的问题和解决方案，以及可能采取的行动，取决于他们对自身所处特定情境的理解，这体现了决策环境的重要性；

第三，注意力配置过程：决策者如何理解自身所处的特定情境以及如何应对，取决于企业的制度、资源和社会关系如何将问题、解决方案、决策者与构成特定情境的行为、联系、程序配置在一起，这体现了组织认知的作用。

上述的三个步骤实际上暗含着这样的观点：企业中的决策行为和认知并非源于个体的知识结构，而是源于决策者所理解的自身所处的企业特殊情境，可以说是情境塑造了个体及行为；企业作为注意力配置系统体现了决策者个体和组织之间的信息处理、交换等的关系。上述观点不同于其他研究中关于组织认知所关注的组织成员的认知共享（Schein，1985）、高层团队的认知传递等（Eisenhardt，1989），而是更强调企业在组织决策、行为及认知方面的分配特性。可以说奥卡西奥（1997）创造性提出的上述三个步骤或原则展示了作为注意力配置系统的企业的基本决策过程模型，这个决策过程模型整合了我们对认知、组织结构和战略制定的理解，并且将公司战略的定义从决策模式层面（Ansoff，1987）转换到了组织注意力层面。

奥卡西奥（1997）将注意力基础观的决策过程模型用图 5-1 表示出来，这里我们借鉴吴建祖等（2009）对相关条目的翻译。

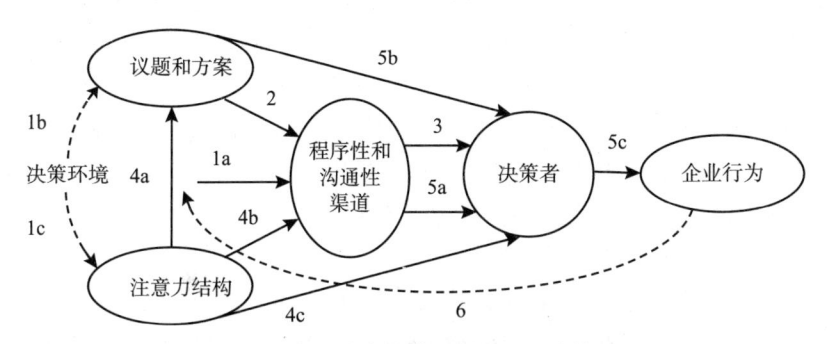

图 5-1　基于注意力基础观的企业决策过程

图 5-1 中包含了不同的要素和路径，实际上就体现了注意力基础观的决策过程。其中虚线部分的 1b、1c、6 体现了企业作为一个综合文化、社会、经济的系统与决策环境之间的相互影响：决策环境促成议题和方案的集合并塑造了企业的组织结构和注意力结构，而企业行为又融入当前的决策环境，成为影响后续决策的因素。上述企业与决策环境之间的相互影响并不直接构成企业的决策过程。而实线部分则分别体现了前文所述的三个步骤，注意力聚焦过程（5c，5b）、注意力情境化过程（1a，2，3，5a）、注意力配置过程（4a，4b，4c）。上述模型中的具体要素和路径关系介绍如下：

（1）决策环境：包含企业内部和外部的各种实质性、社会性和文化性因素，会对决策行为产生各种冲击和影响。比如关于企业外部环境的经济和金融市场、资源供应、技术和制度准则等；而企业过去行为的结果则是企业内部环境的不可或缺的部分。决策环境会产生三种作用机制：1a：企业内外部各种经济、社会、制度等因素构成了企业决策环境，并同时为具体程序性和沟通性渠道中的决策制定提供原动力；1b：决策环境中的文化和制度因素促成了议题和答案的集合，并用于指导决策者的行动；1c：企业所处的经济、社会、制度环境会塑造企业的运营规则、资源及社会关系，而运营规则、资源及社会关系就构成企业的内部组织结构,也是下文所提到的企业注意力结构三种作用机制之一(4c)赖以实现的决策环境要素。

(2)议题和方案的集合:议题表示为对企业所面临的问题、机会和威胁的认知范畴,决策者采取应对或忽视的决策时能够有的放矢。并且在过去不断的应对企业所面临的问题、机会和威胁时,决策者可能会形成某种架构的文化体系,当出现新的议题时,决策者同样会基于这种文化体系形成应对方案。所以说,议题和方案的集合实际上体现出了企业基于文化和认知体系所形成的一系列约定俗成的做法,或者说,基于企业文化和认知体系下,不同的议题和答案具体化为企业的一些人为设定,比如对应着特定的行为、程序、交互和沟通等,也就是图5-1中路径2所体现出的含义。

(3)注意力结构:注意力结构是企业决策过程中最重要的一环,因为它对议题和方案、程序性和沟通性渠道以及决策者都会产生影响。注意力结构实际上是指一种社会、经济和文化结构,它会影响组织决策者在决策过程中对精力、时间、努力的分配以及关注焦点的确定。企业的注意力结构可以确定会产生三种作用机制:4a:企业注意力结构可以帮助决策者确定哪些议题和方案是可行的,并明确其价值和合理性。这实际上是指议题和方案的价值及合理性是吸引决策者注意力聚焦的关键,但是需要注意的是,议题和方案的价值并非对所有人都一样,它们在基于企业运营规则、层级、参与者和资源所确定的不同劳动分工之间是不同的,也就是说,同样的议题和方案,对不同层级或位置的决策者有着不同的价值和意义。4b:企业注意力结构可以将决策者的行为分配到与之相匹配的一系列程序性和沟通性渠道,也就是说,决策者在明确聚焦于某个或某些议题及方案后,需要通过一系列的程序性和沟通性渠道形成下一步的行动计划。问题在于决策者该选择哪些程序性和沟通性渠道才能更好地帮助自己决策呢,企业的注意力结构就在此刻发挥作用。4c:企业的注意力结构通过构建一个关于利益偏好与认同的结构化体系,确定决策者的决策前提或情境,进而激励或促进决策者展开行动。这其中利益偏好与认同的结构化体系是由参与者基于自身与决策者的网络关系以及企业运营规则所构建;不同层级的决策者也会形成不同的利益偏好和社会认同,并且决策者作为人力资源的配置取决于其与某种企业资源的联系紧密程度。

第5章　动力机制：农业社会企业的目标关注及作用机理

可以说，企业的注意力结构构成了企业决策过程的主体，但是需要注意的是，企业注意力结构并非某种单一的要素或作用机制，而是一种由多要素互相影响所构成的体系。在企业注意力结构上述三种作用机制中，有四种要素是无所不在的，他们发挥着重要作用，可以称为是配置注意力的"调节阀"：企业运营规则、参与者、结构层级和企业资源。

（4）程序性和沟通性渠道：可以看作是一系列由企业所建立的正式或非正式的具体行为、互动和联系，这些行为、互动和联系可以帮助决策者应对相应的议题，给决策者应对议题、选择解决方案提供一些可行的、成熟的、辅助性的帮助。这些渠道之所以是具体的，是因为他们是一种可见的存在，比如会议、报告、拟定协议等。可以说，正是通过这种具有时间、空间和过程维度的程序性和沟通性渠道，使得决策者所要应对的议题和方案更加凸显和具有可行性，这也是图 5-1 中路径 3 所体现的含义。

（5）决策者：决策者是参与决定企业行为的具体个体，决策者专注于行动环境、决策制定投入，并通过自身的注意力配置过程有选择性地构建思维模式，进而形成组织行动和决策。机制 5a 体现了决策制定作为特定程序和沟通渠道下参与者之间互动的产物，而决策者的参与结构又受到决策者的时间、精力、偏好、特性以及其他议题对他的需求程度等因素的影响；机制 5b 中，决策者将注意力聚焦于有限的议题和方案，而且注意力聚焦受议题和方案的可行性及重要性、参与者的互动、注意力的配置决定因素——价值观、合理性、关联性以及决策者本身的偏好和特性等因素的影响；机制 5c 体现出决策者会根据自己对某种议题和方案的关注而选择某种企业行为，这种对议题和方案的关注不仅源于对环境因素的被动反应和主动意识下的关注和努力，而且还会受到决策者所嵌入的程序性和沟通性渠道的影响。

（6）企业行为：企业行为是指基于企业和决策者对内、外部环境变化所做出的反应和预期而采取的一系列行动，是在特定的程序性和沟通性渠道下注意力处理过程和决策制定过程共同作用的产物。机制 6 体现出了企业行为不仅是上述机制共同作用的结果，而且也会对决策环境产生反向影响，企业行为一旦确定，就会成为决策环境的一部分，并对后续企业行为产生影响。

上述即是对 Ocasio（1997）注意力基础观的介绍和评述，总体而言，注意力基础观既包含个体和组织在信息处理、行为与影响方面的关联，比如作为关键参与者的企业 CEO 通过提供企业家职能影响注意力的配置，决策者基于结构层级的不同而具有不同的偏好、认同，并最终受到企业运营规则、资源及参与人的影响而关注于与自身相匹配的议题和方案，也同时构成了企业利益偏好与认同的结构化体系；也包含具体的行为、规则乃至资源和抽象的结构、层级、渠道之间的互动，比如特定的议题和方案与特定行为、程序、交互和沟通相对应，同时具体的运营规则、资源、参与人等互相影响形成注意力结构体系，受内外部环境影响的同时，也影响着决策者注意力聚焦的实现。可以说，注意力基础观模型以注意力这一核心概念为基础，从战略管理、认知科学、组织行为及心理科学等不同角度，将各种影响企业行为的文化、社会、认知和经济机制都融合在一起（吴建祖等，2009），形成了一个具体、开放、系统、完整的体系。

目前国内学者基于 ABV 的研究相对较少，只有吴建祖等（2016、2009）、刘景江等（2014），且大多是对注意力基础观的综述性研究，只有吴建祖（2016）基于国内创业板的技术密集型企业的数据，展开对企业创新战略与高管团队注意力之间关系的研究。国外基于 ABV 的研究相对较多，可以说，上述研究对我们进一步从注意力配置的视角理解企业行为的根源以及何时、为什么、如何适应环境的变化提供了借鉴和新思路。

5.1.2　注意力基础观下农业社会企业的决策框架

基于第 3 章的分析，可以发现农业社会企业显然是一种多目标特性下的典型组织形式，农业社会企业以帮扶农业金字塔底层（bottom of the pyramid，BOP）群体为主要使命，同时需要商业化的运作来维持自身发展并提供支持实现社会使命的资源需求，也就是说农业社会企业体现出同时致力于社会目标和经济目标的特点（Dacin et al., 2010）。但是农业社会企业有别于一般商业企业的任务目标体系。尽管在商业企业面临着不同层面的要求，需要履行的企业社会责任，需要创造出有利于社会、环境等方面的社会价值，但是这种社会目标并非商业企业的首要目标，而且也不会对商业企业的生存构成很大威胁；更多的时候，企业决策者在战略层面主要关注的是如何提升企业竞争力、增强企业盈利能力、给投资者或股东带来更多收益，然后再通过特定的方式，比如捐赠、慈善等履行企业社会责任，而且，这种社会责任的执行力还会因受到利润目标的压力而打折扣。因此，可以说商业企业尽管需要应对多任务目标，但是显然其主要目标只有一个，那就是经济价值的实现，其他目标都是为了实现经济价值而服务。农业社会企业主要目标是优先实现社会价值，但是却又不能完全放弃创造经济价值，因为经济价值是社会企业得以维持和生存的基本生命线。当社会企业决策者在考虑如何实现社会价值以及社会目标下的多重任务时，仍旧面临着经济价值层面多种目标的压力。此时，社会企业的任务目标体系就不仅仅是区别于商业企业，而是要复杂于商业企业。

从前文所述的 ABV 理论中，企业行为可以被解释为企业决策者将注意力在不同议题和方案上的分配，或者说如何配置注意力实际上体现了决策者的利益偏好和认同（Ren & Guo, 2011）。对于农业社会企业而言，尽管其多重目标体系不同于商业企业，而且还具有不同于其他领域社会企业的特点，但是其战略决策的制定以及企业行为同样遵循于 ABV 的理论框架。

在第 4 章的分析中，农业社会企业的决策者所关注的问题和解决方案是如何实现社会目标及经济目标，其中社会目标是首要目标；基于对社会目标的关注及可采取的方案，在企业行为上就体现出农业社会企业与农户合作过程中的社会嵌入水平；之后通过高水平的社会嵌入帮助农户拓展了社会网络，进而弥补了订单式农业的缺陷，促进农户绩效以及生产积极性的提升。之所以农业社会企业采取了以关系嵌入和结构嵌入为主要内容的嵌入机制，原因就在于决策者在面对社会目标和经济目标的同时，更加关注于社会目标；或者说，这种社会嵌入并非农户自身的资源和社会网络所致，而是农业社会企业主动将农户拉入价值链体系中，由农业社会企业基于对社会目标的较高关注所致。

上述过程体现了农业社会企业的本质特征，实际上也是农业社会企业决策过程的一个必然结果：农业社会企业的决策环境凸显了社会目标这一议题，而针对这一议题的方案就是农业生产的产前、产中及产后的生产性服务创新。同时，决策环境还影响着农业社会企业的注意力结构——企业内部由运营规则、管理者、资源及层级结构形成的社会、经济及文化结构。在凸显社会目标这一议题后，农业社会企业的注意力结构则开始发挥关键的作用。基于社会目标的价值和合理性，企业的注意力聚焦于社会目标。不同层级结构的管理者基于企业的运营规则和资源情况会形成一个关于利益偏好与认同的结构化体系，确定决策者的决策前提或情境，进而激励或促进决策者展开行动。在这个过程中，当然有特定的程序性和沟通性的渠道会发生积极作用。最后，企业的具体行为决策者对社会目标的关注以及可行的方案而选择帮助农户提供生产性服务，最终结果就是体现出以农业社会企业和农户合作为基础的较高的社会嵌入水平。

如果将 ABV 框架下的农业社会企业决策过程做进一步的深化和具体化，首先，农业社会企业以社会目标作为注意力的焦点，体现了注意力聚焦原则；其次，影响这一注意力焦点实现的是农业社会企业所处的决策环境，包括宏观层面的国家政策导向、产业发展情况，微观层面的农户对生产性服务的需求意愿等，这体现了注意力情境原则；最后，注意力的配置原则，农业社会企业的管理者、资源、运营规则等通过特定的流程或沟通将社会目标、相应解决方案及不同层级的决策者非常匹配地整合到一起，共同实现后续的企业行为。上述过程中，本书认为以下几个要素起到了非常重要的作用，而这些要素也构成了本书的主要分析框架：

（1）农户对生产性服务的需求意愿。农户生产性资源的缺乏以及对风险抵抗能力的低下使其无法单独高效地从事农业生产并获得稳定的收入，因此对于支持性的生产性服务具有非常强烈的需求意愿，尽管这种需求意愿基于农户自身和家庭经济特征等具有明显差异性（庄丽娟等，2011），但仍是农户基于"经济人"假设下追求利润最大化的理性选择。农户对生产性服务的需求意愿是影响农业社会企业聚焦于社会目标的主要情境因素，毕竟如果没有农户对生产性服务的需求，那农业社会企业就无从实现其社会目标。

（2）高层管理者的价值趋向。企业的高层管理者是指通过自身影响企业的风格、价值观，进而影响企业注意力的关键个体（Ocasio，1997）。也有研究将企业的管理者拓展为关键的个体组成的团队，比如高层管理团队以及董事会等（Cho et al.，2006；Tuggle et al.，2010），这其中起最关键作用的管理者就是企业 CEO（Carpenter & Sanders，

2002)。在农业社会企业的目标侧重上,显然受到以 CEO 为代表的企业高层管理者的价值趋向等因素的影响。

(3) 企业运营规则。企业运营规则是指引导或规范具体决策者实现企业目标和任务的正式或非正式的组织原则（Stevens et al., 2015）。这些组织原则构建了一系列的行为前提、标准、价值观以及激励机制等,可以帮助确定企业目前的实际情况、如何采取合适的行动并获得成功（Ocasio, 1997）。企业的运营规则是多样的,就目前研究来看,随着网络信息技术的不断发展以及产品更新的加快,企业运营所面临的环境不确定性越来越大。在这种情况下,具有较高"柔性"的企业往往表现出更强的竞争力（Celuch et al., 2007）。甚至有学者将企业柔性看作是关系到企业生死存亡的大事（Phillips & Tuladhar, 2000）,显然企业是否具有柔性已经成为影响企业成功的一个重要因素。桑切斯（Sanchez, 1995）将企业战略柔性定义为组织重新利用和分配资源的能力,有助于企业面对环境变化时可以迅速调整战略（林亚清,赵曙明,2013）。可以说,柔性是企业应对多任务目标的重要法宝（李桦,彭思喜,2011）,对同时面临社会目标和经济目标的农业社会企业而言,显然柔性同样具有非常重要的影响,不同的柔性水平会导致不同的注意力配置结构。

综上所述,本书将农业社会企业主要高层管理者的价值趋向考虑在内,结合企业外部决策环境中农户对生产性服务的需求意愿,并考虑企业战略柔性在这其中所起到的直接或间接作用,探讨农业社会企业的注意力配置过程以及在后续所实现的企业行为。整个理论分析的框架或构念模型如图 5-2 所示。

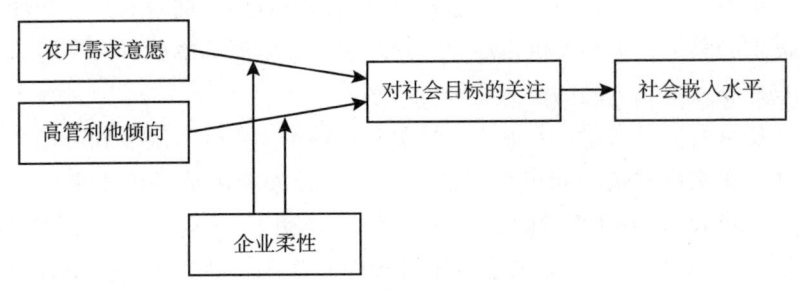

图 5-2 农业社会企业的决策框架

5.2 农业社会企业关注社会目标的作用机理

5.2.1 农户需求意愿与农业社会企业对社会目标的关注

生产性服务被认为是面向生产者而非消费者提供的某种服务（Greenfield，1966），在农业供应链中，生产性服务是指作为农业生产中间投入品及辅助性支持的服务，一般由企业、公共服务机构基于自身资源为了满足农户及其他中小企业的农业生产需求而提供。从农业供应链上游的农户层面来看，生产性服务的内容主要包括：农业产前的良种、农用物资的生产和供应等服务；产中的技术指导、信息提供、防疫、保险等服务；产后的农产品处理、储藏、加工、运输、营销等服务；金融、保险等服务则贯穿于整个链条（庄丽娟等，2011）。较多前人文献针对农户对生产性服务的需求及因素展开分析，比如农户收入增加会影响对农田水利等基础设施的需求（朱玉春和王蕾，2014）、为缓解农户融资难的问题对农村土地经营权抵押融资的需求（于丽红等，2014），以及对农业生产环节外包服务和农业生产技术及科技培训的需求（张燕媛、张忠军，2016；徐金海等，2011），等等。可以说，农业产业化和现代化的过程实际上就是农业发展对生产性服务需求快速上升的过程。尤其在当前中国农村面临劳动力外流和老龄化进程的加快的问题，更加凸显了农户对生产性服务较高的需求意愿。而对农户生产性服务需求的满足，也确实可以缓解农户小规模经营所面临的种种局限，提高农户收入及农产品的市场竞争力水平。

从目前情况来看，农业生产性服务提供主体主要有政府和市场两个层面，而农户对政府和市场提供的生产性服务的供给评价水平有所不同，市场供给的生产性服务评价水平要更低（姜长云，刘明轩，2010），表明目前市场提供生产性服务仍旧存在欠缺。原因在于政府提供的生产性服务往往更具有公益性质，但是政府受限于财政压力，显然无法做到对服务范围和服务内容的完全覆盖；而一般农资企业则专注于

第5章 动力机制：农业社会企业的目标关注及作用机理

经济收益，因此所提供的生产性服务仍旧需要农户付出较高的成本。那现在的主要问题就在于，为什么基于市场机制的农业供应链上的农业社会企业就一定要满足农户的生产性服务需求呢？

本书认为可以从两个方面来解释，一方面可以认为是外部需求的拉动，这一点对农业社会企业和一般农业企业而言并无区别。农户作为农业企业上游合作伙伴，是农业企业所需原材料的"供应商"，尽管这个"供应商"的力量非常薄弱，但是分布范围却很广，而且也构成了农业企业所不可或缺的合作伙伴。当这个"供应商"面临生产性服务需求时，实际上就变成了农业企业的"顾客"。恰如企业对下游顾客的需求满足一样，只有满足顾客需求才会给企业带来实在的利润和好处。而这个"顾客"的重要性显然不止如此，只有这个"顾客"的需求获得满足才能很好地承担起"供应商"的职能。目前农户以家庭为主的农业生产方式，面临这各种缺陷，比如资金的缺乏、抵御风险能力的不足以及经营和技术能力的低下，造成的后果就是农产品供应的不确定以及质量的不确定。或许短期内，农业企业不会受到影响，但是农户会因为入不敷出而导致陷入生产困难的恶性循环，长此以往，会严重影响农户的积极性。当上游农户出现问题时，那下游的企业也会受到影响。因此，在农户面临生产性服务需求时，最好的办法就是帮助他们，这体现了外部拉动的力量。

另一方面可以认为是企业内部的推动。前文我们知道向农户提供生产性服务的过程中，显然完全基于商业运作的模式是有缺陷的，本来就处于弱势地位的农户需要为生产性服务付出一定的代价，这也是前文所提到的农户对市场供给的生产性服务评价水平要比政府供给的更低的原因之一。需要在提供方式上进行创新，施行某种带有福利或援助性质的方式，或者说基于经济目标的提供方式转换为基于社会目标的提供方式。这种转换对农业社会企业而言显然是有好处的：

第一，农业社会企业专注于社会目标，实际上是完善了和农户的合作的过程，巩固了和农合的合作关系。一方面，可以帮助农业社会企业获得稳定、优质的农产品原材料，支持农业社会企业的后续经营；另一方面可以提升农户对企业的向心力，通过对农户的帮扶，既是拓展了农户的社会资源，实际上也是增强了农业社会企业的生产基础；此外还可以提升农业社会企业的声誉，帮助企业树立良好的企业形象，进而可以

111

获得更多的人才、资源及政府支持等，为企业创造更大的竞争优势。

第二，农业社会企业不同于其他行业的社会企业，农业社会企业的社会目标和经济目标具有一定的重合度。所谓目标重合度，可以认为是基于企业决策的多目标属性，同一个决策行为可能同时满足或协调不同目标需求的程度。这一概念目前并未在文献中有正式的定义，更多文献是在多目标规划及决策理论下探讨如何实现不同目标之间的协调。比如保险公司特定业务和资产结构下的不同目标之间的平衡（李秀芳，傅国耕，2012）、股份制改革对农村信用社在支持"三农"与本身的商业可持续性之间的兼顾（冯庆水，孙丽娟，2010），等等。社会企业显然是典型的多目标决策主体。在其他行业的社会企业中，其社会目标和经济目标之间可能是冲突对立的关系。比如提供养老服务的社会企业，以较低的价格提供较高质量的养老服务，相当于将资源主体配置到社会目标面，可以实现较高的社会价值，但却对企业的经济目标有损害，可能会导致此类社会企业一定程度上削弱对社会使命的追求。而农业社会企业的社会目标和经济目标却具有较高的重合度，也就是说，同样基于有限的资源，农业社会企业专注于帮扶农户，会获得更加优质、稳定的农产品原材料，实现下游加工或销售环节的更高竞争力；还会获得更加流畅、紧密的合作关系，降低整个农业供应链上游的交易成本。所有这些都会促成农业社会企业经济目标的实现，或者说农业社会企业经济目标实现的前提就是很好地实现其社会目标。因而对于农业社会企业而言，无论是决策者层面还是企业层面，对社会目标的关注实际上就是对经济目标的促进，农业社会企业对农户生产性服务需求意愿满足得越好，从长期来看，对于企业的可持续性发展就会越有利。因此，基于上述分析，本书提出如下假设：

H1：农户对生产性服务的需求意愿越强烈，农业社会企业越关注于社会目标。

5.2.2 高管利他倾向与农业社会企业对社会目标的关注

企业高层管理者对企业绩效及决策行为的影响一直是企业战略管理的研究热点，但是从注意力配置的视角探讨高管行为却相对较少，基本上基于这一视角的相关研究都以注意力基础观作为理论支撑。在注意力基础观中，企业高管可以被认为是注意力结构中的重要组成要素，其对企业注意力配置起到重要的影响作用。高管在企业注意力配置过程中通过企业家职能发挥作用（Ocasio，1997）：高管可以对相关议题和方案、程序性及沟通性渠道进行评估、更改及重构它们之间的链接关系，对企业注意力结构造成影响。在这个过程中，高管自身的基于人口统计学特征的"企业家秉性"促成了企业家职能的发挥（郑江淮，2003），比如企业家的韧性、创造力、价值观等等。相较于高管团队的品格特质，管理者的职业价值观更具有高感染性的特征，在企业的基于社会责任的商业实践中起到非常关键的作用（Murillo & Lozano，2006），高管的价值观不仅仅会影响他们自身的行为，还会影响和带动整个企业的决策及行为（Adams et al.，2011）。因此，企业的注意力配置实际上可以看作是企业高管决策过程中价值选择趋向的作用结果（Cho & Hambrick，2006）。

在价值观的层面，一个关键的维度是关于"利己"还是"利他"的问题（Agle，1999）。有学者认为所有的行为最终都是自利的（Dawkins，2006），这也符合经济学"理性经济人"的假设，无论是个体行为还是企业行为，都是为了追求自身利益的最大化；也有学者质疑这种利己倾向的看法，认为行为主体总会在某些方面做一些利他的事情，即便这种行为会导致自身受到损失（Perrow，1986）。这种利他主义从经济学的观点来看，是行为主体为提高他人福利而牺牲自身利益的行为，但是利他主义并非与利己主义是完全对立的，因为行为主体在采取利他行为的过程中同时追求自身效用的最大化，本质上而言，利他主义也具有一定的利己特性（魏春燕等，2015）。比如，当高管团队做出利他行为时，会给企业带来更高的声誉和合作机会（Kuakowski et al.，2009）；企业利他行为的总体水平越高，企业中所存在的代理成本就会越低（王明琳等，2014）。基于此，企业高管团队具有利他倾向是合理且可能的。但是不管高管团队的利他倾向的动机是什么，当他们更多考虑他人利益时，就会将注意力聚焦于如何实现他人收益最大化的层面上（Santos，2012），并最终带动整个企业更加专注于创造社会价值的使命或目标。也可以说，企业的利他行为决策，最终源于高管团队的利他倾向。

在农业社会企业中，高管的职业价值观有着同样的作用机理，农业社会企业如何保证对社会目标的相对关注，就源于高层管理者的价值取向。在前几章的分析中，农业社会企业的社会目标是以识别农户群体的行为特征为基础，通过提供从农业生产过程的产前、产中、产后等一系列完整的服务支持，将该群体纳入整个价值链体系，促进农户绩效的提升。农业社会企业在首先满足这个目标的基础上，才去满足经济目标需求，这也是农业社会企业区别于一般农业企业的重要特征。在农业社会企业中，这种帮扶农户群体的战略决策选择同样是基于高管团队的利他倾向，只不过利他倾向的水平及企业决策的实现过程既不同于慈善组织，也不同于一般农业企业。在慈善组织中，所有目标都是社会性的，没有商业活动及经济目标，高管的利他倾向是无条件的；一般农业企业中，为企业及股东赚取利润是对管理者最基本的要求，基于企业的社会责任义务，高管会有一定的利他倾向并导致企业的利他行为，但是这种利他倾向从属于利己倾向。农业社会企业居于慈善组织与一般农业企业之间，高管有较高的利他倾向水平，以社会目标为首要任务，但同时存在商业活动，谋取利润维持企业发展。实际上这一点也是社会企业家精神的体现：努力创造社会效益，同时应对利润风险（Marshall，2011）。所以说，高管的职业价值观——利他倾向是促使农业社会企业更加关注于社会目标并采取利他行为的主要推动力，而这也正体现了农业社会企业对传统慈善组织及一般农业企业的一种超越。基于上述分析，本书提出如下假设：

H2：高层管理者的利他倾向越强，农业社会企业越关注于社会目标。

5.2.3　企业柔性的调节作用

对于企业柔性的定义最早是针对企业的生产系统，认为柔性是生产系统应对环境变化所造成的不确定性的能力（Mandelbaum，1978）。而后，不同的学者将企业柔性的概念拓展到企业战略的层面，产生了企业柔性环境（Gerwin，1987）、企业柔性资源（Olhager，1993）、企业柔性学习创新（Gould，2009）等不同的观点。

这些观点将不同的因素纳入企业柔性的范畴中，拓展了对企业柔性的认识。比如企业柔性环境的观点认为柔性是指企业有效适应外部环境变化的能力（Gerwin，1987），这是对企业柔性从战略层面的一般化定义，体现出企业从外到内的被动适应，但并未考虑企业自身的特点；奥哈格尔（Olhager，1993）将企业内部资源和外部环境变化结合起来探讨企业柔性，认为企业柔性是一种利用现有资源应对环境不确定性的能力，强调从原来的被动适应转变为主动适应。但是需要注意的是，企业柔性能力作为影响企业竞争力的重要因素，也不是一成不变的，需要企业不断地学习、积累、创新，才能保持企业柔性的可持续性（Gould，2009）。但是不管基于什么角度的定义，企业柔性所应对的目标都是外部环境变化以及由此所造成的不确定性，而这种应对能力的高低主要来源于两个方面：一是企业资源，即企业用于生产或提供服务所需的有形的或无形的资产，包括人力、物力、财力等。企业资源可以支持企业完成多样的任务目标，可以认为是企业柔性的物质载体以及基础条件（万伦来，2003）；二是企业能力，是指企业是否能够科学合理、机动灵活地配置企业资源，这是企业柔性的保障（万伦来，2003）。企业能力的高低又源于企业的特质，这可以认为是长期以来企业文化、内部氛围、行为标准等所形成或塑造的用于达成企业任务以及获得收益的一种"潜在法则"。一般当企业内部具有较好的开拓创新氛围、开放性的企业文化基础以及良好的沟通协调与合作的时候，企业往往就会具有较强的资源配置能力（孙宝文等，2010）。

　　从注意力基础观的视角而言，上述体现企业柔性水平高低的企业资源和企业特质也恰好是构成企业注意力结构的主要要素。因此，企业柔性也可以看作是当面临决策环境变化时，企业可以迅速调整对不同任务目标的注意力，并基于自身资源和企业特质实现与注意力配置更新相匹配的企业行为的能力。也可以说，企业柔性既影响了企业对多任务目标的注意力聚焦，同时又是实现相应企业行为的基础。需要注意的是，在上述过程中，企业柔性与最终企业决策及行为之间并非存在直接因果关系，而是通过影响注意力聚焦进而促使企业采取相关决策及行为。诸多前人文献表明，企业柔性已经越发成为应对多任务目标的重要支撑（李桦，彭思喜，2011）。由于企业资源约束的存在，使得企业同时进行多目标运营是相当困难的。当企业具有较高柔性的时候，预示着可以灵活地协调各种资源在不同目标之间的转换和配置，因而企业在注意力配置上可以有更多选择的余地，甚至可以在一定程度上实现对多目标的兼顾。比如较高的企业柔性可以使企业兼顾绿色创新和经济绩效两个目标，并增强绿色创新对经济绩效的提升效应（徐建中等，2016）；如果企业柔性水平较低，表示企业存在"资源刚性"和"运营刚性"，无法做到在不同目标之间快速灵活地调配资源，这实际上导致企业在注意力配置上只有较少的选择，只能将注意力长期专注于个别目标。尤其在面临较高环境不确定性的情况下，企业会首先关注经济目标（杨智等，2010），更多考虑企业自身的生存问题。因此，基于上述分析本书得出一个结论，企业柔性在企业的注意力聚焦及影响因素之间的关系上起调节作用。

在农业社会企业的层面，显然具有二元目标的农业社会企业在注意力配置方面同样受到企业柔性的影响，这种影响就是企业柔性调节了农业社会企业在不同影响因素的作用下对社会目标的聚焦。前文分析中，假设1认为农户对生产性服务的需求意愿越强烈，农业社会企业就会越关注于社会目标。但是由于农业生产对自然条件的依赖程度很大，因此生产过程不同于制造业，具有高不确定性、周期长以及非标准化等特点（Bijman et al., 2006），而且相较于制造业，农业生产过程在地理区位、人力资源、原材料、产品储藏与销售等层面都存在较高的资产专用性，使得农业生产投入更易"沉淀"，不易"流动"（项桂娥、陈阿兴，2005）。这也预示着农业社会企业一旦对上游农户及生产过程投入生产性服务，那么未来可能的收益回报也要面临较长的周期和较大的不确定性。所以这个过程中，当农业社会企业具有较低柔性的时候，表示企业的备用资源及应变选择都比较少。一旦企业遭遇到经营困境，就无法做到迅速通过重新配置资源来应对，比如当市场竞争突然加剧可能导致未来经济绩效降低时，企业可能就无法做到从上游生产环节迅速抽调资源投入下游营销环节。此时，尽管作为自身供应商的农户有强烈的生产性服务需求意愿，但决策者仍会更加关注经济目标，以预防可能出现的影响自身生存与发展的风险。相反，当企业具有高柔性的时候，上述可能的风险及影响都会因为备用资源及应变选择的增多而降低，企业决策者知道如果出现影响经济绩效的问题，企业也可以迅速抽调资源、调整战略，确保企业生存与发展不受影响。所以当柔性较高的时候，企业决策者不会过多担心企业经济目标，而会将更多注意力聚焦于社会目标。所以说，企业柔性在农户需求意愿与对社会目标关注度之间起到调节作用，本书提出如下假设：

H3a：企业战略柔性越高，农户生产性服务需求意愿对农业社会企业关注于社会目标的促进作用越强烈。

同样，在假设2中，本书假设高管团队的利他倾向越强，农业社会企业就会越关注于社会目标。当企业柔性较低的时候，会削弱高管团队的利他倾向。作为农业社会企业而言，仍旧有创造经济价值的任务，无论是对于投资者的回报需求还是企业自身的发展壮大需求，农业社会企业都要获得一定的收益。上文分析中柔性较低的农业社会企业会面临未来可能收益回报的较长回笼周期和较大的不确定性，因此在企业特定经济收益目标的限定下，显然高管团队只能先将个人价值观放到次要的地位，而将更多注意力配置到如何克服低企业柔性可能导致的风险。或者说，即便高管团队仍旧具有较高的利他倾向，仍旧专注于如何帮扶农户，但是较低的企业柔性会或多或少的牵扯他们的精力，迫使他们将部分注意力配置到企业可能因为较低柔性所遇到的风险。此时高管团队对社会目标的关注度显然要低于农业社会企业具有高柔性情况下的水平，这种关注度水平的降低与高管团队自身的价值观无关，而是受到了企业柔性的影响。基于此，本书提出如下假设：

H3b：企业战略柔性越高，高管利他倾向对农业社会企业关注于社会目标的促进作用会越强烈。

5.2.4 农业社会企业对社会目标关注度的中介作用

农业社会企业对社会目标的关注实际上就是要专注于改变目前应用较为广泛的"企业+农户"模式下的诸多缺陷，帮助农户缓解或克服在农业供应链上所面临的不确定性、弱势地位、资源紧缺、能力不足等问题。这种社会目标的关注引领农业社会企业采取一定的行动，尽管这种行动需要社会企业付出一定的代价。农业社会企业相较于农户，具有较强的技术和经营管理能力，资金能力也较为充足，但缺少有效使用资金的途径和机制；而农户有土体、劳动力，但缺少资金、管理和人才。因此二者可以很好地融合在一起，通过取长补短，使农业产业化发展所需的资金、土地、劳动力、技术、经营管理人才等基本条件都得到满足。以目前实践来看，农业社会企业为了实现双方的共赢，也采取了多样化的行动，比如帮助农户构建集体组织、以入股的形式捐赠资金、带动农户以收益入股、帮助引进高层次技术人员和职业管理人员，等等。

这个过程中，农业社会企业主动将农户拉入自身的社会网络中，形成较高的社会嵌入水平，进而基于传动订单式农业下，提升农户绩效。农业社会企业是需要付出成本的，会损失一定的利润。对于一般农业企业而言，它们遵循经济学中的理性经济人假设，以利润最大化为首要目标，因此更关注与经济目标的实现。这也导致它们不愿意采取上述帮扶农户的行为，因为要付出成本、因为有更多的选择、因为可以在交易过程中有较强的地位而获取更多利润等。商业企业更希望通过农业规模化经营稳定农产品供给，而非关注于农业 BOP 群体的收益问题。他们并不在意农户的绩效，因此也就不会主动给予农户过多的资源，农户的社会嵌入水平仍旧是自身自由资源禀赋的体现，所以依然是低水平的社会嵌入。因此，当农业社会企业更多关注于社会目标时，实际上就会自然而然地采取有利于农户的企业决策或行为，而这种企业行为就体现为农户与企业之间较高的社会嵌入水平。因此，本书基于上述分析提出如下假设：

H4：对社会目标的关注度越高，体现帮扶行为的社会嵌入水平就会越高。

从上文分析可以看出，农业社会企业对社会目标的关注实际上起到了输导的作用。当农户由社会企业所提供的生产性服务需求意愿越强烈、社会企业高管团队的利他倾向程度越高的时候，就会导致企业越关注于如何实现对农户群体的帮扶这一社会目标，进而采取实现这一目标的相应行为。正如奥卡西奥（1997）所言，企业决策者的行为取决于他们所关注的问题和可能的解决方案，企业行为实际上就是企业将注意力配置于不同目标的具体体现。因此，本书提出如下假设：

H5：对社会目标的关注在农户需求意愿、高管利他倾向与社会嵌入水平之间起到中介作用。

5.3 研究设计

5.3.1 数据来源

本章分析所需要数据同样来源于国家社科重大基金项目"基于绿色

全产业链的产业与企业转型升级研究"以及上海财经大学"千村调查"项目的调查研究,本书的调研包括面向农户与农业社会企业两个层面。其中面向农户的调研内容主要包括农户生产、农户就业、农户创业、契约农业实施情况等;面向农业社会企业的调研内容包括企业高管的价值观、企业柔性、企业生产经营情况以及企业基本特质等。调研所涉及的区域包括四川、山东、福建、安徽、河南等地的农户,共收回调研问卷2000多份。本章分析遵循第4章的做法,为了使问卷能更好地反映农业社会企业的特质,本书选用面向四川地区的农户调研问卷。由于本章的分析主要是针对农业社会企业对社会目标的关注进而采取相应企业行为,实现"社会企业+农户"模式下的一定社会嵌入水平,所以本章所用社会嵌入水平数据主要是基于第4章中参与契约农业的农户调研问卷,而其他变量数据则是基于与该部分农户发生契约关系的农业社会企业的调研问卷。

5.3.2 变量测量

本书的所有量表都是来自前人研究的成熟量表,但是基于本书的研究内容对个别题项做了相应的调整,使之符合农业社会企业这一模式的相关特征,并且也保证能让被调研者充分理解。量表中所有题项采用李克特5点量表予以测量,其中1代表"非常不同意",5代表"非常同意"。具体的变量情况说明如下:

1. 因变量

"社会企业+农户"模式下的社会嵌入水平,利用第4章中社会嵌入水平的数据。对于关系嵌入与结构嵌入的所有题项通过主成分分析生成表示社会嵌入水平的最终数据结果。

2. 自变量

农户对生产性服务的需求意愿。本书借鉴庄丽娟等(2011)、侯江华和赫亚光(2015)等人的量表,并进行必要的调整,设计如下题项对农户的生产性服务需求意愿进行测量:

题项1:农户对生产资金服务的需求意愿;

题项2：农户对生产信息服务的需求意愿；

题项3：农户对生产技术服务的需求意愿；

题项4：农户对生产保障服务的需求意愿；

题项5：农户对产品销售服务的需求意愿。

农业社会企业高层管理者的利他倾向。本书借鉴史蒂文斯等人（Stevens et al., 2015）的问卷，并进行了必要的调整，设计如下题项：

题项1：愿意为了提高农户收入展开工作；

题项2：有同情心，对农户的境况及需求能充分了解；

题项3：善待他人，愿意给他人同等机会。

3. 调节变量

企业柔性。已经有较多文献涉及对于企业柔性或战略柔性的衡量，一个普遍或流行的分类方式是从资源柔性和能力柔性两个层面来考虑企业柔性，而资源和能力也恰好是本书所提到的注意力基础观中注意力结构这一内容的主要构成要素。因此本书对于企业柔性的衡量同样从资源和能力两个方面展开。借鉴桑切斯（1995）、王铁男等（2010）、杨卓尔等（2016）等人的调研问卷，本书设计如下题项：

题项1：同样资源从一种用途转换到另一种用途所需成本很低；

题项2：同样资源从一种用途转换到另一种用途所需时间很短；

题项3：企业能够很好地洞察外部市场机会并利用机会；

题项4：企业能够很好应对外部市场较大的竞争和不确定性。

4. 中介变量

农业社会企业对社会目标的关注。目前很少有文献针对企业对社会目标的关注这一变量进行研究，更不要提对农业社会企业这个方向。因此，本书更多基于前人文献中关于企业对社会责任的定位及关注这一角度进行借鉴。企业对社会责任的定位及关注已经有较多文献进行研究，而且也形成了较为成熟的量表。本书借鉴安吉里迪斯和易卜拉辛（Angelidis & Ibrahim, 2014）、史蒂文斯等人（Stevens et al., 2015）等的研究，就农业社会企业对社会目标的关注设计如下题项：

你认为下列哪些活动对企业是重要的：

题项1：严格履行法律责任和法律义务（法规层面）；

题项2：主动接受、学习并尊敬社会新的伦理或道德规范（伦理层面）；
题项3：积极履行伦理和道德责任（伦理层面）；
题项4：主动探寻能够增加社会价值的新机会或方案（社会层面）；
题项5：积极履行公益和慈善责任（社会层面）。

5. 控制变量

为了减少其他因素对研究结果的干扰，需要对其进行控制。本书同样借鉴对企业社会责任这一方向的研究。很多研究表明，企业社会责任的履行与企业规模、盈利能力、资本特征等都有非常紧密的关系（李正，2006；张兆国等，2013）。因此本书基于前人研究设置如下控制变量：

企业规模。小规模企业可能会更关注经济目标，因为自身风险抵抗力弱，如果与农户结成互助，关注社会目标，有可能在面临生产或价格波动时，被农户拖累；也有可能需要抵抗风险而与农户结成互助更为有利；大规模企业的抵御风险能力强，因此对是否需要关注社会目标也不确定。一般认为，规模越大的企业越会关注社会目标。企业规模的衡量指标是对企业所有员工数量取对数。

企业存在年限。随着时间的推移，企业对经济目标的关注有可能会逐步占据主导，或者侵蚀对社会目标的关注。

企业盈利能力。显然，盈利能力越强，会促使企业决策者有动力、有能力也有精力关注社会目标；反之，面对盈利困境时，企业决策者可能会更多关注于能够保证企业自身生存与发展的经济目标。对企业盈利能力的衡量是基于调研对象对企业自身近三年纯利润增减情况的判断。

企业资本构成。企业外来资本的存在，可能会因为其对投资回报的要求而影响企业对社会目标的关注。本书将农业社会企业的资金来源分为四类，按照公益性质由小到大分别为：商业基金、银行贷款、企业自有、公益基金及捐赠、政府补贴。在目前所面向四川地区的问卷中，由于大多数农业社会企业都是基于公益基金创建，因此，本书对每个企业资本构成比例以公益基金为基准，其他来源资金与公益基金做对比，然后对四个比值取平均值并取对数形成企业资本构成指标。该数值越小，表示资本构成中公益性资金来源比例越大，一般企业对社会目标的关注度就会越高。

农业经济环境状况。包括农产品市场的不确定性及市场竞争程度两个变量。

5.3.3 量表的信度与效度检验

本书采用 Cronbach's α 系数对相关量表内部一致性进行了信度检验。一般认为，Cronbach's α 大于 0.7 时，表示量表具有较高的信度。分析结果表明，模型主要变量 Cronbach's α 系数值均大于 0.7，说明研究变量具有较高的内部一致性，能稳定可靠地测量各概念的本质特征。

基于不同效度层面的分析方法，本书主要从内容和结构上来评估量表所测概念结果真实性和准确性。由于主要变量及其测量项目均来源于明确的文献资料，并依据农村调查实际和专家意见对问卷内容进行了适当修正，因而调查问卷具有较高的内容效度。通过验证性因子分析，本书检验了各测量变量的结构效度，因子分析结果显示，主要变量各测量题项的因子载荷均大于 0.6，说明量表具有良好的结构效度。模型中各变量的统计性描述及信度与效度分析结果见表 5-1。

表 5-1　模型变量统计性描述及信度与效度分析

变量与题项	均值	标准差	因子载荷	Cronbach's Alpha
农业社会企业对社会目标的关注				
严格履行法律责任和法律义务（法规层面）	3.41	1.007	0.866	
主动接受、学习并尊敬社会新的伦理或道德规范（伦理层面）	3.46	0.949	0.868	
积极履行伦理和道德责任（伦理层面）	3.46	0.945	0.87	0.92
主动探寻能够增加社会价值的新机会或方案（社会层面）	3.41	0.902	0.876	
积极履行公益和慈善责任（社会层面）	3.42	0.942	0.874	
农户需求意愿				
农户对生产资金服务的需求	3.95	0.902	0.807	
农户对生产信息服务的需求	3.94	0.902	0.801	
农户对生产技术服务的需求	3.95	0.865	0.798	0.844
农户对生产保障服务的需求	3.8	0.826	0.77	
农户对产品销售服务的需求	3.92	0.857	0.747	

续表

变量与题项	均值	标准差	因子载荷	Cronbach's Alpha
高管利他倾向				
愿意为了提高农户收入展开工作	3.88	0.898	0.813	
有同情心，对农户的境况及需求能充分了解	3.81	0.925	0.82	0.695
善待他人，愿意给他人同等机会	3.62	0.898	0.73	
企业柔性				
同样资源从一种用途转换到另一种用途所需成本很低	3.5	1.097	0.771	
同样资源从一种用途转换到另一种用途所需时间很短	3.36	1.003	0.806	0.774
企业能够很好地洞察外部市场机会并利用机会	3.42	0.955	0.797	
企业对于能够很好应对外部市场较大的竞争和不确定性	3.65	0.934	0.715	
控制变量				
农业社会企业特征				
企业规模	5.14	1.13		
企业年限	4.62	0.98		
企业盈利能力	3.72	0.84		
企业资本构成	0.68	0.09		
农业经济环境特征				
农产品市场的不确定性	3.5	0.993		
农产品市场竞争程度	3.52	0.95		

资料来源：作者整理。

5.3.4 变量的相关性分析

各个变量之间的相关性系数如表 5-2 所示。可以看出，主要解释变量之间的相关性系数均低于 0.5，因此不存在多重共线性问题；且主要自变量与因变量的相关性基本与研究假设中的影响方向一致，因此初步验证我们之前的假设，从而为下一步回归分析奠定了基础。

表 5-2　模型变量相关性分析

变量	1	2	3	4	5	6	7	8	9	10	11
农业社会企业社会嵌入水平	1										
农业社会企业对社会目标的关注	0.007	1									
农户需求意愿	0.071	0.386**	1								
高管利他倾向	0.100	0.351**	0.463**	1							
企业柔性	0.003	0.118	0.242**	0.188*	1						
企业规模	0.016	0.030	-0.022	0.039	-0.135	1					
企业年限	0.077	0.171*	0.267**	0.377**	0.190*	0.080	1				
企业盈利能力	0.044	0.438**	0.382**	0.334**	0.075	-0.006	0.115	1			
企业资本构成	-0.009	0.286**	0.376**	0.472**	0.044	0.030	0.304**	0.137	1		
农产品市场的不确定性	0.018	0.082	0.298**	0.304**	0.262**	0.007	0.064	0.244**	0.101	1	
农产品市场竞争程度	0.045	0.267**	0.403**	0.347**	0.200**	0.074	0.083	0.300**	0.108	0.436**	1

注：* 表示在 0.05 水平上显著相关，** 表示在 0.01 水平上显著相关。
资料来源：作者整理。

5.4 数据分析结果

本书采取多元层次回归分析方法对模型进行检验，之所以选用这个方法，是与我们的处理过程相关。我们首先要检验契约农业与非契约农业相比对农户绩效的影响，然后再引入社会嵌入变量，验证社会嵌入对契约农业的作用机制。也就是说，本书的解释变量进入回归分析模型是有顺序的，因此通过多元层次回归分析方法不仅可以更清晰地展现各自变量对因变量的影响，而且还可以检验新引入的变量是否能显著提高模型的解释能力所以说，采用多元层次回归分析方法是合适的。

以往文献认为对中介效应的检验需要分为三步：第一步检验总效应；第二步验证自变量与中介变量的关系；第三步验证加入中介变量的总效应，看总效应的系数变化。如果总效应不显著说明中介变量发挥完全中介作用，如果总效应仍旧显著但减弱，说明中介变量发挥部分中介作用。但是根据海耶斯（Hayes，2009）的研究，认为第一步验证总效应是没有必要的，甚至有可能是错误的，或者说总效应显著与否不是中介效应的必要条件。因此，依据本书理论分析部分所做出的理论模型及假设，本书的验证分析共分为两步：（1）验证农户需求意愿、高管利他倾向能显著影响农业社会企业对社会目标的关注，以及企业柔性的调节作用；（2）当把农业社会企业的社会嵌入水平加入第一步的模型时，农户需求意愿、高管利他倾向对农业社会企业的社会嵌入水平影响系数不显著（完全中介），或者系数显著且同时农业社会企业对社会目标关注对农业社会企业的社会嵌入水平有显著影响（部分中介）。

首先验证第一步，通过层次回归分析对共计 4 个模型展开分析，具体回归结果如表 5-3 所示。其中，模型 1 包括所有控制变量，模型 2 在模型 1 的基础上加入解释变量——农户对生产性服务的需求意愿、农业社会企业高管利他倾向，模型 3 在模型 2 的基础上加入企业柔性，模型 4 包括所有的控制变量、解释变量、调节变量及交互项。

表 5-3　模型回归结果分析：农业社会企业对社会目标的关注

变量	被解释变量：农业社会企业对社会目标的关注			
	模型 1	模型 2	模型 3	模型 4
企业规模	0.007*	0.021	0.025	0.016
企业年限	0.054	0.019	0.011	0.009
企业盈利能力	0.38***	0.323***	0.329***	0.318***
企业资本构成	0.208***	0.126	0.134	0.112
农产品市场的不确定性	(-0.109)	(-0.146)*	(-0.157)*	(-0.138)*
农产品市场竞争程度	0.164**	0.113	0.106	0.120
农户需求意愿		0.168*	0.160*	0.150*
高管利他倾向		0.098*	0.094*	0.077*
企业柔性			0.052	
农户需求意愿（企业柔性）				0.061*
高管利他倾向（企业柔性）				0.060*
F 值	9.8***	8.208***	7.242***	6.716***
R^2	0.27	0.300	0.302	0.409
$Ad-R^2$	0.242	0.264	0.260	0.363

注：*表示在 0.10 水平上显著相关，**表示在 0.05 水平上显著相关，***表示在 0.01 水平上显著相关。

表 5-3 中的模型 1 只加入了控制变量，其中企业盈利能力、企业资本构成及农产品市场竞争程度显著正向影响农业社会企业对社会目标的关注。其中企业盈利能力的影响在后续模型中均显著，农业社会企业盈利能力越强，表明其有足够的能力维持自身的生存及发展，因此可以专注于社会目标帮扶农户而无后顾之忧；而农业社会企业资本构成及市场竞争程度的影响只在模型 1 中显著，在后续模型中都不显著。

模型 2 增加了两个主要解释变量，系数均正向显著影响农业社会企业对社会目标的关注，而控制变量中只有企业盈利能力和市场的不确定性的影响是显著的。在"社会企业＋农户"模式下，农户不仅仅是农业社会企业上游的供应商，而且还是农业社会企业的"客户"。只有当农户对生产性服务的需求获得满足，其生产效率、产品质量才能有较好的提升，进而促进农业社会企业经济目标的实现。所以农户对生产性服务的需求意愿越强烈，农业社会企业就越有倾向帮扶农户；而农业社会企业高管的利他倾向则体现了高管乃至企业整体的价值观趋向。研究认为经济行为主体并非完全理性的，或者说并非总是"自私自利"的，总会有某种程度的"利他主义"倾向。因此，高管的利他倾向越明显，就会带动整个企业关注于帮扶农户的社会目标；控制变量中农产品市场的不确定性负向显著影响农业社会企业对社会目标的关注，表明当市场不确定越大的时候，企业要分散更多的精力去应对这种变化，因而就会削弱对社会目标的关注。当然，这个过程可能不仅是为了农业社会企业自身的经营及盈利，也可能是为了更好地了解、应对市场，进而可以更好地指导农户生产。

模型3在模型2的基础上加入了企业柔性这一影响因素，但影响并不显著。这表明企业柔性尽管是帮助企业应对外部环境不确定性的利器，可以有效应对企业所面临的多任务目标体系，有效提升企业的竞争力水平，但是却并不能影响企业在多目标任务中的注意力配置。

模型4验证了企业柔性的调节效应。在模型4中加入了企业柔性与农户需求意愿和高管利他倾向的交互项，系数均正向显著影响农业社会企业对社会目标的关注，且两个主要解释变量的影响也显著，这表明企业柔性在农户需求意愿、高管利他倾向和农业社会企业对社会目标的关注之间的关系中起到了调节作用。假设1、假设2、假设3得到验证。

下面验证农业社会企业对社会目标关注的中介作用。将模型的被解释变量换成农业社会企业的社会嵌入水平，然后采取前面分析中的同样思路，依次加入控制变量、主要解释变量、调节变量，最后加入中介变量——农业社会企业对社会目标的关注。模型回归结果如表5-4所示。

表5-4　模型回归结果分析：农业社会企业的社会嵌入水平

变量	被解释变量：农业社会企业社会嵌入水平					
	模型1	模型2	模型3	模型4	模型5
企业规模	-0.081	-0.065	-0.061	-0.072	-0.073
企业年限	-0.033	-0.041	-0.043	-0.047	-0.051
企业盈利能力	0.333***	0.301***	0.306***	0.299***	0.050
企业资本构成	0.172**	0.139	0.145*	0.134	0.037

续表

变量	被解释变量：农业社会企业社会嵌入水平					
	模型1	模型2	模型3	模型4	模型5
农产品市场的不确定性	-0.076	-0.092	-0.099	-0.083	0.019
农产品市场竞争程度	0.038	0.008	0.003	0.014	-0.047
农户需求意愿		0.181**	0.174*	0.187*	0.027
高管利他倾向		-0.052	-0.054	-0.046	-0.100
企业柔性			0.039		
农户需求意愿（企业柔性）				0.049	-0.019
高管利他倾向（企业柔性）				0.053	0.037
农业社会企业对社会目标关注					0.754***
F值	5.051***	4.272***	3.795***	3.533***	18.353***
R2	0.157	0.179	0.181	0.187	0.575
Ad-R2	0.126	0.137	0.133	0.134	0.544

注：* 表示在 0.10 水平上显著相关，** 表示在 0.05 水平上显著相关，*** 表示在 0.01 水平上显著相关。

从表 5-4 中可以看出，控制变量中企业盈利能力、企业资本构成以及主要解释变量农户的需求意愿在没有加入农业社会企业对社会目标的关注这一变量之前，都有体现出对农业社会企业社会嵌入水平显著影响的时候，但是模型 5 中当加入农业社会企业对社会目标的关注之后，其对农业社会企业社会嵌入水平呈现正向显著影响，而所有控制变量、主要解释变量及与调节变量的交互项均不显著，说明农业社会企业对社会目标的关注起到了完全中介作用。假设 4、假设 5 得到验证。

5.5 本章小结

本书通过注意力基础观的视角，探讨农业社会企业关注于社会目标的源动力，这是对以往研究的一大推进。在注意力基础观的体系中，影响企业注意力配置的外部决策环境及构成企业注意力结构的利益相关者、资源、企业运营规则都会影响企业的注意力聚焦。基于这个观点，本书构建了农业社会企业的决策框架，将农业社会企业主要高层管理者的价值趋向考虑在内，结合企业外部决策环境中农户对生产性服务的需求意愿，并考虑企业战略柔性在这其中所起的直接或间接作用，探讨农业社会企业的注意力配置过程以及在后续所实现的企业行为。通过理论分析及基于调研问卷的实证检验发现，农户对生产性服务的需求意愿及企业高管的利他倾向正向影响农业社会企业对社会目标的关注，而农业社会企业的柔性在其中起到了调节作用，企业柔性越高，上述变量对农业社会企业对社会目标关注这一变量的促进作用就越明显。根据注意力基础观的观点，只有决策者将注意力聚焦于某一目标，才会采取相应的措施实现特定的企业行为，因此农业社会企业帮扶农户的各种行为，实际上就是由于农业社会企业对社会目标的关注这一源动力。农户如何很好地表达自身对生产性服务的需求意愿、农业社会企业高管人员的公益理念的培养、农业社会企业自身柔性能力的建设等，都会促成农业社会企业对农户群体的帮扶效果。可以说，通过本书的分析，我们厘清了农业社会企业帮扶农户的实现过程及行为决策机理，也为后续帮助农业社会企业更好地发挥作用指明了方向。

第6章 决策机制：农业社会企业嵌入契约协调优化

通过第4章、第5章的分析，本书已经阐明农业社会企业的嵌入机制和动力机制及其作用过程，从企业战略层面厘清了农业社会企业促进农户绩效提升以及通过专注于社会目标实现较高社会嵌入水平的机理。本章将研究进一步往前推进，延伸到企业运营和供应链管理层面，探讨农业社会企业不同社会嵌入水平所导致的不同合作契约模式下，农业社会企业及农户的定价决策及对各自利润的影响。

6.1 "社会企业+农户"合作契约的构建

6.1.1 "社会企业+农户"合作契约的内容

一般情形下面向农户的生产性服务，本书认为可以从农业生产内部过程和农业生产的外部条件两个层面来体现。农业生产内部过程包括产前的良种、土地改良、农用物资供应等；产中的技术指导、种植护理等；产后的农产品处理、加工、销售等。另外，随着市场细分的加深，作为农业生产外部条件的定制化及个性化需求也对农业生产过程起到越来越大的促进作用，激励农业生产者提供更多特色农业产品及服务等。

从农业生产内部过程来看，首先，品种改良显然是提供农业生产质量及产量的有效途径，这是农业生产研究领域的共识。正如目前的转基因技术，尽管面临很大的争论，但是其重要特点就是通过改良农作物的品种质量增强其抗寒、抗旱、防病虫害特性以及增加产量、改善品质，这实际上从一个侧面体现了品种改良的贡献及效果。不仅如此，从最终农产品需求市场来看，品种改良还会影响市场需求。原因在于一方面，通过品种改良带来了农产品质量的提升，基于当前消费结构及消费观念，消费者愈发注重高品质、高质量、安全营养的食品，农产品质量的提升显然会提升市场需求（陈军，许茂增，2012）；另一方面，品种改良会起到一定的广告效果，会向公众传达一种信息，表示农业生产从最初的源头就开始注重质量安全等问题，在这样一种广告效应下，显然未来市场的需求同样会增加。但是，品种改良需要真正发挥作用，需要相应的改善品种所需要的生产条件及种植技术，其中种植技术的改善需要农户参与相应培训，通过学习了解相应的新品种培育、护理等方面的要求和做法；改善种植土地条件则作用更大，通过农地整治或土地改良建设高标准的基本农田，不仅可以满足新种植品种的生长需求，还可以极大地降低农业生产成本，也是提高农地质量管理和生态管理的必要手段（罗文斌等，2013）。可以说，土地改良对于农业提高农业生产效率、降低农业生产成本显然是非常关键的。因此，根据对农业生产过程影响程度的大小，同时也为了分析方便，本书将品种改良、土地改良两个方面看作是农业产前、产中环节主要的服务支持内容，而不考虑其他层面。

但是在上述生产性服务的提供方式上，农业社会企业要区别于一般农业企业。在目前存在较为广泛的"企业+农户"订单式农业以及"市场+农户"的现货交易式农业模式下，土地改良及品种改良都是由农户自己完成，而农户由于生产资金的约束，显然无法完全依靠自身力量实现这两个任务。而一般农业企业没有义务免费去帮助农户，他们尽管在与农户的交易过程中较为清楚地了解农户对生产性服务的真正需求，而且也有能力向农户提供相应的服务支持，但是需要收取相应费用，其收取费用的基础是基于企业自身利润最大化的目的。由政府层面提供相应服务的效果也不是很好，比如在政府统一的农地整治项目中，由于缺少农户的有效参与，往往提供服务的内容并不能很贴合农户的需求（罗文斌等，2013）。因此，农业社会企业基于合作与互惠的理念可以更好地促成品种改良及农地整治的效果。第一，农业社会企业愿意通过初始资金投入帮助农户，尽管农业社会企业也有经济目标的需求，但是在帮助品种改良和土地改良的收费形式上，基于社会目标的要求可以采用费用分摊、延后收取等灵活的方式，帮助农户缓解产前资金的约束；第二，"社会企业+农户"模式下的高社会嵌入水平，使农业生产性服务提供过程中，农户可以较好地参与，进而提升生产性服务对农业生产的支持效果。

除了上述两个方面，农业生产过程之后的收益分配显然也是农业社会企业面向农户的生产性服务，而且是不同于一般性生产性服务的创新之处。根据第3章的分析，农业社会企业在帮助农户群体实现组织构建之后，在集体企业中引入现代公司治理结构，其中最主要的一点就是建立收益共享机制。通过合理的股权制度和资金分配制度设计，让发展成果为所有农业BOP群体共享。比如通过土地使用权的流转作为农户投资入股的资本，并获得相应的股权；甚至社会企业可以将捐赠资金获得股权的一部分直接量化到农户，这样农户就可以根据股权获得分红。当然，在集体企业里股权分红比例也有一定限制，必须首先保证经营项目的扩大再生产，同时保证一定比例的资金用于社区环境的公共事业发展，作为社区治理的资源，使没有劳动能力及经济能力的其他群体也能分享发展成果。

总体而言，本书将农业社会企业基于提供面向农户的生产性服务及创新所形成的"社会企业+农户"运作模式，较为简洁地刻画为这样一个运作体系：产前、产中的品种改良及土地改良：社会企业与农户共同参与，共担成本；产后的收益分配：社会企业与农户基于股权分红，共享收益。这一体系从实践上而言，已经在国内很多地区展开应用，比如四川的民乐村模式、海南的"3+X"扶贫模式等，在这种运作体系中的企业显然可以归为农业社会企业的范畴，而且这种运作体系的实践也区别于一般农业企业与农户基于购销合同的订单式农业模式。

另外，从农业生产的外部条件来看，通过多渠道满足市场需求无疑对农户农产品销售起到很大的扶持作用。不只是农业领域，不同行业的企业在保持传统分销渠道的同时，都会开辟直销渠道，建立双渠道销售系统。在供应链的双渠道中，上、下游企业之间不仅是供需关系，而且还是同级竞争者。一方面，源头供应商通过开设渠道可以管控传统分销渠道的规模，从而制约下游零售商议价能力；另一方面，传统实体分销渠道仍然起着不可替代的作用，通过提供服务支持、顾客体验与产品维护等方式塑造品牌效应，创造并满足消费者后市场服务需求。

关于双渠道的研究已经有了较多的文献。帕克等人（Park et al., 2003）比较了混合渠道三种模式下的价格和利润状况，并探讨其成本结构和需求弹性对定价的影响，认为源头供应商采用混合渠道策略通常能降低零售价格、扩大需求，使企业自身和供应链总利润增加。同时，企业通过不断致力于提高实体零售店的购物体验和后市场服务，从价格竞争策略转向服务竞争策略。一些企业为了减小直销渠道对零售渠道利益的负面影响，针对退换货、维修保养等市场服务支持进行合作，使得零售商能够从直销渠道获得服务收益。丹等人（Dan et al.，2012）研究了由零售商提供服务的双渠道正向供应链的定价与服务决策，认为零售商在提高服务的同时也应该提高零售价格，而源头供应商的定价策略则取决于消费者的忠诚度。另外，双渠道网络仍然存在渠道成员决策的"双重边际化效应"。卡琼等人（Cachon et al.，2005）将收益共享契约与回购契约和批发价契约进行比较分析，认为收益共享契约能够协调给定零售价格或零售商定价的供应链渠道，这要优于仅能协调单一情况下的回购和折扣契约；而且收益共享契约可以随意分割供应链利润，不用依赖零售商的订货数量和价格选择。雅安和格雷（Yan & Gary，2011）研究认为即使零售商和制造商对消费需求信息进行共享，也仅有制造商从该策略中获益而零售商的利润无变化。

需要注意的是，在以农业社会企业与农户构成的二级供应链中，渠道冲突问题同样存在。农业供应链上游的农户通过与农业社会企业签订购销合同，确保一定的农产品销售，然后通过直销渠道直接面向消费者，而农业社会企业通过分销渠道面向消费者。显然农户与农业社会企业分别所处的双渠道会产生销售冲突。尽管农业社会企业市场销售的可能更多是加工之后的标准化农产品，农户直销模式更多是满足消费者定制化需求的特色农产品，产品细分之后所存在的异质性一定程度上缓解了不同销售渠道冲突问题，但显然完全消除竞争是不可能的。本章研究的出发点就基于此：在双渠道冲突下，农户与农业社会企业面临渠道冲突的模式选择。此时，对于农户而言，直销收入自己独享，同时基于股权分红，分享农业社会企业分销销售收入；对于农业社会企业而言，专注于分销销售，但又要考虑对农户的帮扶，即需要在农业生产过程中帮助土地改良和品种改良。当农户通过土地经营权入股所获得股权比例一定时，显然双渠道模式下的定价结果将会影响不同渠道的销售，进而导致农业社会企业和农户各自利润发生很大变化。本书的研究就是要探讨农业社会企业与农户不同合作契约模式下的定价决策及对利润的影响。

6.1.2 基于不同社会嵌入水平的合作契约模式

在建立模型进行求解并展开讨论之前，需要再说明一下本书求解的思路，实际上也是体现了农业社会企业不同社会嵌入水平下与农户的不同合作程度。在目前对社会企业所展开的研究中，很少有文献对社会企业的社会价值通过数理模型进行刻画，尤其是社会企业的社会价值涉及很多非经济因素，有时无法通过采用与衡量经济目标相类似的方法实现，因此，通过数理模型刻画社会价值并不是很容易的事情。而目前相关机构及已有文献中，尽管已经针对社会企业的业绩计量做出了探讨，比如罗伯茨企业发展基金（Roberts Enterprise Development Fund）开发的 SROI（social return on investment）模型和新经济基金会（the New Economics Foundation）开发的 LM3（local multiplier 3）模型，以及社会企业平衡记分卡的应用（Kaplan，2001），但是这些业绩计量方法更多是面向数据统计方面，强调社会业绩的构成内容，而不强调社会业绩的形成过程。基于目前研究的这个现状，本书遵循"大胆假设，小心求证"的理念，确定如下求解思路：

第一，本书的研究目标是"社会企业＋农户"模式下二者的决策机制，农业社会企业的经济价值自然就是企业自身的经济利润，而社会价值是通过帮扶农户实现的，这其中包括农户收入的增加以及在通过帮扶过程中所带来的农户生产满意度和积极性的提升，但是农户收入的增加显然更为重要。因此为了衡量方便，本书大胆假设以农户经济收入的变化衡量农业社会企业社会价值目标的实现程度，农户收入越高，农业社会企业创造的社会价值越高。

第二，根据谢家平（2016）等关于社会企业发展异质性的观点，显然发展不同阶段的社会企业在实现经济目标和社会目标上会有不同的侧重，这体现了农业社会企业结构嵌入水平的高低。第3章的分析中，结构嵌入的作用是为了提升农户在供应链上的地位，同时通过农业社会企业自身良好的外部网络关系帮助农户获取供应链网络中的潜在资源。本章基于这一观点将农业社会企业分为两类："公益型"农业社会企业与"盈利型"农业社会企业。这种分类的根据就在于不同结构嵌入水平下农户在供应链上的地位。有些农业社会企业更加关注于社会目标的实现，或者说更加看重农户绩效的提升时候，这类农业社会企业可以认为是"公益型"农业社会企业，尽管从决策过程看它是处于供应链的主导地位，但是其主导的目标是农户绩效最大化，因此，实际上可以变换地看为是农户处于供应链"主导"地位，尽管这个"主导"地位是在农业社会企业实现社会目标的推动下被动形成；而有些农业社会企业可能基于发展需求暂时更关注于经济目标，但不是经济目标优先，而是在实现特定程度的社会目标之后，再考虑经济目标的最大化问题。这样的社会企业可以被认为是"盈利型"农业社会企业，该类社会企业在供应链中居于真正的主导地位，其实现特定程度的社会目标可以认为是保证一定比例的成本共担及收益共享，此时农户处于从属地位。这两种情形的农业社会企业尽管都与农户构建成本共担、收益共享的运作体系，但显然决策过程是不同的。因此本书继续假设农业社会企业在创造社会价值的过程中遵循如下决策思路：发展较为成熟、盈利能力较强的"公益型"农业社会企业更加注重社会价值，其决策思路是首先保证帮扶农户收入最大化的基础上，再实现自身经济价值的最大化；而发展尚不成熟、盈利能力较弱的"盈利型"农业社会企业基于当前自身成长与发展需求更关注于经济目标，但是仍以创造社会价值优先，只有在保证帮扶农户实现特定收入水平——不一定是最大化的收入水平这一社会目标之后，再追寻自身经济目标的最大化问题。后续的模型分析及讨论也就基于这两种分类展开。

第三，在农业社会企业帮扶农户的过程中，其帮扶的内容也会不同，这体现了农业社会企业关系嵌入水平的高低。前文所述合作契约的内容包括产前、产中的品种改良及土地改良，社会企业与农户共同参与，共担成本；产后的收益分配，社会企业与农户基于股权分红，共享收益。显然不同的关系嵌入水平下，农业社会企业所参与的内容也会不同。因此，本书将农业社会企业与农户的合作契约模式分为三类：松散式、紧凑式和整合式。松散式设定为农业社会企业在生产之前帮扶农户进行品种改良/土地改良；紧凑式设定为在松散式的基础上，再加上改良投入后所实现的生产成本节约分成；而整合式则是在生产后基于农户入股的股权比例收益分红。在本书第3章中全产业链视角下农业社会企业与农户的合作契约模式还包括集中式，实际上就是农业社会企业将农户纳入企业内部，实现农业产业链的纵向整合，可以看作是农业供应链的集中决策。因此，本书后续的分析也将在"公益型"农业社会企业和"盈利型"农业社会企业的分类下再细分为松散式、紧凑式和整合式展开讨论,并将这三类契约模式下的决策情况进行对比。

总之,基于不同社会嵌入水平下,农业社会企业与农户之间的合作契约模式就可以分为如图6-1所示的不同情形。

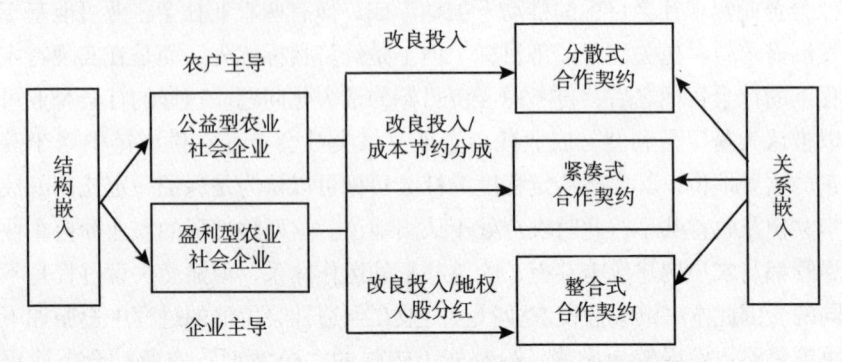

图6-1 农业社会企业与农户之间的不同合作契约模式

6.2 "社会企业+农户"合作契约模型参数

6.2.1 研究问题描述

考虑由单一农户—单一农业社会企业构成的双渠道农业供应链,如图6-2所示。其销售渠道是农户以单位成本c生产某种农产品并在双渠道同时销售,在根据供销合同以批发价格w将产品批发给农业社会企业,农业社会企业将农产品标准化处理后以分销价格P_t将产品销售给消费者,同时农户通过直销渠道以直销价格P_e满足消费者对特色农产品的定制化需求。

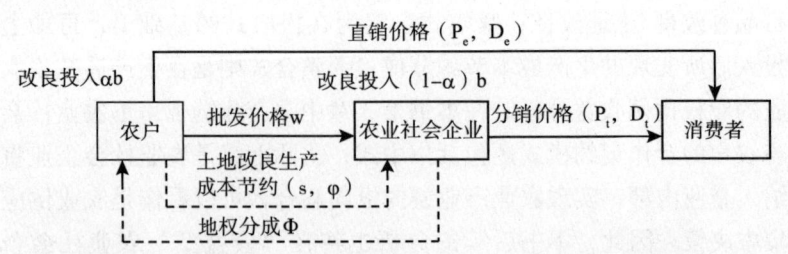

图6-2 双渠道下"社会企业+农户"农业供应链运作模型

第6章 决策机制：农业社会企业嵌入契约协调优化

　　为了拓展市场需求，在农业生产初期需要进行品种改良/土地改良，改良活动一般由农户完成，但是由于农业社会企业属性，其会分担改良活动的部分投入，假设改良活动的总投入为 b，且假定农业社会企业承担的比例为 $1-\alpha$，则农户承担的比例为 α。

　　为了降低生产成本，并满足品种改良后农作物对生长土地的需求，需要进行土地改良。由于土地改良后会促进农作物更好地生产，因此相当于降低了生产成本，假设经过土地改良后平摊到每一单位农产品产出上的生产节约成本为 s。同样，由于土地改良的投入较大，因此农户无法单独完成，而是由具有丰裕资金的农业社会企业完成。但是农业社会企业也有特定的经济目标，因此在面对较高的土地改良投入时，其需要一定的经济补偿，因此，农户会将因土地改良节约的生产成本与农业社会企业分享，分享比例为 φ。此外，需要注意的是，农业社会企业进行土地改良并实现相应的效果与品种改良的过程不同，土地改良需要用到相应的物理、生物或化学措施，是一个持续的过程，改良效果与这些措施有关。一般情况下，土地改良投入越多，可用的相应物理、生物或化学措施就越丰富。但是，改良措施的边际效用是递减的，也就是说，改良措施使用越多，其带来的土地改良效果的增加会越弱，当所用措施超过一定程度时，甚至会对土地造成破坏。因此，土地改良效果是土地改良投入的凹函数。假如农业社会企业土地改良投入为 A，土地改良效果为 i，借鉴萨瓦斯坎（Savaskan，2004）文献，即有 $i=\gamma\sqrt{A}$，γ 为投入系数。而土地改良投入随着农业生产成本节约分成 φ 的增加而增加，所以土地改良效果 i 不但是可变的，而且是成本节约分成比例 φ 的函数。借鉴前人文献（Xing et al.，2007）观点，土地改良投资额一般以指数形式递增，即 $A=\theta e^{\varphi}(\theta>0)$，则 $i=\gamma\sqrt{\theta e^{\varphi}}=\gamma\sqrt{\theta}e^{\frac{\varphi}{2}}$，记 $\mu=\gamma\sqrt{\theta}$，则 $i=\mu e^{\frac{\varphi}{2}}$，$\mu>0$。所以，在本章中，土地改良效果是不确定的，与成本节约分成比例有关。

　　为了更好地完成农业社会企业的社会目标，本书前面的农业社会企业组织构建部分就已经说明，在集体企业中引入现代公司治理结构，其中最主要的一点就是建立收益共享机制。农户通过土地经营权入股获得一定股权，并基于股权比例获得农产品销售收入分成，假设分成比例为 Φ。这一点从理论上而言，相当于在农户与社会企业之间签订了收益共享契约。根据魏莹和蔡灿明（Wei & Choi，2010）的研究，认为当需求函数满足某一函数性质时，可以通过收益共享契约优化供应链利润。考虑到双渠道农业供应链中农业社会企业和农户分别在分销、直销销售渠道中的水平竞争关系，显然这种基于股权分红的收益共享契约会影响农户及社会企业的利润。

总结起来，本章所要描述的农业社会企业与农户之间的互动过程实际上包括三个渐入步骤：拓展下游市场需求，社会企业和农户共同投入以实现改良活动；农民对土地改良需求的投入需要社会企业共担以实现与社会企业紧密合作；最后，农民将地权作为股本基于地权投入比例的收益共享。结合农业社会企业区分为"公益型"与"盈利型"两类，不同类型下居于实际主导地位的主体不同，进而可能导致不同的定价决策、改良投入决策，并影响农业社会企业及农户的利润。

6.2.2 基础模型建立

首先考虑建立需求函数。本书中市场需求除了受到直销、分销产品价格的影响，还受到品种改良/土地改良的影响。前文中已经说明，改良活动对市场需求的影响主要源于两个方面，一是当前消费结构及消费观念的升级，消费者愈发注重高品质、高质量、安全营养的食品；二是改良活动会起到一定的广告效果，会向公众传达一种信息，表示农业生产从最初的源头就开始注重质量安全等问题，在这样一种广告效应下，显然未来市场的需求同样会受到促进。从目前研究来看，大多研究都是基于广告投入水平影响最优定价与决策问题。奥斯汀等人（Austin et al.，2006）、谢金星等人（Xie et al.，2009）针对分销渠道的正向供应链，分析了市场需求受价格和广告投入水平影响情况下的最优定价与广告决策问题；斯摩日科夫斯基和张江（Szmerekovsky & Zhang，2009）研究制造商和零售商都投入广告时的最优决策问题。易余胤等（2012）针对闭环供应链构建了考虑广告影响下确定性需求的闭环供应链博弈模型，探讨最优定价、广告投入和回收率决策及其协调方法。但是大部分学者都是基于双渠道供应链探讨需求仅受广告投入影响下的最优定价决策与合作广告策略，其需求函数没有考虑竞争渠道价格对自身渠道价格的影响，广告投入不增加产品需求，只是改变了产品需求在不同渠道上的分配。

卡斯蒂略和塔里娅（Niu et al.，2012）认为直销渠道和传统零售渠道的需求一样，一般符合线性需求函数，但直销渠道和传统零售渠道具有不同的价格敏感度，以往对双渠道定价和订货对策的研究主要源于渠道价格敏感度的差异。加列戈和胡明（Gallego & Hu，2014）在市场总需求确定的竞争性定价研究中，同样认为价格博弈中的需求函数仍然满足线性关系。另外，广告效应能够达到宣传产品的效果，帮助消费者更多地了解该产品，从而增加消费者对该产品的市场总需求。因此，本书假定市场对农产品的需求同时受双渠道价格和改良投入的影响，且改良投入影响的是市场总需求。需求函数中改良投入对需求函数的影响 $k\sqrt{b}$ 是关于 b 的凸函数，与相关文献中的广告投入与需求的关系相似，也与西蒙和阿尔恩特（Simon & Arndt，1983）对 100 个案例调研得到的广告对需求的影响效果相一致，同时，也符合边际递减原则。因此，定义直销、分销渠道的需求如下所示：

分销渠道需求函数为 $D_t = \rho(Q + k\sqrt{b}) - \beta P_t + \delta P_e$

直销渠道需求函数为 $D_e = (1-\rho)(Q + k\sqrt{b}) - \beta P_e + \delta P_t$

其中，下标 t 表示分销渠道，下标 e 表示直销渠道；Q 表示双渠道产品价格和品种改良投入水平均为零时的市场总需求；ρ、$1-\rho$ 表示消费者对分销渠道、直销渠道的偏好程度，且 $0 \leqslant \rho \leqslant 1$。华国伟（Hua et al.，2010）、彭静等（2015）认为渠道自有价格弹性系数和交叉价格弹性系数是对称的，即不同渠道具有相同的自有价格弹性系数和交叉价格弹性系数。为方便分析，本书沿用这一结论，其中 β 表示渠道的自有价格弹性系数，δ 表示渠道的交叉价格弹性系数，且 $0 < \delta < \beta$，表示需求受渠道自身价格的影响要大于受另一渠道价格的影响。k 表示改良投入对市场总需求的影响因子，即广告效应，且 $k > 0$。

在农业社会企业与农户构成的农业供应链中，会在三个地方有农产品交易发生：一是农户将生产出的农产品按照收购协议出售给农业社会企业；二是农业社会企业将农产品标准化处理后出售给消费者；三是农户在直销渠道将农产品出售给消费者，满足消费者的定制化需求。农业社会企业通过整合分散农户生产形成规模效应，会削弱农业生产过程中的不确定性对产量的影响；另外，农业社会企业与农户之间非常紧密的合作关系，基于自身较为强大的信息获取能力及对市场需求的判断能力，会帮助农户制定合理的农业生产计划，并与农户签订农产品收购合同。因此本书假设分销渠道无论是农户销售农产品给农业社会企业，还是农业社会企业销售标准化的农产品给消费者，分销需求恰好能得到满足。而农户直销渠道的农产品销售，由于是为了满足消费者的定制化需求，因此一般会接受消费者的提前预定，所以本书同样假设直销渠道农户销售给消费者的农产品，也能恰好满足市场需求。因此，本书的模型中无须考虑缺货成本、库存成本等，此时农业社会企业和农户在仅存在改良投入合作的时候，农户、农业社会企业、农业供应链的利润函数如下：

$$\pi_F = P_e D_e + w D_t - c(D_t + D_e) - \alpha b$$

农业社会企业利润函数 $\pi_S = P_t D_t - w D_t - (1-\alpha) b$

其中，农业供应链总收入为直销、分销的销售收入 $P_e D_e + P_t D_t$，农业供应链的总成本支出为生产费用 $c(D_t + D_e)$ 和改良投入费用 b。

另外，在本书前面的分析中提到，社会企业+农户的模式可以分为三种类型：第一，基于仅有改良投入合作的众包种植松散合作型。由于农业社会企业仍然带有商业企业属性，需要在保证自己正常运转的前提下才能帮助社会企业，因此下游需求市场的占有率是社会企业收入的重要保障因素，此时社会企业的社会价值实现过程只是基于帮助农户进行改良活动，不涉及农民土地改良需求和地权入股分红。第二，基于品种改良/土地改良的紧密合作型。在此情境下，农民对土地改良的需求迫切，土地改良能够改进土地质量，提高单位面积的种植产量以及降低种植成本，因此在松散型的基础上，农民需要社会企业协助进行土地改良，由此增产和实现成本节约的收益。第三，基于土地流转的整合型。农户将以土地经营所有权入股，成为农业社会企业的股东，获得基于地权比例的农产品销售收入分红；该模式下农户将土地经营权流转给农业社会企业进行集中规划种植，破解分散经营的非规模经济性。使转移到城镇的农村劳动力能够参与农业社会企业的雇工经营，并遵循企业化的统筹管理。股权参与方式既可以使农户获得分红收益，又可以有效杜绝农户雇工经营过程中的机会主义行为。本书后续的分析中依次就松散式、紧密式和整合式探讨不同情形下供应链参与主体的定价决策及利润影响。

土地改良带来的生产成本节约收益 $s\mu e^{\frac{1}{2}\varphi}(D_t + D_e)$，因为土地改良效果变动且是生产成本节约分成比例的函数，因此仍然会影响农业供应链的总利润函数。

6.2.3 参数和决策变量说明

模型所涉及的参数及变量汇总如下：
Q：双渠道产品价格和改良投入水平均为零时的市场总需求；
c：农户单位种植成本；
s：土地改良所实现的单位成本节约；
β：自有价格弹性系数；
δ：交叉价格弹性系数；
k：改良投入对市场总需求的影响因子；
i：土地改良效果；
ρ：消费者对不同渠道的消费偏好；
α：农户承担品种改良/土地改良投入的比例；
b：改良投入成本；
P_e：农户直销价格；
P_t：农业社会企业分销价格；
w：农业社会企业收购农户农产品的批发价；
Φ：农户因入股获得的收入分成比例；
φ：农业社会企业获得土地改良生产成本节约的分成比例。

除此以外，后续参数及变量中，下标 F 代表农户，s 代表农业社会企业；下标 1 代表公益型"社会企业+农户"模式，2 代表盈利型"社会企业+农户"模式；上标 P 代表松散式合作契约，L 代表紧密式合作契约，O 代表整合式合作契约。

6.3 公益型"社会企业+农户"合作决策模式

根据上文的分析，"公益型"农业社会企业尽管表面看仍旧是企业居于主导地位，但是其主导的目标是优先考虑农户收入最大化，因此可以转换认为是农户居于"主导"地位，只不过这个"主导"地位是由农业社会企业的帮扶被动形成。因此，本书认为二者之间是一种农户居于"主导"地位的斯塔克尔伯格（Stackelberg）主从博弈。下面基于农业社会企业与农户合作紧密程度的不同分为松散式、紧密式和整合式分别讨论。

6.3.1 松散式"社会企业+农户"模式

1. 松散式"社会企业+农户"模式的模型描述

在松散式"社会企业+农户"模式下，农业社会企业的社会价值实现过程只是基于帮助农户进行品种改良/土地改良，改良的目的是基于对下游需求市场的拓展。因此农户和农业社会企业的利润函数分别如下：

农户利润函数为：

$$\pi_{F1}^P = P_{e1}D_{e1} + wD_t - c(D_t + D_e) - \alpha b$$

将需求函数代入上式得：

$$\pi_{F1}^P = P_{e1}((1-\rho)(Q+k\sqrt{b}) - \beta P_{e1} + \delta P_{t1}) + w(\rho(Q+k\sqrt{b}) - \beta P_t + \delta P_{e1})$$
$$- c(Q+k\sqrt{b} + (\delta-\beta)(P_{t1}+P_{e1})) - \alpha b$$

农业社会企业利润函数为：

$$\pi_{S1}^P = P_{t1}D_t - wD_t - (1-\alpha)b$$

将需求函数代入上式得：

$$\pi_{S1}^P = (P_{t1}-w)(\rho(Q+k\sqrt{b}) - \beta P_{t1} + \delta P_{e1}) - (1-\alpha)b$$

对于任意给定的改良投入水平 b，渠道分担比例 α，利用一阶最优性条件可以得到双渠道供应链的最优直销价格和最优分销价格。另外，在分散式双渠道闭环供应链的合作拓展模型中，农户的直销价格一般要大于分销价格，否则农业社会企业就可以从直销渠道直接购买产品，这样分销渠道就不存在了，即 $P_e > w$。

2. 松散式"社会企业+农户"模式的决策过程

需求函数代入后的博弈模型如下：

$$\max \pi_{F1}^P = P_{e1}((1-\rho)(Q+k\sqrt{b}) - \beta P_{e1} + \delta P_{t1}) + w(\rho(Q+k\sqrt{b})$$
$$- \beta P_{t1} + \delta P_{e1}) - c(Q+k\sqrt{b} + (\delta-\beta)(P_{t1}+P_{e1})) - \alpha b$$

(6-1)

s. t. $\max \pi_{S1}^{P} = (P_{t1} - w)(\rho(Q + k\sqrt{b}) - \beta P_{t1} + \delta P_{e1}) - (1 - \alpha)b$

(6-2)

对 (6-2) 式求 P_{t1} 一阶偏导数得:

$$\frac{\partial \pi_{S1}^{P}}{\partial P_{t1}} = -(P_{t1} - w)\beta + (\rho(Q + k\sqrt{b}) - \beta P_{t1} + \delta P_{e1})$$

$$= -P_{t1}\beta + w\beta + (\rho(Q + k\sqrt{b})) - \beta P_{t1} + \delta P_{e1}$$

$$= (\rho(Q + k\sqrt{b})) - 2P_{t1}\beta + w\beta - \delta P_{e1}$$

令 $\frac{\partial \pi_{S1}^{P}}{\partial P_{t1}} = 0$ 求得 P_{t1} 的解为:

$$\frac{\partial \pi_{S1}^{P}}{\partial P_{t1}} = (\rho(Q + k\sqrt{b})) - 2P_{t1}\beta + w\beta - \delta P_{e1} = 0 \quad (6-3)$$

$$P_{t1} = \frac{(\rho(Q + k\sqrt{b})) + w\beta - \delta P_{e1}}{2\beta}$$

将 P_{t1} 表达式代入 (6-1) 式再对 (6-1) 式求 P_{e1} 一阶偏导数,

$\frac{\partial P_{t1}}{\partial P_{e1}} = \frac{\delta}{2\beta}$, 令 $\frac{\partial \pi_{F1}^{P}}{\partial P_{e1}} = 0$ 求得 P_{e1} 的解为:

$$\frac{\partial \pi_{F1}^{P}}{\partial P_{e1}} = (1 - \rho)(Q + k\sqrt{b}) - 2\beta P_{e1} + \frac{\delta^2 P_{e1}}{2\beta} + \delta P_{t1} - \frac{w\delta}{2}$$

$$+ w\delta - c(\delta - \beta) - c\frac{\delta(\delta - \beta)}{2\beta} = 0 \quad (6-4)$$

$2\beta(1-\rho)(Q + k\sqrt{b}) - 4\beta^2 P_{e1} + \delta^2 P_{e1} + \delta[(\rho(Q + k\sqrt{b})) + w\beta + \delta P_{e1}] - w\delta\beta + 2\beta w\delta - 2\beta c(\delta - \beta) - c\delta(\delta - \beta) = 0$

$2\beta(1-\rho)(Q + k\sqrt{b}) + \delta(\rho(Q + k\sqrt{b})) + \delta w\beta - w\delta\beta + 2\beta w\delta - 2\beta c(\delta - \beta) - c\delta(\delta - \beta) = (4\beta^2 - 2\delta^2)P_{e1}$

$(Q + k\sqrt{b})(2\beta(1-\rho) + \delta\rho) + 2\beta w\delta - c(\delta - \beta)(2\beta - \delta) = (4\beta^2 - 2\delta^2)P_{e1}$

$$P_{e1} = \frac{(Q + k\sqrt{b})(2\beta(1-\rho) + \delta\rho) + 2\beta w\delta - c(\delta - \beta)(2\beta + \delta)}{(4\beta^2 - 2\delta^2)}$$

3. 松散式"社会企业+农户"模式的性质分析

(1) 模型的性质分析。

分别对 (6-3) 式求关于 P_{t1} 二阶偏导数, 对 (6-4) 式求关于 P_{e1} 二阶偏导数得到定理 6-1。

定理6-1 公益型松散式决策下，农户和社会企业均能实现各自的利润最优，且农户利润函数是关于直销最优定价决策的凹函数；社会企业利润函数是关于分销最优定价决策的凹函数。

证明：对 (6-3) 式求关于 P_{t1} 二阶偏导数得：

$$\frac{\partial \pi_{S1}^P}{\partial P_{t1}} = (\rho(Q + k\sqrt{b})) - 2P_t\beta + w\beta + \delta P_e$$

$$\frac{\partial^2 \pi_{S1}^P}{\partial P_{t1}^2} = -2\beta < 0$$

对 (6-4) 式求关于 P_{e1} 二阶偏导数得：

$$\frac{\partial \pi_{F1}^P}{\partial P_{e1}} = (1-\rho)(Q + k\sqrt{b}) - 2\beta P_{e1} + \frac{\delta^2 P_{e1}}{2\beta} + \delta P_{t1} - \frac{w\delta}{2}$$
$$+ w\delta - c(\delta - \beta) - c\frac{\delta(\delta-\beta)}{2\beta}$$

$$\frac{\partial^2 \pi_{F1}^P}{\partial P_{e1}^2} = -2\beta + \frac{\delta^2}{2\beta} + \frac{\delta^2}{2\beta} = -2\beta + \delta^2 < 0$$

由此定理6-1得证。

由定理6-1的证明可知，公益型松散式情境下，农户和社会企业各自利润有极大值时，最优的直销、分销最优价格决策为：

$$\begin{cases} P_{e1}^{P*} = \dfrac{(Q + k\sqrt{b})(2\beta(1-\rho) + \delta\rho) + 2\beta w\delta - c(\delta - \beta)(2\beta + \delta)}{(4\beta^2 - 2\delta^2)} \\ P_{t1}^{P*} = \dfrac{(\rho(Q + k\sqrt{b})) + w\beta + \delta P_e^{P*}}{2\beta} \end{cases}$$

(2) 解的性质分析。

性质6-1 公益型松散式情境下，最优的直销、分销最优定价决策是关于改良投入的增函数。

证明：分别对 P_{e1}^{P*} 和 P_{t1}^{P*} 求关于 $\sqrt{b}$ 的一阶导，显然其一阶导均大于零。

性质6-1说明公益型松散式情境下，社会企业的改良投入一方面起到了广告效应，另一方面会提升最终农产品质量，使市场需求扩大，农户和社会企业由此分别可以提高直销价格和分销价格来获得更多利润。将上述 P_{e1}^{P*} 和 P_{t1}^{P*} 的表达式分别代入 (6-1) 式和 (6-2) 式，就可以得到农户和农业社会企业的利润表达式，由于表达式过于复杂，因此不再单独列出，但是在6.5节算例分析时，将通过算例验证利润受相关因素变化的影响。后续不同情形契约模式下的农户和农业社会企业的利润表达式及变化都采取同样处理方式。

6.3.2 紧凑式"社会企业+农户"模式

1. 紧凑式"社会企业+农户"模式的模型描述

在紧凑式"社会企业+农户"模式下,农业社会企业的社会价值实现过程在松散式的基础上,又通过参加农户的土地改良分得种植成本节约收益。因此农户和农业社会企业的利润函数包含二者之间互动过程的两个层面,其利润函数如下:

农户利润函数为:

$$\pi_{F1}^L = P_{e1}D_e + wD_t + \left[(1-\varphi)s\mu e^{\frac{1}{2}\varphi} - c\right](D_e + D_t) - \alpha b$$

社会企业利润函数为:

$$\pi_{S1}^L = P_{t1}D_t - wD_t + \varphi s\mu e^{\frac{1}{2}\varphi}(D_e + D_t) - (1-\alpha)b$$

2. 紧凑式"社会企业+农户"模式的决策过程

将需求函数代入利润函数得:

$$\max \pi_{F1}^L = (P_{e1}(1-\rho)(Q+k\sqrt{b}) - \beta P_{t1} + \delta P_{e1}) + w(\rho(Q+k\sqrt{b}) - \beta P_{t1} + \delta P_{e1})$$
$$+ \left[(1-\varphi)s\mu e^{\frac{1}{2}\varphi} - c\right]\left[(Q+k\sqrt{b}) + (\delta-\beta)(P_{e1}+P_{t1})\right] - \alpha b$$
$$(6-5)$$

$$\text{s.t.} \max \pi_{S1}^L = P_{t1}(\rho(Q+k\sqrt{b}) - \beta P_{t1} + \delta P_{e1}) - w(\rho(Q+k\sqrt{b}) - \beta P_{t1} + \delta P_{e1})$$
$$+ \varphi s\mu e^{\frac{1}{2}\varphi}\left[(Q+k\sqrt{b}) + (\delta-\beta)(P_{e1}+P_{t1})\right] - (1-\alpha)b$$
$$(6-6)$$

对(6-6)式求关于关于P_{t1}一阶偏导数得:

$$\frac{\partial \pi_{S1}^L}{\partial P_{t1}} = \rho(Q+k\sqrt{b}) - 2\beta P_{t1} + \delta P_{e1} + w\beta + \varphi s\mu e^{\frac{1}{2}\varphi}(\delta-\beta) \quad (6-7)$$

令 $\dfrac{\partial \pi_{S1}^L}{\partial P_{t1}} = 0$,得:

$$\frac{\partial \pi_{S1}^L}{\partial P_{t1}} = \rho(Q+k\sqrt{b}) - 2\beta P_{t1} + \delta P_{e1} + w\beta + \varphi s\mu e^{\frac{1}{2}\varphi}(\delta-\beta) = 0$$

$$P_{t1} = \frac{\rho(Q+k\sqrt{b}) + \delta P_{e1} + w\beta + \varphi s\mu e^{\frac{1}{2}\varphi}(\delta-\beta)}{2\beta}$$

$$\frac{\partial P_{t1}}{\partial P_{e1}} = \frac{\delta}{2\beta}$$

将 $P_{t1} = \dfrac{\rho(Q+k\sqrt{b}) + \delta P_{e1} + w\beta + \varphi s\mu e^{\frac{1}{2}\varphi}(\delta-\beta)}{2\beta}$ 代入（6-6）式求关于关于 P_{e1} 一阶偏导数得：

$$\frac{\partial \pi_{F1}^L}{\partial P_{e1}} = (1-\rho)(Q+k\sqrt{b}) - \beta P_{t1} - \beta P_{e1}\frac{\delta}{2\beta} + \delta + w\beta\frac{\delta}{2\beta} + \delta$$
$$+ \left[(1-\varphi)s\mu e^{\frac{1}{2}\varphi} - c\right]\left[(\delta-\beta)\left(1+\frac{\delta}{2\beta}\right)\right] \qquad (6-8)$$

令 $\dfrac{\partial \pi_{F1}^L}{\partial P_{e1}} = 0$，得：

$$\frac{\partial \pi_{F1}^L}{\partial P_{e1}} = (1-\rho)(Q+k\sqrt{b}) - \beta P_{t1} - \beta P_{e1}\frac{\delta}{2\beta} + 2\delta P_e - w\beta\frac{\delta}{2\beta}$$
$$+ w\delta + \left[(1-\varphi)s\mu e^{\frac{1}{2}\varphi} - c\right]\left[(\delta-\beta)\left(1+\frac{\delta}{2\beta}\right)\right]$$
$$= (1-\rho)(Q+k\sqrt{b}) - \beta\frac{\rho(Q+k\sqrt{b}) + \delta P_{e1} + w\beta + \varphi s\mu e^{\frac{1}{2}\varphi}(\delta-\beta)}{2\beta}$$
$$- \frac{\delta P_{e1}}{2} + 2\delta P_e - \frac{w\delta}{2} + w\delta + \left[(1-\varphi)s\mu e^{\frac{1}{2}\varphi} - c\right]\left[(\delta-\beta)\left(1+\frac{\delta}{2\beta}\right)\right]$$
$$= 2(1-\rho)(Q+k\sqrt{b}) - \rho(Q+k\sqrt{b}) - \delta P_{e1} - w\beta - \varphi s\mu e^{\frac{1}{2}\varphi}(\delta-\beta)$$
$$- \frac{\delta P_{e1}}{2} + 2\delta P_{e1} - \frac{w\delta}{2} + w\delta + \left[(1-\varphi)s\mu e^{\frac{1}{2}\varphi} - c\right]\left[(\delta-\beta)\left(1+\frac{\delta}{2\beta}\right)\right]$$
$$= 0$$

$$-2\delta P_{e1} = (2-3\rho)(Q+k\sqrt{b}) - w\beta + w\delta + (1-\varphi)s\mu e^{\frac{1}{2}\varphi}(\delta-\beta)\left(1+\frac{\delta}{\beta}\right)$$
$$- 2c(\delta-\beta)\left(1+\frac{\delta}{2\beta}\right) - \varphi s\mu e^{\frac{1}{2}\varphi}(\delta-\beta)$$

$$P_{e1} = \frac{w\beta - w\delta - (2-3\rho)(Q+k\sqrt{b}) + (2c-1)(1-\varphi)s\mu e^{\frac{1}{2}\varphi}(\delta-\beta)\left(1+\frac{\delta}{\beta}\right)}{2\delta}$$

$$= \frac{(\beta-\delta)}{2\delta}\left[\frac{\left[(1-\varphi)s\mu e^{\frac{1}{2}\varphi}(2\beta+\delta) - 2\beta c - \delta\right]}{4\delta\beta} + (2-3\rho)(Q+k\sqrt{b}) - w\right]$$

3. 紧凑式"社会企业 + 农户"模式的性质分析

(1) 模型的性质分析。

分别对 6.7 式求关于 P_{t1} 二阶偏导数，对 (6-8) 式求关于 P_{e1} 二阶偏导数得到定理 6-2。

定理 6-2 公益型紧凑式决策下，农户和社会企业均能实现各自的利润最优，且农户利润函数是关于直销最优定价决策的凹函数；社会企业利润函数是关于分销最优定价决策的凹函数。

证明：对 (6-7) 式求关于 P_{t1} 二阶偏导数得：

$$\frac{\partial \pi_{S1}^L}{\partial P_{t1}} = \rho(Q + k\sqrt{b}) - 2\beta P_{t1} + \delta P_{e1} + w\beta + (1-\varphi)s\mu e^{\frac{1}{2}\varphi}(\delta - \beta)$$

$$\frac{\partial^2 \pi_{S1}^L}{\partial P_{t1}^2} = -2\beta < 0$$

对 (6-8) 式求关于 P_{e1} 二阶偏导数得：

$$\frac{\partial \pi_{F1}^L}{\partial P_{e1}} = (1-\rho)(Q + k\sqrt{b}) - \beta P_{t1} - \beta P_{e1}\frac{\delta}{2\beta} + \delta + w\beta\frac{\delta}{2\beta} + \delta$$
$$+ [(1-\varphi)s\mu e^{\frac{1}{2}\varphi} - c]\left[(\delta - \beta)\left(1 + \frac{\delta}{2\beta}\right)\right]$$

$$\frac{\partial^2 \pi_{F1}^L}{\partial P_{e1}^2} = -\beta\frac{\delta}{2\beta} - \frac{\delta}{2} = -\delta < 0$$

由此定理 6-2 得证。

由定理 6-2 的证明可知，公益型紧凑式情境下，农户和社会企业各自利润有极大值时，最优的直销、分销最优价格决策为：

$$\begin{cases} P_{e1}^{L*} = \dfrac{w(\beta - \delta) - (2-3\rho)(Q + k\sqrt{b})}{2} + \dfrac{(2c-1)(1-\varphi)s\mu e^{\frac{1}{2}\varphi}(\delta^2 - \beta^2)}{2\beta} \\ P_{t1}^{L*} = \dfrac{\rho(Q + k\sqrt{b}) + w\beta + \varphi s\mu e^{\frac{1}{2}\varphi}(\delta - \beta) + \delta P_{e1}^{L*}}{2\beta} \end{cases}$$

(2) 解的性质分析。

性质 6-2 公益型紧凑式情境下，最优的直销、分销最优定价决策是关于改良投入的增函数。

证明：分别对 P_{e1}^{P*} 和 P_{t1}^{P*} 求关于 $\sqrt{b}$ 的一阶偏导数，显然一阶导均大于零。

分别对 P_{e1}^{P*} 和 P_{t1}^{P*} 求关于 φ 的一阶偏导数：

当 $(\beta-\delta)>0$ 时，$\dfrac{\partial P_{e1}^{P*}}{\partial \varphi}>0$；$\dfrac{\partial P_{t1}^{P*}}{\partial \varphi}<0$

公益型紧凑式情境下，土地改良紧密结合的投入不仅能够增加需求市场，而且能够实现种植成本的节约。其中改良投入依然会基于广告效应增加市场去求，促使农户和社会企业提升销售价格；土地改良可以实现种植成本的节约及产出的增加，但对于社会企业以及农户而言，会采用不同的价格决策增加销售收入。对农户而言，随着所获得成本节约分成比例越低，会促使农户在自有直销销售渠道方面更多利用土地改良配合品种改良所带来的正向市场效应，通过提升销售价格的方式以期望获得更多收益；社会企业通过成本节约分成获得收益增加，但随分成比例的增加显然其改良投入增加更多，因此也会担心总体利润的下降，进而也会通过采取降低分销渠道价格的方式拓展市场以增加收益。

6.3.3 整合式"社会企业+农户"模式

1. 整合式"社会企业+农户"模式的模型描述

在整合式"社会企业+农户"模式下，农业社会企业的社会价值实现过程在松散式的基础上，又通过农户的股权比例进行收入分红。因此农户和农业社会企业的利润函数包含二者之间互动过程的三个层面，其利润函数如下：

农户利润函数为：

$$\pi_{F1}^{O} = \Phi P_{tl} D_t + P_{e1} D_e + w D_t + \left[(1-\varphi)s\mu e^{\frac{1}{2}\varphi} - c\right](D_e + D_t) - \alpha b$$

社会企业利润函数为：

$$\pi_{S1}^{O} = (1-\Phi) P_{tl} D_t - w D_t + \varphi s\mu e^{\frac{1}{2}\varphi}(D_e + D_t) - (1-\alpha) b$$

2. 整合式"社会企业+农户"模式的决策过程

将需求函数代入利润函数得：

$$\max \pi_{F1}^{O} = \Phi(\rho(Q+k\sqrt{b}) - \beta P_{tl} + \delta P_{e1}) + (P_{e1}(1-\rho)(Q+k\sqrt{b}) - \beta P_{tl} + \delta P_{e1})$$

$$+ w(\rho(Q+k\sqrt{b}) - \beta P_{tl} + \delta P_{el}) + [(1-\varphi)s\mu e^{\frac{1}{2}\varphi} - c][(Q+k\sqrt{b})$$
$$+ (\delta - \beta)(P_{el} + P_{tl})] - \alpha b \qquad (6-9)$$

$$\text{s.t. } \pi_{Sl}^O = (1-\Phi)[P_{tl}(\rho(Q+k\sqrt{b}) - \beta P_{tl} + \delta P_{el})] - w(\rho(Q+k\sqrt{b}) - \beta P_{tl} + \delta P_{el})$$
$$+ \varphi s\mu e^{\frac{1}{2}\varphi}[(Q+k\sqrt{b}) + (\delta - \beta)(P_{el} + P_{tl})] - (1-\alpha)b$$
$$(6-10)$$

对 (6-10) 式求关于关于 P_{tl} 一阶偏导数得:

$$\frac{\partial \pi_{Sl}^O}{\partial P_{tl}} = (1-\Phi)\rho(Q+k\sqrt{b}) - 2\beta P_{tl} + \delta P_{el} + w\beta + \varphi s\mu e^{\frac{1}{2}\varphi}(\delta - \beta)$$
$$(6-11)$$

令 $\dfrac{\partial \pi_{Sl}^O}{\partial P_{tl}} = 0$, 得:

$$\frac{\partial \pi_{Sl}^O}{\partial P_{tl}} = (1-\Phi)\rho(Q+k\sqrt{b}) - 2\beta P_{tl} + \delta P_{el} + w\beta + \varphi s\mu e^{\frac{1}{2}\varphi}(\delta - \beta) = 0$$

$$P_{tl} = \frac{(1-\Phi)\rho(Q+k\sqrt{b}) + \delta P_{el} + w\beta + \varphi s\mu e^{\frac{1}{2}\varphi}(\delta - \beta)}{2\beta}$$

$$\frac{\partial P_{tl}}{\partial P_{el}} = \frac{(1-\Phi)\delta}{2\beta}$$

将 $P_{tl} = \dfrac{(1-\Phi)\rho(Q+k\sqrt{b}) + \delta P_{el} + w\beta + \varphi s\mu e^{\frac{1}{2}\varphi}(\delta - \beta)}{2\beta}$ 代入 (6-9)

式求关于关于 P_{el} 一阶偏导数得:

$$\frac{\partial \pi_{Fl}^O}{\partial P_{el}} = \Phi(1-\rho)(Q+k\sqrt{b}) - \Phi\beta P_{tl} - (1-\Phi)\beta P_{el}\frac{\delta}{2\beta} + \Phi\delta + w\beta\frac{\delta}{2\beta} + \delta$$
$$+ [(1-\varphi)s\mu e^{\frac{1}{2}\varphi} - c]\left[(\delta-\beta)\left(1+\frac{\delta}{2\beta}\right)\right] \qquad (6-12)$$

令 $\dfrac{\partial \pi_{Fl}^O}{\partial P_{el}} = 0$, 得:

$$\frac{\partial \pi_{Fl}^O}{\partial P_{el}} = \Phi(1-\rho)(Q+k\sqrt{b}) - \Phi\beta P_{tl} - \Phi\beta P_{el}\frac{\delta}{2\beta} + \Phi 2\delta P_{el} - w\beta\frac{\delta}{2\beta}$$
$$+ w\delta + [(1-\varphi)s\mu e^{\frac{1}{2}\varphi} - c]\left[(\delta-\beta)\left(1+\frac{\delta}{2\beta}\right)\right] = 0$$

$$P_{el} = \frac{\Phi\beta(1-\rho) + \delta\rho}{2(\beta^2 - \delta^2)}(Q+k\sqrt{b}) + \frac{c - (1-\varphi)s\mu e^{\frac{1}{2}\varphi}}{2}$$

3. 整合式"社会企业+农户"模式的性质分析

（1）模型的性质分析。

分别对（6-11）式求关于 P_{tl} 二阶偏导数，对（6-12）式求关于 P_{el} 二阶偏导数得到定理6-3。

定理6-3 公益型整合式决策下，农户和社会企业均能实现各自的利润最优，且农户利润函数是关于直销最优定价决策的凹函数；社会企业利润函数是关于分销最优定价决策的凹函数。

证明：对（6-11）式求关于 P_{tl} 二阶偏导数得：

$$\frac{\partial \pi_{S1}^O}{\partial P_{tl}} = (1-\Phi)\rho(Q+k\sqrt{b}) - (1-\Phi)\beta P_{tl} + (1-\Phi)\delta P_{el} + w\beta$$
$$+ (1-\varphi)s\mu e^{\frac{1}{2}\varphi}(\delta-\beta)$$

$$\frac{\partial^2 \pi_{S1}^O}{\partial P_{tl}^2} = -2\Phi\beta < 0$$

对（6-12）式求关于 P_{el} 二阶偏导数得：

$$\frac{\partial \pi_{F1}^O}{\partial P_{el}} = \Phi(1-\rho)(Q+k\sqrt{b}) - \Phi\beta P_{tl} - \Phi\beta P_{el}\frac{\delta}{2\beta} + \Phi\delta + w\beta\frac{\delta}{2\beta} + \delta$$
$$+ \left[(1-\varphi)s\mu e^{\frac{1}{2}\varphi} - c\right]\left[(\delta-\beta)\left(1+\frac{\delta}{2\beta}\right)\right]$$

$$\frac{\partial^2 \pi_F^O}{\partial P_{el}^2} = -\beta\frac{\Phi\delta}{2\beta} - \frac{\Phi\delta}{2} = -\delta < 0$$

由此定理6-3得证。

由定理6-3的证明可知，公益型紧凑式情境下，农户和社会企业各自利润有极大值时，最优的直销价格最优价格和市场最优售价决策为：

$$\begin{cases} P_{el}^{O*} = \dfrac{\Phi\beta(1-\rho)+\delta\rho}{2(\beta^2-\delta^2)}(Q+k\sqrt{b}) + \dfrac{c-(1-\varphi)s\mu e^{\frac{1}{2}\varphi}}{2} \\ P_{tl}^{O*} = \dfrac{(1-\Phi)\rho(Q+k\sqrt{b}) + w\beta + \varphi s\mu e^{\frac{1}{2}\varphi}(\delta-\beta) + \delta P_{el}^{O*}}{2\beta} \end{cases}$$

（2）解的性质分析。

性质6-3 公益型整合式情境下，最优的直销、分销最优定价决策是关于改良投入的增函数。

证明：分别对 P_{el}^{O*} 和 P_{tl}^{O*} 求关于 $\sqrt{b}$ 的一阶偏导数，显然一阶导均大于零。

分别对 P_{el}^{O*} 和 P_{tl}^{O*} 求关于 Φ，φ 的一阶偏导数：

$$\frac{\partial P_{el}^{P*}}{\partial \Phi} > 0 ; \quad \frac{\partial P_{tl}^{P*}}{\partial \Phi} < 0, \quad \frac{\partial P_{el}^{P*}}{\partial \varphi} > 0 ; \quad \frac{\partial P_{tl}^{P*}}{\partial \varphi} < 0$$

性质6-3说明公益型整合式情境下，品种改良和土地改良后的成本节约分成对农户直销渠道价格和农业社会企业分销渠道价格的影响与性质6-1和性质6-2是一致的。而当农民以土地所有权入股获得地权分红后，农业社会企业分销渠道定价策略与给农户的最终收益分红比例成反向变动，即给农户的分成越多，社会企业分销渠道定价越低；农户获得的地权入股分成比例越高，直销渠道定价越高。很显然，这种整合式的契约模式，一定程度上将农户和社会企业连接成一个整体，无论是经营过程还是抵御风险的能力都获得增强，尤其当农户入股后，相当于实现了收益共享，而社会企业则基于对生产计划及生产过程的控制，可以更好满足市场需求。因此随着农户土地流转入股比例的提升，农户收益保证更加完善，农户有信心提升自身直销渠道的销售价格，以通过渠道间价差变化促进分销渠道的销售，提升农业社会企业分销收入，进而获得更多分红；而农业社会企业对生产的控制更加有力，更多通过降低分销渠道价格追求销售的规模经济效益，提升利润水平。

6.4 盈利型"社会企业+农户"合作决策模式

"盈利型"农业社会企业一般处于发展的初期，其为了能够生存及发展并创造出更大的社会价值，只能做到在优先保证对农户一定帮扶程度的情况下，最大化企业自身利润。因此本书将"盈利型"农业社会企业居于主导地位，其与农户处于一种斯塔克尔伯格（Stackelberg）主从博弈。同样，本部分也按照农业社会企业与农户合作紧密程度的不同分为松散式、紧密式和整合式分别讨论。与"公益型"农业社会企业相比，这里的决策过程只是主导地位发生变化，而农户和农业社会企业的利润函数都未发生改变。因此，其求解步骤和求解思路都与6.3节相同，为节省篇幅，本部分不再列出全部详细的求解步骤。

6.4.1 松散式"社会企业+农户"模式

1. 松散式"社会企业+农户"模式的模型描述

在松散式"社会企业+农户"模式下,农业社会企业的社会价值实现过程只是基于帮助农户进行品种改良/土地改良。此时的社会企业具有商业属性,改良的目的也是基于对下游需求市场的目标消费群的细分。因此农户和农业社会企业的利润函数分别如下:

农户利润函数为:

$$\pi_{F2}^{P} = P_{e2}((1-\rho)(Q+k\sqrt{b}) - \beta P_{e2} + \delta P_{t2}) + w(\rho(Q+k\sqrt{b}) - \beta P_{t2} + \delta P_{e2}) \\ - c(Q+k\sqrt{b} + (\delta-\beta)(P_{t2}+P_{e2})) - \alpha b$$

农业社会企业利润函数为:

$$\pi_{S2}^{P} = (P_{t2}-w)(\rho(Q+k\sqrt{b}) - \beta P_{t2} + \delta P_{e2}) - (1-\alpha)b$$

2. 松散式"社会企业+农户"模式的决策过程

需求函数代入后的博弈模型如下:

$$\max \pi_{S2}^{P} = (P_{t2}-w)(\rho(Q+k\sqrt{b}) - \beta P_{t2} + \delta P_{e2}) - (1-\alpha)b \tag{6-13}$$

$$\text{s. t. } \max \pi_{F2}^{P} = P_{e2}((1-\rho)(Q+k\sqrt{b}) - \beta P_{e2} + \delta P_{t2}) \\ + w(\rho(Q+k\sqrt{b}) - \beta P_{t2} + \delta P_{e2}) \\ - c(Q+k\sqrt{b} + (\delta-\beta)(P_{t2}+P_{e2})) - \alpha b \tag{6-14}$$

对 (6-14) 式求 P_{e2} 一阶偏导数得:

$$\frac{\partial \pi_{F2}^{P}}{\partial P_{e2}} = (1-\rho)(Q+k\sqrt{b}) + P_{t2}\delta + w\delta - P_{e2}(2\beta + c\delta - c\beta)$$

令 $\frac{\partial \pi_{F2}^{P}}{\partial P_{e2}} = 0$ 求得 P_e 的解为:

$$\frac{\partial \pi_{F2}^{P}}{\partial P_{e2}} = (1-\rho)(Q+k\sqrt{b}) + P_{t2}\delta + w\delta - P_{e2}(2\beta + c\delta - c\beta) = 0$$

$$\tag{6-15}$$

$$P_{e2} = \frac{(1-\rho)(Q+k\sqrt{b}) + w\delta + \delta P_{t2}}{2\beta + c\delta + c\beta}$$

将（6-15）式代入（6-3）式再对 P_{t2} 求一阶偏导数，并令 $\frac{\partial \pi_{S2}^P}{\partial P_{t2}} = 0$ 求得 P_{t2} 的解为：

$$\frac{\partial \pi_{S2}^P}{\partial P_{t2}} = \rho(Q + k\sqrt{b}) + \frac{\delta(1-\rho)(Q + k\sqrt{b})}{2\beta + c\delta + c\beta} + w\beta - \left(2\beta - \frac{2\delta^2}{2\beta + c\delta + c\beta}\right)P_t = 0$$

(6-16)

（6-15）式关于 P_{e2} 求其二阶偏导可得：

$$\frac{\partial^2 \pi_{F2}^P}{\partial P_{e2}^2} = -2\beta < 0$$

（6-16）式关于 P_{t2} 求其二阶偏导可得：

$$\frac{\partial^2 \pi_{s2}^P}{\partial P_{e2}^2} = -2\beta(1-\phi) + \frac{\delta^2}{\beta}(1-\varphi)(1+\phi)$$

$$= -(1-\phi)\left(2\beta - \frac{\delta^2}{\beta}(1+\phi)\right) < 0$$

当且仅当：$2\beta - \delta^2/\beta(1+\phi) > 0$，即 $\beta/\delta > \sqrt{(1+\phi)/2}$ 时，农业社会企业利润函数是关于 P_t 的凹函数。

$$2\beta - \frac{\delta^2}{\beta}(1+\phi) > 0$$

$$2\beta^2 > \delta^2(1+\phi)$$

$$\frac{\beta}{\delta} > \sqrt{\frac{1+\phi}{2}}$$

定理 6-4 盈利型松散式决策下，农户和社会企业均能实现各自的利润最优，且农户利润函数是关于直销最优定价决策的凹函数；社会企业利润函数是关于分销最优定价决策的凹函数。

定理 6-4 说明当本产品价格对于需求量的敏感系数与竞争品价格对于需求量的敏感系数之比大于某一数值时，农业社会企业利润才是关于市场销售价格的凹函数。

通过定理 6-4 的证明过程可知，盈利型松散式情境下，农户和社会企业各自利润有极大值时，最优的直销价格最优价格和市场最优售价决策为：

$$\begin{cases} P_{e2}^{P*} = \dfrac{(1-\rho)(Q + k\sqrt{b}) + w\delta + \delta P_{t2}^{P*}}{2\beta + c\delta + c\beta} \\ P_{t2}^{P*} = \dfrac{(Q + k\sqrt{b})((2\beta + c\delta + c\beta)\rho + \delta(1-\rho)) + \beta w(2\beta + c\delta + c\beta)}{(4\beta^2 + 2c\beta\delta + 2c\beta^2 - 2\delta^2)} \end{cases}$$

3. 松散式"社会企业+农户"模式的性质分析

性质 6-4 盈利型松散式情境下，最优的直销、分销最优定价决策是关于改良投入的增函数。

证明：分别对 P_{e2}^{P*} 和 P_{t2}^{P*} 求关于 $\sqrt{b}$ 的一阶导，显然其一阶导均大于零。

性质 6-4 说明盈利型松散式情境下，改良投入能够带来市场需求提升，需求增加，必然会导致供给层面价格的提升，因此农户和社会企业投会相应提高直销价格和分销零售价格。

6.4.2 紧凑式"社会企业+农户"模式

1. 紧凑式"社会企业+农户"模式的模型描述

在紧凑式"社会企业+农户"模式下，农业社会企业的社会价值实现过程在松散式的基础上，又通过帮助农户土地改良降低生产成本，提高生产效率，并获得农户生产成本节约的分成。因此农户和农业社会企业的利润函数如下：

农户利润函数为：

$$\pi_{F2}^L = P_{e2}D_e + wD_t + [(1-\varphi)s\mu e^{\frac{1}{2}\varphi} - c](D_e + D_t) - \alpha b$$

社会企业利润函数为：

$$\pi_{S2}^L = P_{t2}D_t - wD_t + \varphi s\mu e^{\frac{1}{2}\varphi}(D_e + D_t) - (1-\alpha)b$$

2. 紧凑式"社会企业+农户"模式的决策过程

将需求函数代入利润函数得：

$$\max \pi_{S2}^L = P_{t2}[\rho(Q+k\sqrt{b}) - \beta P_{t2} + \delta P_{e2}] - w[\rho(Q+k\sqrt{b}) - \beta P_{t2} + \delta P_{e2}]$$
$$+ (1-\varphi)s\mu e^{\frac{1}{2}\varphi}[(Q+k\sqrt{b}) + (\delta-\beta)(P_{e2}+P_{t2})] - (1-\alpha)b$$

(6-17)

$$\text{s.t. } \pi_{F2}^L = P_{e2}[(1-\rho)(Q+k\sqrt{b}) - \beta P_{t2} + \delta P_{e2}] + w[\rho(Q+k\sqrt{b}) - \beta P_{t2} + \delta P_{e2}]$$
$$+ [(1-\varphi)s\mu e^{\frac{1}{2}\varphi} - c][(Q+k\sqrt{b}) + (\delta-\beta)(P_{e2}+P_{t2})] - \alpha b$$

(6-18)

同样采用逆向推导法，可以得出 P_{t2} 和 P_{e2} 的解：

$$P_{e2}^{L*} = \frac{\delta}{2(2\beta^2+\delta^2)}\left(\left(\rho+\frac{1}{2\beta}\delta(1-\rho)\right)(Q+k\sqrt{b})+\left(\varphi+\frac{\delta}{\beta}\varphi-\frac{\delta}{2\beta}\right)s\mu e^{\frac{1}{2}\varphi}(\delta-\beta)+\beta w\right)$$

$$+\frac{1}{2\beta}\left(w\delta-(1-\rho)(Q+k\sqrt{b})-(\delta-\beta)((1-\varphi)s\mu e^{\frac{1}{2}\varphi}-c)\right)$$

$$P_{t2}^{L*} = \frac{\beta}{(2\beta^2+\delta^2)}\left(\left(\rho+\frac{1}{2\beta}\delta(1-\rho)\right)(Q+k\sqrt{b})+\left(\varphi+\frac{\delta}{\beta}\varphi-\frac{\delta}{2\beta}\right)s\mu e^{\frac{1}{2}\varphi}(\delta-\beta)+\beta w\right)$$

3. 紧凑式"社会企业 + 农户"模式的性质分析

（1）P_e、P_t 对改良投入 $\sqrt{b}$ 的敏感性分析。

$$\frac{\partial P_{e2}^*}{\partial \sqrt{b}} = \frac{\delta}{2(2\beta^2+\delta^2)}\left(\left(\rho+\frac{1}{2\beta}\delta(1-\rho)\right)k\right)+\frac{1}{2\beta}(1-\rho)k > 0$$

$$\frac{\partial P_{t2}^*}{\partial \sqrt{b}} = \frac{\beta}{(2\beta^2+\delta^2)}\left(\left(\rho+\frac{1}{2\beta}\delta(1-\rho)\right)k\right) > 0$$

性质 6-5 农户的直销价格与农业社会企业的分销零售价格都随改良投入增加而上涨。

（2）P_e、P_t 对土地改良成本节约分成比例 φ 的敏感性分析。

$$\frac{\partial P_{e2}^*}{\partial \varphi} = \frac{1}{2\beta}\delta\frac{\beta}{(2\beta^2+\delta^2)}\left(\left(1+\frac{\delta}{\beta}\right)s\mu e^{\frac{1}{2}\varphi}(\delta-\beta)\right.$$

$$+\left(\varphi+\frac{\delta}{\beta}\varphi-\frac{1}{2\beta}\delta\right)\frac{1}{2}s\mu e^{\frac{1}{2}\varphi}(\delta-\beta)\bigg)$$

$$+\frac{1}{2\beta}\left((\delta-\beta)\frac{1}{2}s\mu e^{\frac{1}{2}\varphi}(1+\varphi)\right)$$

$$= (\delta-\beta)\frac{\delta s\mu e^{\frac{1}{2}\varphi}}{2(2\beta^2+\delta^2)}\left(\left(1+\frac{\delta}{\beta}\right)+\left(\varphi+\frac{\delta}{\beta}\varphi-\frac{1}{2\beta}\delta\right)\frac{1}{2}\right)$$

$$+(\delta-\beta)\frac{1}{4\beta}(s\mu e^{\frac{1}{2}\varphi}(1-\varphi)) < 0$$

$$\frac{\partial P_{t2}^*}{\partial \varphi} = (\delta-\beta)\frac{\beta}{(2\beta^2+\delta^2)}\left(\left(1+\frac{\delta}{\beta}\right)s\mu e^{\frac{1}{2}\varphi}+\left(\varphi+\frac{\delta}{\rho}\varphi-\frac{\delta}{2\beta}\right)\frac{1}{2}s\mu e^{\frac{1}{2}\varphi}\right) < 0$$

性质 6-6 随着土地改良带来的成本节约分成比例的增加，农产品直销价格和农业社会企业市场销售价格都将下降。

6.4.3 整合式"社会企业+农户"模式

1. 整合式"社会企业+农户"模式的模型描述

在整合式"社会企业+农户"模式下,包含了农业社会企业和农户二者之间互动过程的所有三个层面:品种改良、土地改良以及作为利润保证的地权入股分红。在该模式下,农业社会企业对农户的帮扶程度最大。此时,农户和农业社会企业的利润函数分别为:

农户的利润函数为:

$$\pi_{F2}^O = \phi P_{t2} D_t + w D_t + P_{e2} D_e + (1-\varphi) s\mu e^{\frac{1}{2}\varphi}(D_t + D_e) - c(D_t + D_e) - \alpha b$$

农业社会企业的利润函数为:

$$\pi_{S2}^O = (1-\phi) P_{t2} D_t - w D_t + \varphi s\mu e^{\frac{1}{2}\varphi}(D_t + D_e) - (1-\alpha)b$$

2. 整合式"社会企业+农户"模式的决策过程

将需求函数代入利润函数得:

$$\max \pi_{S2}^O = ((1-\phi)P_t - w)(\rho(Q + k\sqrt{b}) - \beta P_t + \delta P_e)$$
$$+ \varphi s\mu e^{\frac{1}{2}\varphi}(Q + k\sqrt{b} + (\delta - \beta)(P_t + P_e)) - (1-\alpha)b$$

(6-19)

$$\text{s.t. } \pi_{F2}^O = (\phi P_t + w)(\rho(Q + k\sqrt{b}) - \beta P_t + \delta P_e)$$
$$+ P_e((1-\rho)(Q + k\sqrt{b}) - \beta P_e + \delta P_t)$$
$$+ ((1-\varphi)s\mu e^{\frac{1}{2}\varphi} - c)(Q + k\sqrt{b} + (\delta - \beta)(P_t - P_e)) - \alpha b$$

(6-20)

根据逆向求解法则,首先对于农民的利润函数决策其最优的直销销售价格P_e,对农民的利润函数求其关于P_e求一阶偏导,可得:

$$\frac{\partial \pi_{F2}^O}{\partial P_{e2}} = \delta(\phi P_{t2} + w) + ((1-\rho)(Q + k\sqrt{b}) - \beta P_{e2} + \delta P_{t2})$$
$$- \beta P_{e2} - (\delta - \beta)((1-\varphi)s\mu e^{\frac{1}{2}\varphi} - c)$$

农民利润函数关于P_e求其二阶偏导可得:

$$\frac{\partial^2 \pi_{F2}^O}{\partial P_{e2}^2} = -2\beta < 0$$

因此农民的利润是关于 P_e 的凹函数，因此存在最优的 P_e，使其利润达到最大。根据 KKT 条件，令其关于 P_e 的一阶导数为零，可得：

$$2\beta P_{e2}^O = \delta(\phi P_{t2} + w) + (1-\rho)(Q + k\sqrt{b}) + \delta P_{t2}$$
$$- (\delta - \beta)((1-\varphi)s\mu e^{\frac{1}{2}\varphi} - c)$$

$$P_{e2}^{O*} = \frac{1}{2\beta}(\delta(\phi P_{t2} + w) + (1-\rho)(Q + k\sqrt{b}) + \delta P_{t2}$$
$$- (\delta - \beta)((1-\varphi)s\mu e^{\frac{1}{2}\varphi} - c))$$

把最优的直销销售价格 P_e^* 代入到农业社会企业的利润函数（6-19）式中，因此可得：

$$\pi_{S2}^O = [(1-\phi)P_{t2} - w][\rho(Q+k\sqrt{b}) - \beta P_{t2}] + \varphi s\mu e^{\frac{1}{2}\varphi}[Q+k\sqrt{b} + P_{t2}(\delta - \beta)]$$
$$- (1-\alpha)b + \frac{1}{2\beta}[\delta(\phi P_{t2} + w) + (1-\rho)(Q+k\sqrt{b}) + \delta P_{t2}$$
$$- (\delta - \beta)((1-\varphi)s\mu e^{\frac{1}{2}\varphi} - c)] \cdot [\delta(1-\phi)P_{t2} - w) + \varphi s\mu e^{\frac{1}{2}\varphi}(\delta - \beta)]$$

农业社会企业利润函数关于 P_t 求其二阶偏导可得：

$$\frac{\partial^2 \pi_{S2}^O}{\partial P_{t2}^2} = -2\beta(1-\phi) + \frac{\delta^2}{\beta}(1-\phi)(1+\phi)$$
$$= -(1-\phi)\left(2\beta - \frac{\delta^2}{\beta}(1+\phi)\right) < 0$$

当且仅当：$2\beta - (\delta^2/\beta)(1+\varphi) > 0$，即 $\beta/\delta > \sqrt{(1+\varphi)/2}$ 时，农业社会企业利润函数是关于 P_t 的凹函数。

$$2\beta - \frac{\delta^2}{\beta}(1+\phi) > 0$$
$$2\beta^2 > \delta^2(1+\phi)$$
$$\frac{\beta}{\delta} > \sqrt{\frac{1+\phi}{2}}$$

性质6-7 因此可得当本产品价格对于需求量的敏感系数与竞争品价格对于需求量的敏感系数之比大于某一数值时，农业社会企业利润才是关于分销销售价格的凹函数。

因为农业社会企业对于农产品的销售主要在于分销渠道，如果直销销售价格对于需求量的影响较大，即直销销售价格的需求敏感系数较高时，直销销售价格主导了分销销售量，因此农业社会企业无法通过调整分销的销售价格来优化其利润。只有当分销的销售价格对于需求量的影响作用与直销竞争品的销售价格对于需求量的影响作用之比大于某一数值时,即分销销售价格对于分销的销售量的影响更为显著时,农业社会企业才能通过适当的调整其分销销售价格,从而影响分销市场需求,实现其利润的优化目的,最终实现农业社会企业利润的最大化。

若农业社会企业的利润是关于 P_t 的凹函数,因此存在最优的 P_t,使得其利润达到最大。

根据KKT条件,令其关于 P_t 的一阶导数为零,可得:

$$P_{t2}^{O*} = \frac{\beta}{(1-\phi)(2\beta^2+(\phi+1)\delta^2)}\left(\left(\rho+\frac{1}{2\beta}\delta(1-\rho)\right)(1-\phi)(Q+k\sqrt{b})\right.$$
$$\left. +\left(\varphi+\frac{\delta}{\beta}\varphi-\frac{1}{2\beta}(1-\phi)\delta\right)s\mu e^{\frac{1}{2}\varphi}(\delta-\beta)+\beta w-\frac{1}{\beta}\delta^2 w\phi\right)$$

将公式 P_{t2}^* 表达式代入 P_{e2}^*,可得:

$$P_{e2}^{O*} = \frac{1}{2\beta}(1+\phi)\delta\frac{\beta}{(1-\phi)(2\beta^2+(\phi+1)\delta^2)}\left(\left(\rho+\frac{1}{2\beta}\delta(1-\rho)\right)(1-\phi)(Q+k\sqrt{b})\right.$$
$$\left. +\left(\varphi+\frac{\delta}{\beta}\varphi-\frac{1}{2\beta}(1-\phi)\delta\right)s\mu e^{\frac{1}{2}\varphi}(\delta-\beta)+\beta w-\frac{1}{\beta}\delta^2 w\phi\right)$$
$$+\frac{1}{2\beta}(w\delta+(1-\rho)(Q+k\sqrt{b})-(\delta-\beta)((1-\varphi)s\mu e^{\frac{1}{2}\varphi}-c))$$

3. 整合式"社会企业+农户"模式的性质分析

(1) P_e、P_t 对改良投入 $\sqrt{b}$ 的敏感性分析。

$$\frac{\partial P_{e2}^{O*}}{\partial\sqrt{b}} = \frac{1}{2\beta}(1+\phi)\delta\frac{\beta}{(1-\phi)(2\beta^2+(\phi+1)\delta^2)}\left(\rho+\frac{1}{2\beta}\delta(1-\rho)\right)(1-\phi)k\frac{1}{2\beta}(1-\rho)k$$
$$= \frac{1}{2\beta}(1+\phi)\delta\frac{\beta}{(2\beta^2+(\phi+1)\delta^2)}\left(\rho+\frac{1}{2\beta}\delta(1-\rho)\right)k+\frac{1}{2\beta}(1-\rho)k>0$$

$$\frac{\partial p_{t2}^{O*}}{\partial\sqrt{b}} = \frac{\beta}{(1-\phi)(2\beta^2+(\phi+1)\delta^2)}\left(\rho+\frac{1}{2\beta}\delta(1-\rho)\right)(1-\phi)k>0$$

这表示随着改良投入的增多,农户直销价格、农业社会企业分销价格均会随之上涨。

(2) P_e、P_t 对土地改良成本节约分成比例 φ 的敏感性分析。

当满足条件:

$$\varphi + \frac{\delta}{\beta}\varphi - \frac{1}{2\beta}(1-\phi)\delta > 0$$

即 $\frac{\beta}{\delta} > \frac{2\varphi}{1-\phi} - 1$ 时,

可得:

$$\begin{aligned}\frac{\partial P_{e2}^{O*}}{\partial \varphi} &= \frac{1}{2\beta}(1+\phi)\delta \frac{\beta}{(1-\phi)(2\beta^2 + (\phi+1)\delta^2)}\left(\left(1+\frac{\delta}{\beta}\right)s\mu e^{\frac{1}{2}\varphi}(\delta-\beta)\right.\\&\quad + \left(\varphi + \frac{\delta}{\beta}\varphi - \frac{1}{2\beta}(1-\phi)\delta\right)\frac{1}{2}s\mu e^{\frac{1}{2}\varphi}(\delta-\beta)\Bigg)\\&\quad + \frac{1}{2\beta}\left(-(\delta-\beta)\left(-s\mu e^{\frac{1}{2}\varphi} + (1-\varphi)\frac{1}{2}s\mu e^{\frac{1}{2}\varphi}\right)\right)\\&= \frac{1}{2\beta}(1+\phi)\delta \frac{\beta}{(1-\phi)(2\beta^2 + (\phi+1)\delta^2)}\left(\left(1+\frac{\delta}{\beta}\right)s\mu e^{\frac{1}{2}\varphi}(\delta-\beta)\right.\\&\quad + \left(\varphi + \frac{\delta}{\beta}\varphi - \frac{1}{2\beta}(1-\phi)\delta\right)\frac{1}{2}s\mu e^{\frac{1}{2}\varphi}(\delta-\beta)\Bigg)\\&\quad + \frac{1}{2\beta}\left((\delta-\beta)\frac{1}{2}s\mu e^{\frac{1}{2}\varphi}(1+\varphi)\right)\\&< 0\end{aligned}$$

性质6-8 当本产品价格对于需求量的敏感系数与竞争品价格对于需求量的敏感系数之比大于某一数值时,随着土地改良带来的成本节约分成比例的增加,直销农产品价格将上涨。

同样,当满足条件:

$$2\varphi(\beta+\delta) > (1-\phi)\delta$$

即 $\frac{\beta}{\delta} > \frac{1-\phi}{2\varphi} - 1$ 时,

可得:

$$\begin{aligned}\frac{\partial P_{t2}^{O*}}{\partial \phi} &= \frac{\beta}{(1-\phi)(2\beta^2 + (\phi+1)\delta^2)}\left(\left(1+\frac{\delta}{\beta}\right)s\mu e^{\frac{1}{2}\varphi}(\delta-\beta)\right.\\&\quad + \left(\varphi + \frac{\delta}{\beta}\varphi - \frac{1}{2\beta}(1-\varphi)\delta\right)\frac{1}{2}s\mu e^{\frac{1}{2}\varphi}(\delta-\beta)\Bigg) > 0\end{aligned}$$

如果满足上述条件,则上式为负,即随着土地改良带来的成本节约分成比例的增加,分销农产品的价格也会上涨。

(3) P_e、P_t 对地权入股收益分红比例 φ 的敏感性分析。

当满足条件:

$$\left(\rho+\frac{1}{2\beta}\delta(1-\rho)\right)(1-\phi)(Q+k\sqrt{b})+\left(\varphi+\frac{\delta}{\beta}\varphi-\frac{1}{2\beta}(1-\varphi)\delta\right)s\mu e^{\frac{1}{2}\varphi}(\delta-\beta)$$
$$+\frac{w}{\beta}(\beta^2-\delta^2\varphi)<0$$

即 $2(Q+k\sqrt{b})+w\beta<\left(\varphi-\frac{1}{2}\right)\frac{\delta}{\beta}s\mu e^{\frac{1}{2}\varphi}(\beta-\delta)$ 时,

此时可得:

$$\frac{\partial P_{e2}^{O*}}{\partial \phi}=\frac{1}{2}\delta\frac{((1-\phi)(2\beta^2+(\phi+1)\delta^2)-(1+\phi)(-2\beta^2-(\phi+1)\delta^2+(1-\phi)\delta^2))}{((1-\phi)(2\beta^2+(\phi+1)\delta^2))^2}$$

$$\left(\left(\rho+\frac{1}{2\beta}\delta(1-\rho)\right)(1-\phi)(Q+k\sqrt{b})+\left(\varphi+\frac{\delta}{\beta}\varphi-\frac{1}{2\beta}(1-\varphi)\delta\right)\right.$$

$$\left.s\mu e^{\frac{1}{2}\varphi}(\delta-\beta)+\beta w-\frac{1}{\beta}\delta^2 w\phi\right)+\frac{1}{2}\frac{(1+\varphi)\delta}{(1-\phi)(2\beta^2+(\phi+1)\delta^2)}$$

$$\left(-\left(\rho+\frac{1}{2\beta}\delta(1-\rho)\right)(Q+k\sqrt{b})+\frac{1}{2\beta}\delta s\mu e^{\frac{1}{2}\varphi}(\delta-\beta)-\frac{1}{\beta}\delta^2 w\right)$$

$$=\frac{1}{2}\delta\frac{4\beta^2+\delta^2+2\phi\delta^2+\phi^2\delta^2}{((1-\phi)(2\beta^2+(\phi+1)\delta^2))^2}\left(\left(\rho+\frac{1}{2\beta}\delta(1-\rho)\right)(1-\phi)\right.$$

$$\left.(Q+k\sqrt{b})+\left(\varphi+\frac{\delta}{\beta}\varphi-\frac{1}{2\beta}(1-\phi)\delta\right)s\mu e^{\frac{1}{2}\varphi}(\delta-\beta)+\frac{w}{\beta}(\beta^2-\delta^2\phi)\right)$$

$$+\frac{1}{2}\delta\frac{(1+\phi)}{(1-\phi)(2\beta^2+(\phi+1)\delta^2)}\left(-\left(\rho+\frac{1}{2\beta}\delta(1-\rho)\right)(Q+k\sqrt{b})\right.$$

$$\left.+\frac{1}{2\beta}\delta s\mu e^{\frac{1}{2}\varphi}(\delta-\beta)-\frac{1}{\beta}\delta^2 w\right)<\frac{1}{2}\delta\frac{4\beta^2+\delta^2+2\phi\delta^2+\phi^2\delta^2}{((1-\phi)(2\beta^2+(\phi+1)\delta^2))^2}$$

$$\left(\left(\rho+\frac{1}{2\beta}\delta(1-\rho)\right)(1-\phi)(Q+k\sqrt{b})+\left(\varphi+\frac{\delta}{\beta}\varphi-\frac{1}{2\beta}(1-\phi)\delta\right)\right.$$

$$\left.s\mu e^{\frac{1}{2}\varphi}(\delta-\beta)+\frac{w}{\beta}(\beta^2-\delta^2\phi)\right)<0$$

因此可得,随着土地经营权流转入股分成比例的增加,农户直销农产品售价下降。

同样,当满足条件:

$$\left(\rho+\frac{1}{2\beta}\delta(1-\rho)\right)(1-\phi)(Q+k\sqrt{b})+\left(\varphi+\frac{\delta}{\beta}\varphi-\frac{1}{2\beta}(1-\phi)\delta\right)s\mu e^{\frac{1}{2}\varphi}(\delta-\beta)$$

$$+\frac{w}{\beta}(\beta^2-\delta^2\phi)<0$$

即 $2(Q+k\sqrt{b})+w\beta<\left(\varphi-\dfrac{1}{2}\right)\dfrac{\delta}{\beta}s\mu e^{\frac{1}{2}\varphi}(\beta-\delta)$ 时，

则可得：

$$\dfrac{\partial P_{t2}^{O'*}}{\partial \phi}=\dfrac{-\beta(-(2\beta^2+(\phi+1)\delta^2)+(1-\phi)\delta^2)}{((1-\phi)(2\beta^2+(\phi+1)\delta^2))^2}\left(\left(\rho+\dfrac{1}{2\beta}\delta(1-\rho)\right)(1-\phi)\right.$$

$$(Q+k\sqrt{b})+\left(\varphi+\dfrac{\delta}{\beta}\varphi-\dfrac{1}{2\beta}(1-\phi)\delta\right)s\mu e^{\frac{1}{2}\varphi}(\delta-\beta)+\dfrac{w}{\beta}(\beta^2-\delta^2\phi)\bigg)$$

$$+\dfrac{\beta}{(1-\phi)(2\beta^2+(\phi+1)\delta^2)}\left(-\left(\rho+\dfrac{1}{2\beta}\delta(1-\rho)\right)(Q+k\sqrt{b})\right.$$

$$+\dfrac{1}{2\beta}\delta s\mu e^{\frac{1}{2}\varphi}(\delta-\beta)-\dfrac{1}{\beta}\delta^2 w\bigg)<0$$

当上述条件成立时，随着土地经营权流转入股比例的增加，社会企业分销农产品价格将会下降。

6.5 "社会企业+农户"的合作契约算例分析

假定模型中的各参数取值如表6-1所示。

表6-1　　　　　　　　模型的参数取值

参数	取值
Q	400
k	20
b	300
ρ	0.6
δ	4
β	8
c	10
w	30
s×μ	1.8
φ	0.4
Φ	0.1

6.5.1 改良投入对双渠道定价策略的影响

如图6-3所示,在松散式合作模式下,随着改良投入的增加,农业社会企业与农户对产品销售的定价都随之提升;公益型情况下农户的直销定价和农业社会企业的分销定价都分别要比盈利型情况下定价高;而无论是公益型还是盈利型,社会企业的分销定价都要明显高于农户直销定价。

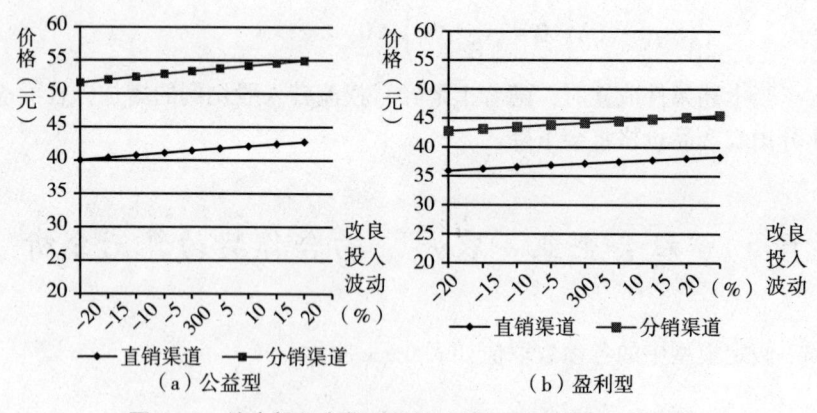

图6-3 改良投入变化对松散式情形下渠道定价的影响

如图6-4所示,在紧凑式合作模式下,随着改良投入的增加,农业社会企业与农户对产品销售的定价都随之提升;公益型情况下农户的直销定价和农业社会企业的分销定价与盈利型情况下基本持平;公益型情况下,社会企业的分销价格要高于农户的直销价格,而盈利型情况下,社会企业的分销定价都要低于农户直销定价。

如图6-5所示,在整合式合作模式下,随着改良投入的增加,农业社会企业与农户对产品销售的定价都随之提升;公益型情况下农户的直销定价和农业社会企业的分销定价都分别要比盈利型情况下定价低;公益型情况下,社会企业的分销价格要高于农户的直销价格,而盈利型情况下,社会企业的分销定价都要低于农户直销定价。

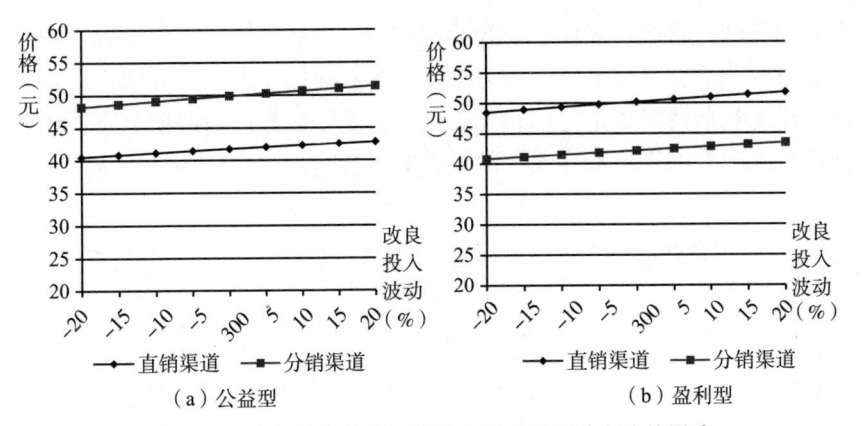

图 6-4 改良投入变化对紧凑式情形下渠道定价的影响

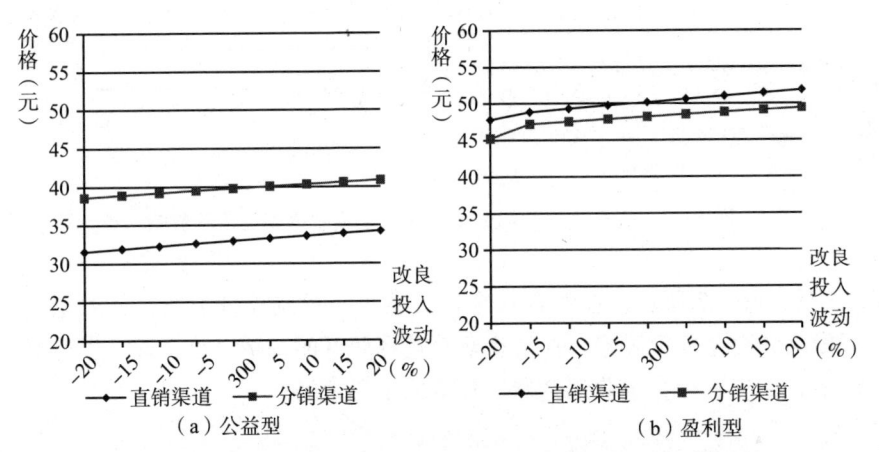

图 6-5 改良投入变化对整合式情形下渠道定价的影响

在松散式、紧凑式、整合式合作模式下，随着改良投入的增加，农业社会企业与农户对产品销售的定价都随之提升。这源于改良投入一方面起到了口碑效应，另一方面会提升最终农产品质量，使得市场需求扩大，农户和社会企业由此分别可以提高直销价格和分销价格来获得更多利润，以弥补品种/土地改良投入。而且，随着合作程度的提升，渠道价格下降，且增幅趋缓。

6.5.2 改良成本节约分成比例对双渠道定价策略的影响

如图 6-6 所示，在紧凑式合作模式下，随着土地改良所实现的成

农业社会企业：价值实现及契约协调

本分成比例的增加，农业社会企业与农户对产品销售的定价呈现不同变化趋势；公益型情况下农户的直销定价和农业社会企业的分销定价都分别要比盈利型情况下定价高；无论是在公益型还是盈利型情况下，农业社会企业的分销定价都比农户的直销定价要高。

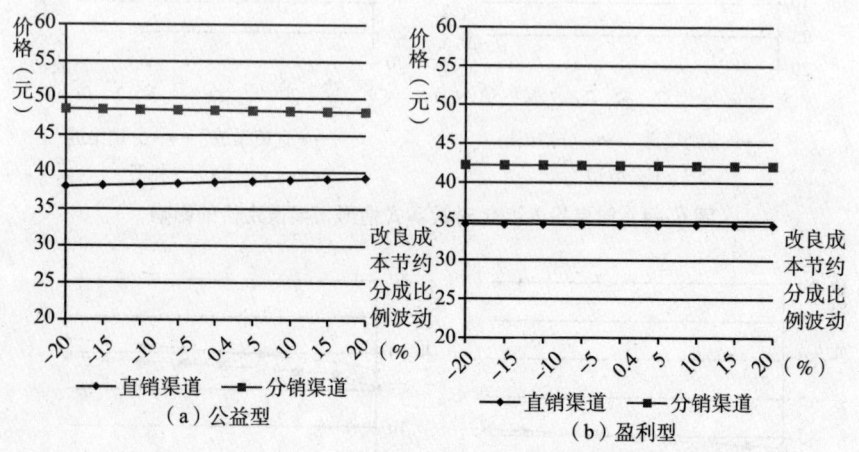

图6-6 改良成本节约分成比例对紧凑式渠道定价的影响

如图6-7所示，在整合式合作关系下，盈利型情况下，农户会选择较高的直销定价策略，社会企业会选择较低的分销定价；而公益型情况下，农户和社会企业都会选择较低的定价策略。

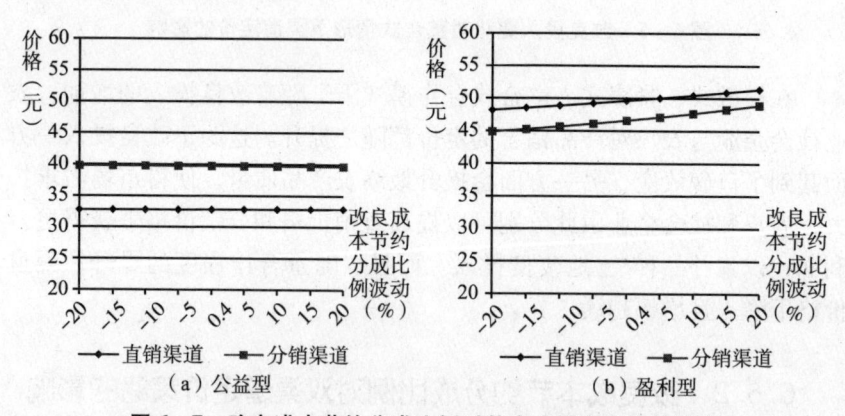

图6-7 改良成本节约分成比例对整合式渠道定价的影响

6.5.3 地权入股收益分成比例对双渠道定价策略的影响

如图 6-8 所示，随着地权入股所实现的收入分成比例的增加，农业社会企业与农户对产品销售的定价变化都比较平缓；公益型情况下，农业社会企业的分销定价比农户的直销定价要低，而盈利型情况下，社会企业的分销定价要低于农户直销定价。

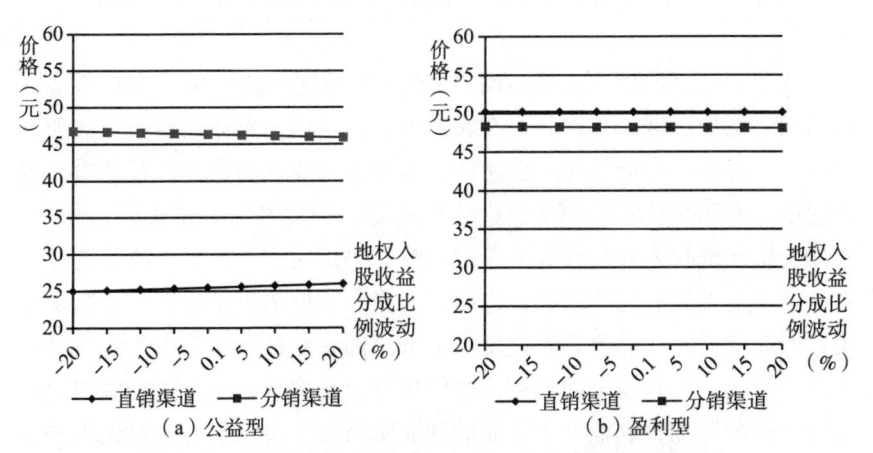

图 6-8 地权入股收益分成比例对整合式渠道定价的影响

结合图 6-3～图 6-8 可以看出，随着农业社会企业嵌入水平的提升，线上线下双渠道的价格波动幅度显然更加平缓，尤其公益型模式下的双渠道定价水平都在逐步降低。这一方面表明农业社会企业的嵌入可以有效平抑下游产品市场的价格波动；另一方面也表明"社会企业 + 农户"合作契约模式使得农业生产经营过程的控制及抵御风险的能力都获得增强，无论是农户还是农业社会企业，都有能力选择低定价策略，拓展市场的同时能更好满足消费者需求。可以说，"社会企业 + 农户"合作契约模式不仅可以影响整条供应链的利润水平，还可以实现面向消费者的社会福利的提升。因此本书继续通过算例验证合作水平最高的整合式"社会企业 + 农户"合作契约下农户利润和企业利润随地权入股比例的变化，如图 6-9 所示。

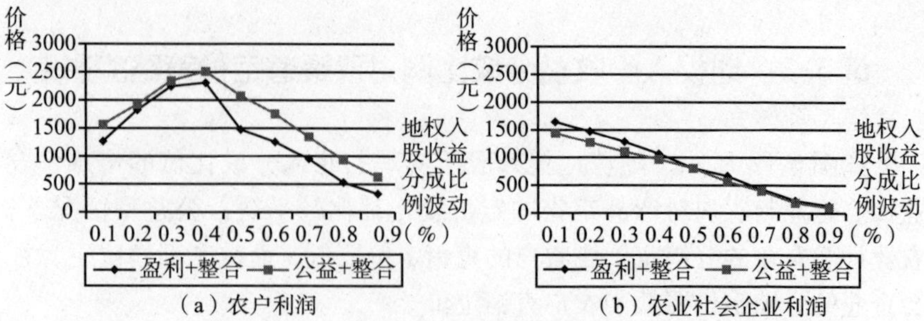

农业社会企业：价值实现及契约协调

图6-9 地权入股收益分成比例对农户及农业社会企业利润的影响

从图6-9可以看出，随着农户地权入股比例的增加，农户所能获得利润先增加后减少，这表明在农户地权入股成为农业社会企业的股东过程中，存在一个最优的入股比例，或者说农业社会企业在帮扶农户的过程中，并不是让农户获得越多股权越好。原因在于在前面的分析中，农户会由于地权入股分红有了稳定的收益渠道后，会在自身收益独享的直销渠道更加具有风险偏好，进而可能指定更好的直销价格，会削弱市场对产品的需求，导致总收益反而降低。而农业社会企业由于秉承帮扶农户的目标，将自身分销收益按股权比例分给农户，因此随着农户地权入股比例的增加，农业社会企业的利润则持续下降。此外，对比农户主导的公益型"社会企业+农户"模式，农户利润要高于企业主导的盈利型"社会企业+农户"模式，而农业社会企业的利润则恰好相反。这进一步说明公益型农业社会企业对农户的帮扶作用要优于盈利型的农业社会企业。

6.6 本章小结

本章的贡献主要有三个方面：一是将土地改良及品种改良等具体的农业生产性服务引入到双渠道农业供应链之中，使整个模型更加完整、具体并且贴近经济现实，在这种情况下分析农业双渠道供应链中企业和农户的定价策略等更具有现实意义；二是将土地改良率的概念引入其中，本书中农业社会企业帮助农户进行土地改良的程度受因土地改良所导致的农户生产成本节约分成的影响，因此本书中的土地改良率是不固定的，并且会随着生产成本节约分成比例的变化而变化；三是区分了不同类型的农业社会企业以及与农户之间的不同合作契约模式，并分析和对比了每种模式下的定价决策及利润影响。可以说本章内容是社会企业在传统农业领域的具体应用，从运营层面探讨了多渠道环境下企业与农户的定价决策及契约协调，从理论上而言是对以往研究的拓展，从实践上也对社会企业在农业领域的推广与应用产生很大的指导和借鉴。

第7章 中国农业社会企业发展定位及绿色转型策略

7.1 异质性视角下社会企业的发展路径

7.1.1 社会企业的发展异质性

企业的发展异质性，是指企业由于发展的初始条件和发展战略的多样性，最终使不同企业在生产率、生产规模、成本构成、要素密集度、工资水平等方面存在差异（Helpman et al.，2004）。以往文献对于企业异质性的讨论，都是基于市场经济下的一般商业企业，以市场作为主要推动因素且受利润最大化目标的约束。对于社会企业而言，其异质性体现与商业企业有很大区别，原因在于：一方面，社会企业的推动因素不仅仅是市场，还可能包括政府、社会和国际援助（Nicholls，2006）。尽管社会企业需要按照商业企业的模式进行市场化运作，但是在多推动因素的影响下，已经不再是以经济利润最大化为目标。另一方面，社会企业"双重身份"的特征促使其必须统筹兼顾社会价值和经济价值。由于不同企业所处外部产业环境和内部组织、技术、管理等层面的不同，会使企业在创造经济价值和社会价值的效率上有所差异。在双重目标的限定下，既会有不同社会组织间单目标生产效率的不同，也会有同类社会组织内部对这两个目标存在不同侧重的情况。因此社会企业的发展异质性主要体现在两个方面：一是社会企业与商业企业及公益组织相比创造经济价值和社会价值的效率不同，这体现出社会企业与非社会企业的区别；二是不同发展阶段社会企业自身创造经济价值和社会价值的效率不同，这体现出社会企业之间的区别。

我们在前人（Dees，2008；Yunus，2011）研究的基础上，从经济价值和社会价值两个维度对商业企业、社会企业和公益组织等进行划分，如图7-1所示。

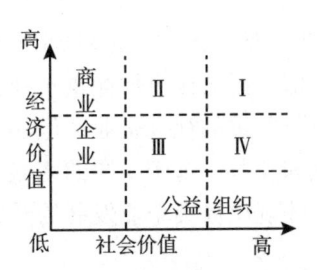

图7-1　不同类型的社会组织

从图7-1中可以看出，商业企业具有较强创造经济价值的能力。商业企业的管理者需要对股东和投资者负责，获得的利润按照出资额在股东和投资者之间进行分配。利润最大化是商业企业的主要目标，而很少考虑社会公益目的。另外，基于企业社会责任制的状况下，商业企业在服务社会方面也做出了贡献，但是由于其受盈利目标的制约，这种实现企业社会责任的意愿和努力程度都会大打折扣，因而只是创造了较低的社会价值。

公益组织以提供社会服务为主要目标，具有较强的创造社会价值的能力。但是公益组织可以看作是一种"滴水经济"，完全依赖于政府、机构和志愿者的慷慨行为。这种特性导致公益组织存在两方面问题：第一，公益组织在实现社会价值方面大多是不计成本的，因而也是不可持续的；第二，公益组织存在一个规模和效率的上限，组织的负责者更多的是把精力放到如何吸引捐赠和补贴的活动中，而不是更多考虑如何实现组织的规模扩张和效率提高。尽管公益组织也可以根据相关规定，采用特定的投资形式在允许的领域和规模范围内实现捐赠财产的保值增值，但是公益组织的投资受到非常强的约束限定，因而其创造经济价值的能力也有限。

不同于纯粹的公益组织和商业企业，社会企业在创造社会价值与经济价值之间并不矛盾，而是处于一种相辅相成的关系。社会企业的盈利能力越强,支持和促进创造社会价值的能力就越强;社会企业提供服务的能力越强,带来的经济影响力就越大,就越容易创造经济价值。相比较而言,一般的商业企业基于利己动机,更加倾向于经济价值;纯粹的公益组织则基于公益动机,以创造社会价值为主要目标。社会企业处于二者之间,基于利己和公益的混合动机,强调经济价值和社会价值的"双重底线"。

图 7-1 中,Ⅰ、Ⅱ、Ⅲ、Ⅳ四个区域都属于社会企业的范畴。区域Ⅱ更加侧重于经济价值,区域Ⅳ更加侧重于社会价值,区域Ⅰ和区域Ⅲ是社会价值与经济价值并重的社会企业,但是区域Ⅰ相较于区域Ⅲ的社会企业发展更为成熟和完善。基于不同的区域创造经济价值和社会价值的能力及侧重不同,体现出社会企业发展的异质性特征。

7.1.2 社会企业的发展路径

尽管社会企业的发展过程中呈现出异质性的特点,但是从长期来看,社会企业创造社会价值和经济价值的能力差异应该在一个较小范围内波动,否则就可能导致社会企业偏离兼顾社会价值和经济价值的"双重身份"特性。比如,区域Ⅱ和区域Ⅳ的社会企业,如果自身创造经济价值或社会价值更具有优势,而长期侧重于有优势的一方,会使发展的不匹配状况越来越严重,最终导致社会企业倒向商业企业或公益组织。也就是说,社会企业应该是整合商业和公益元素从而处于一种富有成效的平衡状态,实现社会价值与经济价值的均衡发展过程。如图 7-2 所示。

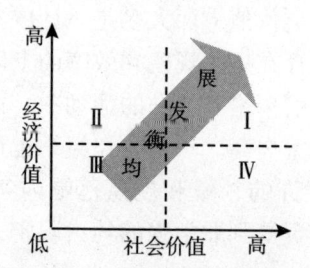

图 7-2 社会企业的发展路径

7.2 全产业链下中国农业社会企业的发展定位

7.2.1 农业全产业链的内涵及现状

构建农业全产业链是促进我国农业产业化、现代化发展的一种新模式，其主要思路是从农业生产主导企业出发，出于对产品的质量及技术控制等目的，提出主导企业向产业链上下游延伸，直至从产业链最前端粮种培育延伸到最末端农产品投入市场的全过程，整个过程的每个环节都是可控、可追溯的。比如中粮集团所构建的"从田间到餐桌"所涵盖的种植、采购、贸易、运输、加工、分销、推广、销售等多个环节构成的完整的农业产业链体系，通过掌控各关键节点和环节，实现农产品安全可追溯的目的。同时通过把纵向打通、横向协同所有节点，全面提升农业全产业链整体运作效率。在当前追求现代绿色农业发展的背景下，农业全产业链模式具有非常重要的意义：第一，农业全产业链模式既关注农业生产的客体，比如农产品的绿色标准、农产品安全、农业生产过程的资源节约与环保等，追求提升全产业链各环节的"绿色含量"；也关注农业生产的参与主体，尤其是处于产业链上游弱势地位的农户群体，注重面向农户增收的农技创新、渠道整合等方面；第二，农业全产业链不但考虑上下游各环节的质量安全特征，还兼顾产业链的整体运营效率特征，通过将上下游组织进行整合，实现信息流、资金流、物流的共享，追求提升全产业链所有环节的"绿色效率"。

但是，目前我国农业全产业链发展尚处于初级阶段。我们通过深入农村实地走访发现，受限于当前农村土地的集体所有制性质、小规模集体经营和大规模农户分散经营并存、农业生产过程中信息不完全与市场不完全等因素，农业全产业链实施过程中面临一系列问题，这些问题严重制约了全产业链在农业绿色发展中的作用：

第一，参与主体动力弱化。农业全产业链顺畅运作的前提是各参与主体都能感受到权益的增加，而目前全产业链各环节链接的载体更多是基于交易性契约构建，利益目标并不一致，在面对目标冲突时大多从自身出发而不顾及全产业链整体利益。当各参与主体间的力量不对等时，处于弱势地位的一方自然会缺乏参与的动力和积极性。这一点在产业链上游的农户身上体现得最为明显，由于农户认知能力、技术能力、经营能力、资本转化能力等较为低下，在产业链上处于绝对弱势地位，因此在缔约过程中或者面临波动性风险时，其遭受损失的可能性及程度也最大。

第二，运营效率有待提高。运营效率不高的主要原因在于绿色标准的不统一以及合作的不顺畅。一方面，在交易性契约主导下，各参与主体之间的信息传递和技术转移都受到很大限制，使得农产品从源头生产市场到中间的加工市场直到末端的消费市场，都可能存在不同的绿色标准。主导企业需要协调和整合这些标准，这就造成了运营效率的低下；另外，参与主体能力的差异也影响了合作效率，尤其是处于弱势地位的农户群体，如果不能把他们纳入整个价值链体系当中，增强其参与动力，很容易在这个节点上导致产业链断层崩溃。

第三，部门分割式管理失效。农业全产业链所涉及的是农业生产的全过程，政府管理要兼顾所有节点，这就对政府的管理能力和水平提出了较高要求。而现实情况是政府的不同管理部门往往无法形成统一的规划，也就难以帮助协调整合农业产业链上的各种资源。前述两个问题所体现的市场失灵如果不能解决，政府就无法做到抓"大"放"小"，从全程的参与式管理转变到有针对性的指导式管理，政府部门分割式管理失效也就无法得到很好的解决。

7.2.2 中国农业社会企业面临的困境

尽管农业社会企业由于自身所具有的独特价值，已经逐渐引起我国各级政府、社会、和学术界的普遍关注，而且在不同领域也出现许多创新实践比较成功的典型案例。但是就目前来看，中国农业社会企业的发展仍面临较大困境。

1. 推动不足：社会企业发展的外部环境基础薄弱，社会创业相对较少

任何企业要实现较快发展，都需要有利的外部环境作为支持，作为发展初期的社会企业更是如此。但就目前来看，由政府政策、法律法规和社会认知构成的中国社会企业发展的外部环境基础非常薄弱，尚不能形成很好的推动作用。从政策环境来看，社会企业的发展需要经济体制转轨推动下的政府职能转变相配合。政府要逐步实现从参与者的角色向管理者角色转变，鼓励和培育社会力量来参与社会服务的供给，将部分提供公共服务的职能逐步让渡给社会企业。但是在这一过程中，政府的转变是滞后于社会企业发展需要的。从法律环境来看，与美国、欧洲等社会企业发展比较成熟的国家和地区相比，我国目前的法律状况还存在着很多缺陷，对于社会企业和社会创业缺乏有效的法律保护和监管。比如社会企业不能享受税收优惠政策，没有专门的注册形式机构，只能进行工商注册，等等。从社会环境来看，公众缺少对社会企业的认知。这种认知缺乏导致两方面的问题，一是公众不明白社会企业具有的社会价值，也就无法理解当他们支持购买社会企业的产品或服务时，其实同时是在支持社会企业为弱势群体创造就业机会。二是基于传统的公益观念下，公众难以对社会企业以经营获利来发展公益事业的理念有所认同，对社会创业者的动机也难以相信。公众认知的缺乏造成社会企业的公信力和市场竞争力低下。

不利的外部环境削弱了社会创业者创建社会企业的热情，使得社会企业很多是由非政府组织（non-governmental organizations，NGO）和非营利组织（non-profit organization，NPO）转型而来。NGO 和 NPO 本身对社会企业所强调的社会价值部分认同感很强，相对于初创社会企业，NGO 与 NPO 的初始发展资金较为充足，但是缺少持续盈利的能力，因此这两类组织更有转型的动力。不过，由 NGO 和 NPO 转型而来的社会企业最大的问题是缺乏商业运营的经验和专业的商业人才，这也是造成很多转型不成功的原因。

2. 运营困境：社会企业的商业模式不完善

第一，社会企业存在融资难题。由于公众对社会企业认知缺乏以及薄弱的外部环境基础，使得社会企业融资问题尤其突出。商业企业和公益组织的一般融资模式都不适用于社会企业。商业企业的融资模式主要包括股权融资和债务融资。股权融资需要给予投资者一定的回报率，以投资者收益最大化为目的，这显然与社会企业的社会目的相违背；债务融资需要足够的抵押，而社会企业由于发展缓慢，信任风险及非营利目标等特点使得其应用债务融资的情况也并不乐观。公益组织的融资模式主要包括补贴融资和捐赠融资。这两种方式适合在初创期的社会企业以及从 NGO 与 NPO 转型而来的社会企业，但是却无法对社会企业的长期发展形成持续的支持。另外，这两种融资方式在使用方向和获取方面也受到诸多限制。

目前来看，社会企业的融资来源主要依靠创办者自筹资金或者通过多方募集的捐款以及志愿者的志愿服务和捐款来维持，这样的融资方式无助于社会企业的可持续发展。由于资金的缺乏，社会企业往往把绝大部分支出用于日常运营的维持而无力进行长期目标的建设，包括不能吸引专业人才的加盟，不能进一步扩大企业规模，无力提高产出和服务水平，等等，进而导致企业盈利进一步恶化，最终形成恶性循环，使得社会企业无法继续支撑下去。

第二，经营模式简单，有效运营能力不足。由于发展时间较短，中国的社会企业大多规模较小，服务区域较窄，有效运营能力不足；且所面向的服务对象范围主要包括就业、扶贫、养老、助残这几个方面，属于消费能力较低但服务需求较大的群体，这就使得社会企业在产品或服务提供上存在一定的特殊性。

对于提供养老、助残服务的社会企业而言，要提高服务能力和服务质量，就需要对服务的成本价格与面向群体的接受能力作对比。而就目前的情况来看，面向群体对社会服务的需求价格弹性较为敏感（邓汉慧等，2015），导致社会企业面临一个较为尴尬的境地，在创造经济价值和社会价值方面存在着相互制约：如果为了满足社会服务的需求而提高有效运营能力，长期内成本的上升会影响社会企业的正常运转；而如果为了维持运转而提高服务价格，那么面向群体的服务需求就会降低。

对于提供就业、扶贫帮助的社会企业而言，要想实现帮扶贫困、提高收入等创造社会价值的目的，首先要通过创造经济价值立足于市场。但是相较于以利润最大化为目标的商业企业，社会企业的市场竞争能力显然要更弱一些，如何提高自身竞争力，在市场中谋得一席之地，就成为社会企业需要考虑的问题。

第三，利润分配模式不清。界定社会企业的一个重要特征就是利润分配问题，不同国家就社会企业是否应该进行利润分配一直存在争议，其主要目的在于防止企业追求利润最大化而忽视了其社会使命。但目前国内由于尚无相应的法律，社会企业大多是工商注册，对利润分配模式并不明确。在短期内，由于社会企业的盈利能力较差，利润分配问题并不明显，但是如果社会企业在长期有了较好的发展，在这方面仍旧没有明确的规范标准，则很难保证社会企业的社会属性。

7.2.3 中国农业社会企业的发展定位

从上文的分析中可以看出，由于农业社会企业外部环境与自身商业模式的局限，我国农业社会企业存在两种递进关系的发展定位：

1. 市场推动不足，处于由第三部门推动发展的境地

政府主导的社会福利体制的社会化、市场化转型以及第三部门在众多社会、经济领域的功能日益凸显化，使我国社会企业处于由社会作为主要推动力的定位上。这显然与社会企业作为企业的属性，应该由市场作为主要推动力的定位相悖。市场驱动活力不足，社会企业发展缓慢也是必然的。因此中国的社会企业应由第三部门作为主要推动力转变到市场多源推动，即由政府引导、社会推动、市场驱动共同推动才能更有利于社会企业的多元化发展。

2. 社会企业创造经济价值和社会价值的能力不均衡且不具有可持续性

近几年来，社会企业在社会福利、健康照顾和文化教育等领域的服务迫于资金压力，使得产品及服务提供质量也随之降低，并引来社会巨大争议。初创社会企业由于创造经济价值和社会价值的能力都比较低下，处于图7-2中区域Ⅲ的位置；另外，由 NPO 或 NGO 转型而来的社会企业在强调社会价值方面认同感很强，初始发展资金较为充足，因此短期内有较强的创造社会价值的能力。但是由于缺乏商业运营的经验和专业的管理人才，其创造经济价值的能力也比较弱，可持续发展的能力较弱，处于图7-2中区域Ⅳ的位置。根据社会企业创造经济价值和社会价值均衡发展的要求，中国社会企业的发展需要兼顾经济和社会价值共创，从区域Ⅲ、区域Ⅳ向区域Ⅰ转变。但是基于社会企业目前的发展态势，要实现这种转变面临较大的困难。这也迫切需要社会企业转变传统的运作理念，从商业模式上进行创新。

7.2.4 农业社会企业绿色升级的路径

具体而言，基于全产业链框架下的"社会企业+农户"发展路径可以分为三种情形：

第一，众包种植的松散合作型。该模式与目前应用较为广泛的传统契约农业模式"订单农业"比较接近，是对传统契约模式的改进。从实现过程上看依然是社会企业与农户签订收购协议，农户小规模分散种植。一般龙头企业于产前、产中环节统一向农户提供农资，并对农户进行技术指导，这样有利于控制产出质量及标准并提高生产效率。农业社会企业在此基础上，采用赊销方式向农户提供农资分担农户的生产经营成本。农户获得销售收入后再支付所欠资金，这样有利于帮助农户应付农产品需求和价格波动造成的风险，保证生产的连续性。

第二，土地入股的紧密合作型。在松散合作型的基础上，农户以土地经营权入股，成为农业社会企业的股东，农户与企业成为真正意义上的利益共同体。比如四川的民乐村模式，由中国扶贫基金会为主导，建立民富现代农业有限公司，农户以土地经营权或其他资本形式入股，与扶贫基金会共同成为企业股东。农户除了获得农产品种植收入外，还会获得股权分红收入，相当于在农业社会企业与农户之间既实现了成本共担，又实现了收益共享。该模式下社会企业与农户的合作关系进一步增强，既增强对产前、产中各环节的质量控制，又通过股权收益分配进一步削弱需求及价格波动对农户的影响，极大提高农户从事生产的积极性。

第三，土地流转的集中控制型。随着土地流转政策的进一步完善以及城镇化建设的推进，土地流转的集中控制型将广为应用，这也是农业全产业链模式对上游环节的纵向整合。比如四川省威远县向家岭无花果专业合作社的公司化运作模式，美国的嘉吉（Cargill）公司模式。龙头企业资金、技术实力雄厚，在产业链中处于核心地位，控制着土地并影响农户种植行为，这实际上就是企业为主导的农业一体化模式。该模式下，农户将土地经营权流转给农业社会企业进行集中规划种植，破解分散经营的非规模经济性，使转移到城镇的农村劳动力能够参与农业社企业的雇工经营，并遵循企业化的统筹管理。股权参与方式既可以使农户获得分红收益，又可以有效杜绝农户雇工经营过程中的机会主义行为。该模式下农业社会企业实现规模生产，统一管理，既可以保证生产效率，又可以保证产品质量；农户取得股权分红以及雇工收入，既无须承担农产品价格波动的风险，又可以增加农闲时节的收入，并通过参与社会企业管理及雇工经营获得自身能力上的提升。土地流转的集中控制型模式是实现农业产业化、绿色化发展的一种有效模式。但是，该模式的实现必须以农业社会企业较高的管理水平和强大的资源整合能力作为支撑，如果集中控制的范围和程度过小，则无法体现规模经济的优势，过大则容易增加社会企业经营负担。只有企业规模与管理水平和资源整合能力相匹配，才能达到最优的运作效率。

7.3 中国农业社会企业的商业模式创新

中国农业社会企业的商业模式创新必须以社会企业的发展要求及农业社会企业目前的发展定位作为基本立足点。也就是说，一方面必须遵循社会企业在创造经济价值与社会价值方面均衡发展的原则；另一方面要考虑目前农业社会企业较弱的筹资能力和运营能力不足这一现状。在这种情况下，社会企业的商业模式创新，就不能仅仅因循传统商业企业的创新模式，还必须要有符合社会企业运作特点的独特之处。

约翰逊和克里斯腾森（Johnson & Christensen，2008）等对商业模式提出了一个较为经典的阐述：商业模式是一个由客户价值主张、企业资源和能力、盈利模式构成的三维体系。客户价值主张是指对客户真实需求的满足，企业资源和能力是支持客户价值主张的具体运作模式，盈利模式则帮助企业实现经济价值。本书基于商业模式的三维体系，将客户价值主张作为目标、企业资源和能力作为支撑、盈利模式作为基础，从目标定位、运营创新和理念更新三个方面重新构建社会企业的商业模式，如图7-3所示。

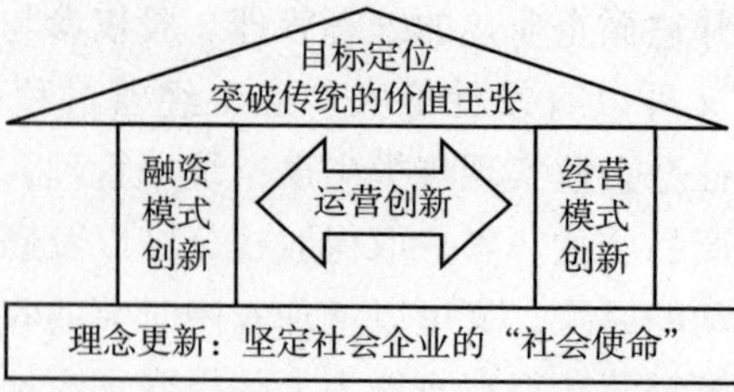

图 7-3　社会企业商业模式创新构架

7.3.1　目标定位：突破传统的客户价值主张

对于商业企业而言，无论其商业模式如何创新，都不会改变其既定的客户价值主张。即针对有消费能力的客户，通过提供实现客户所需价值最大化的产品或服务，进而实现自身经济利润最大化。处于发展初期的中国社会企业显然无法直接沿用商业企业的做法，因为社会企业既无法做到与商业运作经验非常成熟的商业企业一起面向具有较高消费能力的客户进行竞争，也无法在提供产品或服务的过程中，通过满足客户需求追求利润最大化，这有悖于社会企业的宗旨。社会企业要做的是必须突破传统的分析框架，从新的视角重新定义适合于自身的"商业规则"：第一，社会企业要将客户群体定位于不能被公共服务和商业企业所覆盖的边缘人群，通过提供一定质量的产品或服务，提高低消费能力群体的福利水平；第二，社会企业所提供的产品或服务不一定能够给客户群体带来价值最大化，但必须能够满足其最低需求；第三，社会企业提供产品或服务的过程中，必须抛离传统的由市场供需关系所决定的价格体系，而是要依据客户群体的消费水平确定合适的价格。

通过改变传统商业企业所遵循的客户价值主张，中国社会企业可以找到有效促进自身发展的突破口：对收入水平低下群体以较低价格提供一定质量的生活必需品或护理服务、通过对残障或无工作技能的人群提供培训并助其实现就业、对有创业需求的低收入人群提供低息小额贷款等。世界上最著名的社会企业组织——格莱珉银行（Grameen Bank）在这方面提供了很好的表率（Yunus，2010）。格莱珉银行提供足够的小额贷款给不被传统商业银行所接受的低收入人群，帮助其实现能带来经济收入的创业模式。除非特殊情况下，Grameen Bank 都要对贷款收取略高于银行信贷却远低于高利贷的利息。最为重要的是，这些贷款不需要任何担保，这是对传统银行信贷最大的颠覆。

7.3.2 运营创新：探寻新的融资模式和生产经营模式

在商业模式上突破传统商业企业所遵循的客户价值主张，只是确定了中国社会企业的发展方向。而要真正克服当前中国社会企业发展所面临的资金困难和运营能力不足的问题，仍旧需要在融资模式和生产经营模式上寻求创新。

1. 融资模式创新

尽管很多商业企业都在践行企业社会责任，但是这种做法能否符合投资者利润最大化的需求是值得商榷的。因此，对于以创造社会价值为主要目标的社会企业而言，更难吸引以经济利润为导向的一般社会资本的流入，而必须转向引入以社会目标为导向的新型投资方式以及实行不同于商业企业的资本运作模式。

根据发达国家社会企业的实践发现，公益创投基金可以作为中国社会企业融资重要的创新手段。其主要的投资对象是社会企业，其本质是从慈善捐赠式的公益基金转化而来，在投资决策和投资管理过程中结合了一般风险投资模式的理念，因此具有一定的创新意识和社会影响力。公益创投最大的特点是明确将社会目标置于经济回报之上，这是不同于一般风险投资的区别所在；同时公益创投通过资本的循环和运作寻求一定的资本回报，而非像公益基金仅仅局限于毫无保留的接受—捐赠的模式。因此，公益创投这种创新式的运作设定可以很好地满足社会企业的融资需求。

在引入公益创投基金后，社会企业在其资本运作过程中也应与商业企业有所不同。公益创投基金的主要目的在于通过提供资金帮助社会企业进行发展能力的建设，包括对企业战略、组织、能力等方面的辅导培训、市场的开发以及寻找合作资源等。因此，社会企业要首先将资金运用到促成自身成长及增加社会影响力的方面，比如构建良好的组织基础设施、开发新的市场、增强创新能力、通过产品及服务的多样化增值获利等。此外，公益创投基金在实现其社会目标之后仍需要一定的经济回报，社会企业可以选择较为稳健的投资方式与渠道实现可预测的投资获利，投资收益在满足公益创业资金的资本回报要求之后，剩余部分仍旧要用于社会企业自身。可以说，在公益创投对社会企业进行投资的过程中，既实现了其特定的经济回报，又可以帮助社会企业获得成长和发展，从而实现其自身公益性要求下所需实现的社会目标。

2. 经营模式创新

对于中国社会企业运营能力不足的问题，可以借鉴商业企业经营过程中较为成熟的运作模式，通过资源整合以及拓展核心资源运作效率的角度加以改善。

第一，通过生产外包提高服务专业化水平，提升社会企业创造经济价值的能力。

从中国社会企业的实践案例来看，大多数社会企业所覆盖的职能范围主要在于创造就业机会和提供社区服务，因而社会企业提供服务的能力是其核心竞争力所在。这种情况下，社会企业应该将生产环节外包给更具有优势的商业企业，将自身资源整合到能带来更高价值增值的服务提供环节。

一方面，中国社会企业本身创造经济价值的能力就比较弱，通过生产环节的外包，可以减少社会企业在生产场地和设备以及专业生产人员等方面的投入，缓解资金压力；对于商业企业而言，尽管其承接社会企业的生产外包可能并不会有太高利润，但是却可以通过与社会企业的合作展示自身良好的公众形象，进而获取其他的政府补贴或支持，因而也有愿意承接社会企业生产外包的动力。

另一方面，中国社会企业职能范围所覆盖的社区服务，多是集中于帮助残障、提供职业培训、养老和护理等方面，在这些方面培养相应的服务从业人员比培养专业的生产人员要相对容易，因而也更有利于创造就业机会和提高服务的专业化水平。此外，服务专业化水平的提高，更有利于社会企业从政府获得部分公共服务的外包和从社会获得其他服务的外包，拓展业务范围，获得实现更多盈利的可能。所以说，社会企业通过专注于核心竞争力的社区服务提供环节，可以有效提升创造经济价值的能力。

第二，通过租赁经营突破服务能力约束，提升社会企业创造社会价值的能力。

社会企业创造社会价值的能力受自身资源瓶颈和服务能力瓶颈的限制。由于中国社会企业处于发展起步阶段，大多数企业立足于面向社区的服务范围，一般规模较小且融资能力较弱，因而资源瓶颈和服务能力瓶颈的限制作用较为明显。比如社区养老和护理的服务提供，发展初期的社会企业无论是从医疗设备还是服务场地上都存在供给不足的问题，且随着社会老龄化的加剧，这种供需不均衡的状况必将进一步加剧；而社会企业由于短期内盈利能力不足，无法直接购买较为昂贵的医疗设备和服务场地。这种情况下，社会企业可以通过租赁经营的方式，整合供应链的资源来实现服务能力的提升：

一方面，对较为昂贵的医疗设备可以采取融资租赁的方式。融资租赁是集融资与融物于一体的租赁方式，基于所占用的融资成本的时间收取租金。在这种方式下，社会企业在初期可以使用较少的租金就获得医疗设备的使用权，在租赁期满时，根据相应的协议安排医疗设备的所有权也会转移到社会企业。此外，融资租赁模式下，社会企业可以将摊提的设备折旧费用从应纳税收入中扣除，实现税收节约；租赁期内设备的产权仍属于出租方，出租方需要承担设备的维修和保养而无须社会企业付费。这两个方面都为社会企业节约了大量费用，甚至所付出的租金总额有可能低于直接购买所引致的成本支出。因而融资租赁的方式既缓解了社会企业资金不足的问题，又可以给服务能力的可持续提升奠定了基础。

另一方面，对服务场地可以采用经营租赁的方式。在这种租赁方式下，社会企业按照租赁时间支付租金，并且场地的维护和保养都由出租方负责，因而可以极大地节约社会企业的支付成本。并且社会企业在提升服务能力的同时，还可以根据社区服务需求的变动，撤销租赁协议，避免服务供给能力超过需求时遭受损失的风险。此外，社会企业还可以作为一个平台，整合场地出租方与需求服务的客户，由客户直接向场地出租方租赁，而社会企业只负责提供服务，这样的方式既不影响服务能力的提升，又可以满足客户对场地的多样化服务需求。

7.3.3 理念更新：坚定社会企业的"社会使命"

在社会企业发展过程中，必然需要引入企业外部的各种资源，因此也必然会引起"社会使命"和"经济使命"这两个目标之间的碰撞。

在引入外部投资之后，实现社会价值和经济价值均衡发展的商业模式是比较困难的，即使是以社会目标为导向的投资也有可能在一定时期把企业发展定位于经济目标。尤其是处于发展初期的中国社会企业，面临需要发展壮大的问题，很容易在发展过程中倒向过度追求经济价值的方向。

传统商业模式下，通过企业资源和能力运作过程中所产生的成本与实现客户价值主张所带来的收入实现企业经济利润。但是社会企业所应实现的利润，不仅仅是经济利润，更应该是"社会利润"以及"环境利润"。因此，在社会企业实现"利润"的过程中，必须坚定其"社会使命"，确保社会价值目标的主体性和经济价值目标的辅助性。一是需要在资源获取和利用上做出限定。不仅仅是采用较为经济性的方法获取资源，还要在资源利用过程中能够实现社会和环境价值最大化，实现社会企业的"社会利润""环境利润""经济利润"的"三重底线"。二是在实现客户价值的过程中，不能以经济价值最大化为目标，而应以成本收回为主要原则，甚至在某些情况下允许在产品或服务运营层面出现亏损。三是在利润分配上做出限定。社会企业仍旧需要实现经济利润，但是利润分配在实现公益创业投资所必需的低水平资本回报的基础上，应用于企业自身发展再投资或者某项社会事业，而非以所有投资或股东分红及收益回馈为目标。

7.4 促进中国农业社会企业发展的政策建议

社会企业对于解决目前中国弱势群体的发展需求与社会公共服务提供不足的矛盾具有非常重要的现实意义。本书以社会企业的发展要求及中国农业社会企业目前的定位作为基本立足点，通过商业模式创新解决发展过程中面临的运营困境，是社会企业从自身层面出发所开拓的新思路，实际上这也体现了社会企业的特殊性及其核心竞争力所在。

但是从长远来看，仅靠企业层面努力践行商业模式创新是不够的，而且商业模式创新的实现也需要一定的条件。要实现社会企业健康平稳的发展，还必须健全和完善社会企业发展所处的外部基础环境，也就是增强外部推动力的问题。需要通过完善政策体系、创新管理体制以及加强理念培育等搭建一个支持企业发展的平台，帮助中国社会企业摆脱目前推动力不足的局面，使其真正成为由政府、社会、市场共同推动的经济主体。

7.4.1 完善法律体系，加强对农业社会企业的政策扶持

在当前中国全面深化改革，实现社会、经济转型的重要时期，致力于解决社会问题的社会企业的重要性会愈发突出。因此，尽快完善相关法律制度和支持性政策体系，规范社会企业的有序发展，是政府面临的一个较为迫切的问题。结合发达国家促进社会企业发展的实践经验，本书认为主要可以从三个方面展开：一是厘清社会企业的法律地位。由于目前国内法律层面没有对社会企业进行明确界定，因此，在社会企业的发展过程中很容易引起权、责、利不明的局面，既无法保证社会企业的合法权益，也有可能引发不良企业浑水摸鱼的现象。明晰社会企业的法律地位，是社会企业参与社会活动和商业活动的基础，只有这样才能体现出其不同于其他组织的独特身份，也有利于获得政府资助、其他商业合作的支持以及社会的了解和信任，在解决社会问题方面发挥更大作用。二是加强对社会企业的政策扶持。我国社会企业尚处于发展初期，其创造社会价值和经济价值的能力都很孱弱，迫切需要政府的政策扶持。此时，需要政府将面向商业企业、事业单位及政府创办的民间组织的各种优惠政策用于社会企业，包括税收优惠、财政支持、信贷安排、创新激励等。从发达国家的经验来看，政府支持对于社会企业的发展具有显著的积极效果。三是创建社会企业的评估制度。尽管社会企业自身对实现其"社会使命"有着严格要求，但是政府仍旧需要创建一套规范、合理的评估体系，对社会企业的不同层面进行评估，不仅是为了监督社会企业的资源利用和日常运营，还通过评估提高社会企业的诚信度和公信力，促进其健康发展，同时也是为后续政策扶持的方式和力度提供依据。

7.4.2 创新管理体制，促进农业社会企业商业模式的顺利施行

政府对社会企业管理体制的创新，在于不只是对社会企业的规范性进行管理，更多是非政策层面的支持性管理。比如英国推行的"社会企

业战略",通过政府成立专门的管理部门帮助社会企业解决经营过程中遇到的问题,推动社会企业的发展。由于目前公众对社会企业公益性质的认知不足,需要政府在社会企业的准入问题上,通过取消或下放众多的行政审批程序,实现"简政放权",降低社会企业的准入门槛。同样,基于公共服务不足和政府财政的较大压力,政府也可以将部分公共服务职能逐步让渡到社会企业,实现"减职让利",比如通过制度安排增加社会企业承接政府采购及公共服务外包的机会等。这样政府就可以实现从对公共服务的管理转向对社会企业的管理,既可以减少政府财政投入,又可以拓宽社会企业的业务渠道。此外,政府需要加强与各利益相关方的沟通,帮助社会企业构建多元化的跨界、跨平台的合作机制,通过联合社会力量实现对社会企业信息、资源、能力、管理等方面的支持,共同推进社会企业商业模式的顺利施行。

7.4.3 传播社会创业理念,增强公众对农业社会企业的认识

虽然"大众创业,万众创新"的理念已经深入人心,但是公众对创业/创新的理解,更多是面向商业企业而不是社会企业。公众认识的不足会严重影响社会创业的积极性以及社会企业的健康发展,这就迫切需要加强社会企业在公众社会中的影响。一方面,社会企业在参与市场活动的过程中,需遵循商业模式创新所提到的目标定位,坚守社会使命,加强对产品质量和服务水平以及提供方式的把控,使受益群体能够充分了解社会企业的目标及运作模式,通过不断的声誉积累以及受益群体的口碑等增强社会企业的影响力。另一方面,需要政府、高校及其他研究机构等部门的配合,政府要限制各种损害或歧视社会企业发展的行为和言论,最大限度地减少对社会企业的不利影响;研究机构要加强对社会企业的理论研究,使更多的成果被公众所熟知;高校要开展社会创业教育,在鼓励大学生参与社会企业活动的同时,也是在培育潜在的社会创业者。总而言之,通过产学研用等不同层面的相互配合,不断增强公众对社会企业价值的肯定和认可。

第8章 结论及研究展望

8.1 研究结论

8.1.1 农业社会企业生产性服务创新的可行性

基于社会企业相关理论所构建的"农业社会企业+农户"契约农业运作模式,力图通过一种满足农户生产性服务需求的服务创新解决农业发展所面临的问题。社会企业由于兼顾经济价值与社会价值的特性,使其在帮扶农业金字塔底层(bottom of the pyramid, BOP)群体的过程中,既可以通过特定的收益分配形式实现自给自足,又能够与农户结成利益共同体,真正实现农户的发展需要。社会企业面向农业 BOP 群体的服务创新,在于将该群体纳入整个农业价值链体系,提供从农业生产前的组织规划、投入到生产中的管理、技术指导到生产后的销售、收益分配等一系列完整的服务支持,可以充分汇拢农业 BOP 群体中蕴藏的各种资源,并通过资源整合和高效利用,实现社会企业与农业 BOP 群体的共同发展。

8.1.2 "社会企业+农户"契约农业模式的必要性

本书构建了契约农业模式下从"企业+农户"的订单式农业到"农业社会企业+农户"的关系式农业的理论演进框架,在这之后解构了农业社会企业的运作过程。分析认为农业社会企业并非摒弃了传统的订单式农业，而是在此基础上，通过社会嵌入机制，使农户 BOP 群体的社会网络获得拓展。在这个过程中，农业社会企业通过关系嵌入和结构嵌入这两个层面直接或间接促进了农户绩效的提升。主要结论包括：第一，农户作为弱势群体，只依靠自身力量以及体制下的政策机制无法解决长远可持续发展的需求。而农业社会企业的加入不仅能够调动农户从事农业生产的积极性，并且对提高农户绩效有很大的帮助。第二，高水平的关系嵌入和结构嵌入是社会企业区别于一般农资公司的特性。农户自身或许有一定的社会网络，并且通过与农资公司的交易也有一定程度的网络嵌入，但是这种交易式农业对农户社会网络的拓展显然很弱。而农业社会企业的属性决定其会更主动地帮扶农户，通过以关系嵌入和结构嵌入为主要内容的关系式农业，主动将农户纳入一个更有宽度和深度的社会网络中，将农户利益与自身利益捆绑，利用自身的技术、资金、渠道和影响力等优势，对农户绩效产生显著影响。第三，尽管农业社会企业的关系嵌入和结构嵌入促进了农户绩效的提升，但订单式农业对农户绩效的增长却没有显著影响。与一般农资公司的订单式契约只是解决农户销售问题，但不能从本质上缓解和解决农户的根本发展需求。但是这并不代表就要摒弃订单式农业，订单式确实是实现农业产业化发展的最基本的契约农业模式，本书认为传统的订单式农业模式在新形势下不应该生搬硬套式地推广，而是应该在推广的过程中增强农户与企业之间的互信与互惠，通过二者之间的合作促使订单式农业发挥更大的作用。

8.1.3 农业社会企业的目标关注及作用机理

社会企业兼具社会价值和经济价值的特性，并且其运营过程中是将社会价值放到首位，这种分析在一定程度上是一种理想化的分析。也就是说，得出前面结论的前提基础是我们首先希望而且定义了社会企业一定会这么做。但是，社会企业毕竟也是一个企业，它还有经济目标的要求，它的经营过程也是由管理者掌控，它的资本投入也有特定收益回报的目标，如果经济价值不能达到一定的水平，不只是社会价值的实现会受到影响，甚至企业自身的维持都会发生问题。到底是什么原因促使农业社会企业关注于社会目标呢？基于注意力基础观，本书构建了农业社会企业的决策框架，认为作为企业决策环境因素的农户对生产性服务的需求意愿、作为企业注意力配置结构组成要素的高管团队的利他倾向、企业柔性等方面都影响着农业社会企业的注意力聚焦。农业社会企业之所以会坚守其社会使命，坚持对农户群体的帮扶，一个原因就在于农户对生产性服务需求有较高的需求意愿：农户对生产性服务的需求意愿越强烈，农业社会企业越关注于社会目标；另一个原因就在于企业高管团队的利他价值观：高管团队的利他倾向越强，农业社会企业越关注于社会目标。而这个过程中，由企业资源和运营规则所体现的企业柔性起到了调节作用：企业柔性水平越高，农户生产性服务需求意愿以及高管团队利他倾向对农业社会企业关注于社会目标的促进作用越强烈。最后，当农业社会企业更多关注与社会目标时，实际上就会自然而然地采取有利于农户的企业决策或行为，而这种企业行为就体现为农户与企业之间较高的社会嵌入水平。也可以说，农业社会企业对社会目标的关注在农户需求意愿、高管利他倾向与社会嵌入水平之间中起到中介作用。

8.1.4　双渠道下农业社会企业嵌入契约协调

本书较为简洁地刻画了"社会企业＋农户"的运作模式：一是将品种改良、土地改良及地权入股等具体的农业生产性服务引入双渠道农业供应链之中，使整个模型更加完整、具体并且贴近经济现实，在这种情况下分析农业双渠道供应链中企业和农户的定价策略等更具有现实意义；二是将土地改良率的概念引入其中，本书中农业社会企业帮助农户进行土地改良的程度受因土地改良所导致的农户生产成本节约分成的影响，因此本书中的土地改良率是不固定的，并且会随着生产成本节约分成比例的变化而变化；三是基于社会嵌入水平区分了不同类型的农业社会企业以及与农户之间的不同合作契约模式，并分析和对比了每种模式下的定价决策及利润影响。通过构建社会企业在传统农业领域的具体应用模式及过程，从运营层面探讨了多渠道环境下企业与农户的定价决策及契约协调，从理论上而言是对以往研究的拓展，从实践上也对社会企业在农业领域的推广与应用产生很大的指导和借鉴作用。

8.1.5　中国社会企业的发展定位及商业模式创新

社会企业在弥补公共部门提供社会服务能力不足和私人部门创造社

会公益"市场失灵"方面愈发具有重要性。多元推动因素下的社会企业在创造经济价值和社会价值上体现出不同的效率，呈现出异质性的特点。本书正式基于异质性企业的理念，分析了社会企业不同于一般商业企业的发展规律。在此基础上深入探析中国社会企业所面临的外部环境和自身模式的局限，并提出中国社会企业存在两种递进关系的发展定位：一是由政府引导、社会推动、市场供需驱动融合促进社会企业的多元化发展；二是社会企业兼顾经济和社会价值均衡共创发展。最后，本书认为借助于商业模式的三维体系，将客户价值主张作为目标、企业资源和能力作为支撑、盈利模式作为基础，从目标定位、运营创新和理念更新三个方面重新构建社会企业的商业模式，是促进社会企业健康、平稳发展的战略选择。当然，从长远来看，仅靠企业层面努力践行商业模式创新是不够的，而且商业模式创新的实现也需要一定的条件。要实现社会企业健康平稳的发展，还必须健全和完善社会企业发展所处的外部基础环境，也就是增强外部推动力的问题。需要通过完善政策体系、创新管理体制以及加强理念培育等搭建一个支持企业发展的平台，帮助中国社会企业摆脱目前推动力不足的局面，使其真正成为由政府、社会、市场共同推动的经济主体。

8.2　研究展望

8.2.1　深化"社会企业+农户"模式的契约协调研究

随着互联网技术发展，电子商务愈发成为农村经济发展的重要推动力。作为一种新型的业务模式，在扩大农产品市场交易范围、降低成本、提高农民收入、优化农村产业结构等方面的优势与日俱增。特别是在沿海经济发达地区，电子商务的快速发展对提高农产品的销售量及农民的收入具有不可或缺的作用。电子商务为农产品销售提供了更大的销售平台，通过将线上平台与线下市场供应链体系完美结合，能有效解决传统销售模式下的订单季节性、不稳定性等问题。但是不可否认的是，农户层面存在的认知能力、资本能力、运营能力低下的问题，使电子商务在农业生产层面的推广面临很大的困境。如何突破这些制约，推动电子商务在农业方面的应用就成为一个需要考虑的问题。

农业社会企业的出现，使其在服务于欠缺发展能力的弱势群体方面发挥了重要的作用。在面向农户BOP群体层面，社会企业可以通过提供综合性的生产性服务支持满足农户的发展需求，包括资金补助、运营指导、技术指导、营销扶持等方面，其中最主要的就是以技术指导、运营指导为主的能力建设。农业社会企业可以通过帮扶农户开展电子商务促进其能力建设，在提升农户销售能力的基础上，实现农户绩效平稳、可持续增长。

在"农业社会企业+农户"的契约农业模式下，公司与农户同时出资，二者都成为股份（合作）企业的股东,，但由于经济实力相差较大，公司一方对股份（合作）企业利益最大化问题更为关注，因为公司的强势地位决定了其更多行使监督职能的动力。而农户由于一体化后经济利益有了一定程度的保障，会产生类似"大锅饭"的逆向动力。那么如何有效约束农户的逆向动力？答案是建立对称平衡的利益联动机制，使农户能够分享到企业的增量收益，在浮动的利益格局中改善双方的博弈关系，形成方向一致的行为选择（王爱群，夏英，2006）。

但是，农户群体本身的小农意识等特点，使其在短时期内并不能完全认识到农业社会企业的作用，仍旧可能欠缺一定的合作意识。因此在农业社会企业的帮扶过程中，农户极有可能出现机会主义的行为。基于这一问题，探讨在农业社会企业的帮扶过程中农户机会主义行为的影响因素以及程度、农业社会企业如何提供服务以及提供服务的程度，进而为农业社会企业后续的运营决策及契约协调提供借鉴。

8.2.2 从农业社会企业的具体化向社会企业的一般化转变

本书所有研究内容都是基于农业社会企业这一组织形式，实际上是将社会企业的相关理论与农业供应链管理的相关理论结合在一起，辅以BOP战略以及服务创新所展开的具体化研究。毕竟社会企业所面向的领域不只是以帮扶农户为代表的扶贫领域，还包括助残、养老、教育等领域，这些领域带有较为明显的"社会服务"的标签，显然更容易得到社会及政府的支持和认可，也是社会更容易发挥作用的地方。尽管本书研究主要是基于农业社会企业，但是仍旧可以对社会企业在其他领域的应用提供参考和借鉴，进而推动相关分析从农业社会企业的具体化向社会企业的一般化转变。比如本书先后引入的社会嵌入、注意力基础观以及异质性企业等相关理论，显然在未来研究中都可以应用到非农业社会企业中。基于本书的分析，未来研究可以继续拓展社会企业在其他相关行业的应用，进一步完善和补充社会企业的理论体系。

参 考 文 献

[1] 蔡荣."合作社+农户"模式：交易费用节约与农户增收效应——基于山东省苹果种植农户问卷调查的实证分析 [J]. 中国农村经济, 2011 (1)：58-65.

[2] 陈灿, 万俊毅, 吕立才. 农业龙头企业与农户间交易的治理——基于关系契约理论的分析 [J]. 华中农业大学学报：社会科学版, 2007 (4)：42-45.

[3] 陈劲. 集成创新的理论模式 [J]. 中国软科学, 2002 (12)：23-29.

[4] 但斌, 伏红勇, 徐广业, 等. 考虑天气与努力水平共同影响产量及质量的农产品供应链协调 [J]. 系统工程理论与实践, 2013, 33 (9)：2229-2238.

[5] 邓汉慧, 涂田, 熊雅辉. 社会企业缺位于社区居家养老服务的思考 [J]. 武汉：武汉大学学报, 2015 (1)：109-115.

[6] 冯庆水, 孙丽娟. 农村信用社双重改革目标冲突性分析——以安徽省为例 [J]. 农业经济问题, 2010 (3)：78-84.

[7] 耿宁, 李秉龙. 基于利益博弈的农业标准化生产行为分析——以"龙头企业+农户"模式为例 [J]. 农村经济, 2013, 8：42-45.

[8] 郝秀清, 张利平, 陈晓鹏, 等. 低收入群体导向的商业模式创新研究 [J]. 管理学报, 2013 (1)：62-69.

[9] 侯江华, 郝亚光. 资本下乡：农民需求意愿的假设证伪与模型建构——基于全国214个村3183个农户的实证调查 [J]. 农村经济, 2015 (3)：64-70.

[10] 胡凯, 甘筱青, 高阔. 中部地区物流基础设施投资对经济发展作用的协整分析 [J]. 科技进步与对策, 2010, 27 (24)：56-59.

[11] 黄梦思, 孙剑. 复合治理"挤出效应"对农产品营销渠道绩

效的影响——以"农业龙头企业+农户"模式为例[J].中国农村经济,2016(4):17-30.

[12] 黄祖辉,刘东英.我国农产品物流体系建设与制度分析[J].农业经济问题,2005(4):49-53.

[13] 黄祖辉,扶玉枝,徐旭初.农民专业合作社的效率及其影响因素分析[J].中国农村经济,2011(7):4-13.

[14] 黄祖辉,傅琳琳.新型农业经营体系的内涵与建构[J].学术月刊,2015(7):50-56.

[15] 黄祖辉,张静.交易费用与农户契约选择——来自浙冀两省15县30个村梨农调查的经验证据[J].管理世界,2008(9):76-81.

[16] 吉瑞.交易成本,政策选择与包容性创新[J].财经问题研究,2013(4):11-14.

[17] 简斯,叶鹏飞.经济社会学与嵌入性:对"经济行动"的理论抽象[J].经济社会体制比较,2004(6):85-95.

[18] 姜长云,刘明轩.农村中小企业对生产性服务供给状况的评价及需求——基于山东,四川,安徽和广东省四县(区)农村中小企业的问卷分析[J].宏观经济研究,2010(7):14-21.

[19] 李桦,彭思喜.战略柔性,双元性创新和企业绩效[J].管理学报,2011,8(11):1604-1609.

[20] 李金珊,袁波,沈楠.农民专业合作社本质属性及实地考量——基于浙江省15家农民专业合作社的调研[J].浙江大学学报(人文社会科学版),2016(5):1-15.

[21] 李显戈,姜长云.农户对农业生产性服务的需求表达及供给评价——基于10省区1121个农户的调查[J].经济研究参考,2015(69):50-58.

[22] 李晓,刘正刚,顾新建.面向可持续发展的企业产品服务系统研究[J].中国工业经济,2011(2):110-119.

[23] 李秀芳,傅国耕.多目标规划在保险公司决策管理中的应用研究——以产险公司业务和资产结构决策为例[J].保险研究,2012(6):77-82.

[24] 李正.企业社会责任与企业价值的相关性研究——来自沪市上市公司的经验证据[J].中国工业经济,2006(2):77-83.

[25] 梁静, 蔡淑琴, 吴颖敏. 信息共享程度对物流外包激励契约的影响 [J]. 中国管理科学, 2006, 14 (1): 100-105.

[26] 梁巧, 吴闻, 刘敏, 卢海洋. 社会资本对农民合作社社员参与行为及绩效的影响 [J]. 农业经济问题, 2014 (11): 71-79.

[27] 林亚清, 赵曙明. 构建高层管理团队社会网络的人力资源实践、战略柔性与企业绩效——环境不确定性的调节作用 [J]. 南开管理评论, 2013, 16 (2): 4-15.

[28] 蔺雷, 吴贵生. 服务创新: 研究现状、概念界定及特征描述 [J]. 科研管理, 2005, 26 (2): 1-6.

[29] 凌六一, 郭晓龙, 胡中菊, 等. 基于随机产出与随机需求的农产品供应链风险共担合同 [J]. 中国管理科学, 2013, 21 (2): 50-57.

[30] 刘斌, 魏倩, 吕越, 祝坤福. 制造业服务化与价值链升级 [J]. 经济研究, 2016, 51 (3): 151-162.

[31] 刘凤芹. 不完全合约与履约障碍——以订单农业为例 [J]. 经济研究, 2003 (4): 22-30.

[32] 刘克春. 农业企业与农户的社会网络对企业绩效的影响分析——基于产业化经营的中小农业企业调查 [J]. 中国农村经济, 2015 (9): 43-56.

[33] 刘克崮, 张桂文. 中国"三农"问题的战略思考与对策研究 [J]. 管理世界, 2003 (5): 67-76.

[34] 刘鲁浩, 梁玲, 葛夫财, 等. 面向农业BOP群体的服务创新研究——基于社会企业的视角 [J]. 福建论坛: 人文社会科学版, 2016 (7): 34-41.

[35] 刘瑞峰. 消费者特征与特色农产品购买行为的实证分析——基于北京、郑州和上海城市居民调查数据 [J]. 中国农村经济, 2014 (5): 51-61.

[36] 刘晓鸥, 邱元. 订单农业对农户农业生产的影响——基于三省（区）1041个农户调查数据的分析 [J]. 中国农村经济, 2013 (4): 48-59.

[37] 刘宇熹, 谢家平. 可持续发展下的制造企业商业模式创新: 闭环产品服务系统 [J]. 科学学与科学技术管理, 2015, 36 (1): 53-

[38] 刘振,杨俊,李志刚.国外社会企业成长研究综述与发展趋势 [J].天津:现代财经,2014 (2):84-93.

[39] 刘志阳,金仁旻.社会企业的商业模式:一个基于价值的分析框架 [J].学术月刊,2015,47 (3):100-108.

[40] 陆汉文,向兴华,缑文学,史翠翠.民乐村:以合作制社会企业推进灾后生计重建 [M].武汉:华中科技大学出版社,2012.

[41] 路红艳.生产性服务与制造业结构升级——基于产业互动,融合的视角 [J].财贸经济,2009 (9):126-131.

[42] 罗必良.农业供给侧改革的关键、难点与方向 [J].农业经济,2017 (01):1-10.

[43] 罗建强,彭永涛,张银萍.面向服务型制造的制造企业服务创新模式研究 [J].当代财经,2014 (12):67-76.

[44] 吕炜,张晓颖,王伟同.农机具购置补贴,农业生产效率与农村劳动力转移 [J].中国农村经济,2015 (8):22-32.

[45] 马雨蕾,李宗璋,文晓巍.农业龙头企业与农户间技术知识转移绩效影响因素分析——基于转移双方意愿及能力的实证研究 [J].科技进步与对策,2013,30 (5):128-132.

[46] 孟德锋,张兵.农户参与式灌溉管理与农业生产技术改善:淮河流域证据 [J].改革,2010 (12):80-87.

[47] 聂辉华.最优农业契约与中国农业产业化模式 [J].经济学(季刊),2012 (10):313-330.

[48] 彭劲松,黎友焕.社会企业商业模式研究——以广东残友集团为例 [J].江西社会科学,2012 (4):224-227.

[49] 蒲艳萍,成肖.农业资本配置效率与地区差异分析 [J].农业技术经济,2014 (5):50-60.

[50] 綦好东,王瑜.农工一体化企业价值链:纵向一体化收益与盈利模式重构——基于A股上市公司的分析 [J].经济管理,2014 (9):103-109.

[51] 沙勇.我国社会企业评价指标体系研究 [J].江苏社会科学,2013 (2):113-117.

[52] 生秀东.订单农业的契约困境和组织形式的演进 [J].中国

农村经济, 2007 (12): 35-39.

[53] 时立荣, 刘青, 徐美美. 社会性嵌入: 从企业生产要素看社会企业模式的产生 [J]. 河南社会科学, 2014, 22 (4): 91-95.

[54] 税尚楠. 农业经营模式的选择: 资本农场或合作经营 [J]. 农业经济问题, 2013 (8): 34-38.

[55] 孙宝文, 涂艳, 王天梅, 马燕林. 企业战略柔性关键影响因素实证研究. 中国软科学, 2010 (12): 132-144.

[56] 孙顶强, 卢宇桐, 田旭. 生产性服务对中国水稻生产技术效率的影响——基于吉, 浙, 湘, 川 4 省微观调查数据的实证分析 [J]. 中国农村经济, 2016 (8): 70-81.

[57] 索志林, 王栋. 农产品物流中心选址模型及其应用研究 [J]. 农业技术经济, 2007 (6): 51-55.

[58] 覃毅延, 郭崇慧. 在弹性需求和物品易变质条件下数量折扣定价模型 [J]. 管理学报, 2007 (2): 163-170.

[59] 田曦. 生产性服务对中国制造业竞争力提升的影响研究 [D]. 湖南大学, 2007.

[60] 仝允桓, 周江华, 邢小强. 面向低收入群体 (BOP) 的创新理论——述评和展望 [J]. 科学学研究, 2010 (2): 169-176.

[61] 仝允桓, 邵希, 陈晓鹏. 生命周期视角下的金字塔底层创新策略选择: 一个多案例研究 [J]. 管理工程学报, 2011 (4): 36-43.

[62] 万俊毅. 准纵向一体化, 关系治理与合约履行 [J]. 管理世界, 2008 (12): 93-102.

[63] 万俊毅. 准纵向一体化, 关系治理与合约履行——以农业产业化经营的温氏模式为例 [J]. 管理世界, 2008 (12): 93-102.

[64] 万伦来, 达庆利. 企业柔性的本质及其构建策略 [J]. 管理科学学报, 2003, 6 (2): 89-94.

[65] 汪文雄, 汪萍, 罗冰, 等. 农户有效参与提升农地整治项目绩效的机理研究 [J]. 中国人口资源与环境, 2016, 26 (7): 159-168.

[66] 王爱群, 夏英. 合同关系与农业垂直一体化应用比较研究 [J]. 农业经济问题, 2006 (7): 38-41.

[67] 王程, 王涛, 蒋远胜. 西部地区生鲜农产品物流水平评价和

发展模式选择 [J]. 软科学, 2014, 28 (2): 136-144.

[68] 王磊, 但斌. 基于消费者选择行为的生鲜农产品保鲜和定价策略研究 [J]. 管理学报, 2014, 11 (3): 449-454.

[69] 王明琳, 徐萌娜, 王河森. 利他行为能够降低代理成本吗?——基于家族企业中亲缘利他行为的实证研究 [J]. 经济研究, 2014, 49 (3): 144-157.

[70] 王铁男, 陈涛, 贾榕霞. 组织学习, 战略柔性对企业绩效影响的实证研究 [J]. 管理科学学报, 2010, 13 (7): 42-59.

[71] 王小映. 农业产业化经营的合约选择与政策匹配 [J]. 改革, 2014 (8): 56-64.

[72] 王新利. 试论农业产业化发展与农村物流体系的建立 [J]. 农业经济问题, 2003 (4): 23-26.

[73] 王亚飞, 黄勇, 唐爽. 龙头企业与农户订单履约效率及其动因探寻——来自91家农业企业的调查资料 [J]. 农业经济问题, 2014 (11): 16-25.

[74] 魏春燕, 陈磊. 家族企业CEO更换过程中的利他主义行为——基于资产减值的研究 [J]. 管理世界, 2015 (3): 137-150.

[75] 吴建祖, 王欣然, 曾宪聚. 国外注意力基础观研究现状探析与未来展望 [J]. 外国经济与管理, 2009 (6): 58-64.

[76] 夏春玉, 杜楠, 张闯. 契约型农产品渠道中的契约治理, 收购商管控与农户绩效 [J]. 经济管理, 2015 (1): 87-97.

[77] 项桂娥, 陈阿兴. 资产专用性与农业结构调整风险规避 [J]. 农业经济问题, 2005 (3): 49-52.

[78] 谢家平刘鲁浩葛夫财, 供应链管理 (第二版) [M]. 上海: 复旦大学出版社, 2016.08.

[79] 谢家平, 刘鲁浩, 梁玲. 社会企业: 发展异质性, 现状定位及商业模式创新 [J] 经济管理, 2016 (4): 190-199.

[80] 邢小强, 赵鹤. 面向金字塔底层的包容性创新政策研究 [J]. 科学学与科学技术管理, 2016, 37 (11): 3-10.

[81] 邢小强, 周江华, 仝允桓. 面向低收入市场的金字塔底层战略研究述评 [J]. 财贸经济, 2011 (1): 79-85.

[82] 邢小强, 葛沪飞, 仝允桓. 社会嵌入与BOP网络演化: 一个

纵向案例研究 [J]. 管理世界, 2015 (10): 160-173.

[83] 邢小强, 周江华, 仝允桓. 面向低收入市场的金字塔底层战略研究述评 [J]. 财贸经济, 2011 (1): 79-86.

[84] 熊峰, 彭健, 金鹏, 等. 生鲜农产品供应链关系契约稳定性影响研究——以冷链设施补贴模式为视角 [J]. 中国管理科学, 2015, 23 (8): 102-111.

[85] 徐光顺, 王玉峰, 王程. 生产方式, 通道建设与生鲜农产品物流——以内陆农业大省四川为例 [J]. 农村经济, 2016 (8): 78-83.

[86] 徐建中, 贾君, 林艳. 互补性资产视角下绿色创新与企业绩效关系研究——战略柔性和组织冗余的调节作用 [J]. 科技进步与对策, 2016, 33 (20): 76-82.

[87] 徐健, 汪旭晖. 订单农业及其组织模式对农户收入影响的实证分析 [J]. 中国农村经济, 2009 (4): 39-47.

[88] 徐金海, 蒋乃华, 秦伟伟. 农民农业科技培训服务需求意愿及绩效的实证研究: 以江苏省为例 [J]. 农业经济问题, 2011 (12): 66-72.

[89] 徐君. 社会企业组织形式的多元化安排: 美国的实践及启示 [J]. 中国行政管理, 2012 (10): 91-94.

[90] 杨亚, 范体军, 张磊. 新鲜度信息不对称下生鲜农产品供应链协调 [J]. 中国管理科学, 2016, 24 (9): 147-155.

[91] 杨智, 邓炼金, 方二. 市场导向, 战略柔性与企业绩效: 环境不确定性的调节效应 [J]. 中国软科学, 2010 (9): 130-139.

[92] 杨卓尔, 高山行, 曾楠. 战略柔性对探索性创新与应用性创新的影响——环境不确定性的调节作用 [J]. 科研管理, 2016, 37 (1): 1-10.

[93] 叶飞, 林强. 销售价格受产出率影响下订单农业的定价模型 [J]. 系统工程学报, 2015, 30 (3): 417-430.

[94] 于宏源, 蒋琪. 应用智能化, 网络化农业信息技术服务农业生产管理 [J]. 中国软科学, 2002 (4): 30-32.

[95] 于冷. 农业标准化与农产品质量分等分级 [J]. 中国农村经济, 2004 (7): 4-10.

[96] 于丽红,陈晋丽,兰庆高.农户农村土地经营权抵押融资需求意愿分析——基于辽宁省385个农户的调查[J].农业经济问题,2014 (3): 25-31.

[97] 余晓敏,张强,赖佐夫.国际比较视野下的社会企业[J].经济社会体制比较,2011 (1): 157-165.

[98] 张春勋,刘伟,赖景生.基于GNBS和正式固定价格契约的农产品供应链关系契约模型[J].中国管理科学,2009, 17 (2): 93-101.

[99] 张晋华,冯开文,黄英伟.农民专业合作社对农户增收绩效的实证研究[J].中国农村经济,2012 (9): 4-12.

[100] 张利平,高旭东,仝允桓.社会嵌入与企业面向BOP的商业模式创新——一个多案例研究[J].科学学研究,2011, 29 (11): 1744-1752.

[101] 张燕媛,张忠军.农户生产环节外包需求意愿与选择行为的偏差分析——基于江苏,江西两省水稻生产数据的实证[J].华中农业大学学报:社会科学版,2016 (2): 9-14.

[102] 张兆国,靳小翠,李庚秦.企业社会责任与财务绩效之间交互跨期影响实证研究[J].会计研究,2013 (8): 32-39.

[103] 赵辉,田志龙.伙伴关系,结构嵌入与绩效:对公益性CSR项目实施的多案例研究[J].管理世界,2014 (6): 142-156.

[104] 赵晶,关鑫,仝允桓.面向低收入群体的商业模式创新[J].中国工业经济,2007, 10 (5): 12.

[105] 赵晶.企业社会资本与面向低收入群体的资源开发型商业模式创新[J].中国软科学,2010 (4): 116-123.

[106] 赵霞,吴方卫.随机产出与需求下农产品供应链协调的收益共享合同研究[J].中国管理科学,2009, 17 (5): 88-95.

[107] 赵馨智,刘亮,蔡鑫.工业产品服务系统的创新策略——基于能力需求/供给匹配视角[J].科学学研究,2014, 32 (7): 1106-1113.

[108] 中国社会企业与社会影响力投资发展报告[R].北京:中国社会企业研究中心,2013.

[109] 周江华,仝允桓,李纪珍.基于金字塔底层(BoP)市场的

破坏性创新——针对山寨手机行业的案例研究［J］. 管理世界，2012（2）：112-130.

［110］周立群，曹利群. 农村经济组织形态的演变与创新［J］. 经济研究，2001（1）：69-75.

［111］周立群，曹利群. 商品契约优于要素契约——以农业产业化经营中的契约选择为例［J］，经济研究，2002（1）：14-19.

［112］周小虎，陈传明. 企业网络资源与社会负债［J］. 经济管理，2005（8）：12-18.

［113］朱玉春，王蕾. 不同收入水平农户对农田水利设施的需求意愿分析——基于陕西、河南调查数据的验证［J］. 中国农村经济，2014（1）：009.

［114］庄丽娟，贺梅英，张杰. 农业生产性服务需求意愿及影响因素分析——以广东省450户荔枝生产者的调查为例［J］. 中国农村经济，2011（3）：70-78.

［115］宗成华，宋万杰，马世猛. 中国低收入地区居民消费特征研究——基于ELES模型实证分析［J］. 经济问题，2016（7）：85-90.

［116］Adams R B, Licht A N, Sagiv L. Shareholders and stakeholders: How do directors decide?［J］. Strategic Management Journal, 2011, 32（12）：1331-1355.

［117］Agle B R, Mitchell R K, Sonnenfeld J A. Who matters to Ceos? An investigation of stakeholder attributes and salience, corpate performance, and Ceo values［J］. Academy of Management Journal, 1999, 42（5）：507-525.

［118］Akanda A K M E A, Roknuzzaman M. Agricultural information literacy of farmers in the northern region of Bangladesh［J］. Information and Knowledge Management, 2012, 2（6）：1-11.

［119］Angelidis J, Ibrahim N. An exploratory study of the impact of degree of religiousness upon an individual's corporate social responsive orientation'［J］. Journal of Business Ethics, 2004, 51：119-128.

［120］Ansoff H I. The concept of corporate strategy［J］. Homewood, IL: Irwin, 1987.

［121］Antia K D, Bergen M E, Dutta S, FisherR. J. How does enforcement deter gray market incidence? [J]. Journal of Marketing, 2006, 70 (1): 92-106.

[122] Ardichvili A, Cardozo R N. A model of the entrepreneurial opportunity recognition process [J]. Journal of Enterprising Culture, 2000, 8 (02): 103-119.

[123] Arrow K J. The Economics of Agency [R]. Stanford Universtiy Ca Inst for Mathematical Studies in the Social Sciences, 1984.

[124] Aruoma O I. The impact of food regulation on the food supply chain [J]. Toxicology, 2006, 221 (1): 119-127.

[125] Aurich J C, Fuchs C, Wagenknecht C. Life cycle oriented design of technical Product-Service Systems [J]. Journal of Cleaner Production, 2006, 14 (17): 1480-1494.

[126] Aust G. Vertical cooperative advertising and pricing decisions in a manufacturer-retailer supply chain: a game-theoretic approach [M]//Vertical Cooperative Advertising in Supply Chain Management. Springer International Publishing, 2015: 65-99.

[127] Baker G, Gibbons R, Murphy K J. Relational contracts and the theory of the firm [J]. Quarterly Journal of Economics, 2002: 39-84.

[128] Battilana J, Lee M, Walker J, Dorsey C. In Search of the Hybrid Ideal [J]. Stanford Social Innovation Review, 2012, 10 (3): 51-55.

[129] Berry L L, Shankar V, Parish J T, CadwalladerS, DotzelT. Creating new markets through service innovation [J]. MIT Sloan Management Review, 2006, 47 (2): 56.

[130] Bijman. J, Omta, S. W. F, Trienekens, J. H, Wijnands. J. H. M, Wubben. E. F. M, International Agri-food Chains and Networks: Management and organization [M], Wageningen Academic Publishe, 2006.

[131] Borzaga, C., Defourny, J. The Emergence of social enterprise [M]. London and New York, Routledge, 2001.

[132] Brax S A, Jonsson K. Developing integrated solution offerings for remote diagnostics: a comparative case study of two manufacturers [J]. International Journal of Operations & Production Management, 2009, 29 (5):

539 – 560.

[133] Bryceson K P, Smith C S. Abstraction and modelling of agri-food chains as complex decision making systems [C] //presentation at the 110th EAAE Seminar on 'System Dynamics and Innovation in Food Networks' Innsbruck-Igls, Austria. 2008.

[134] Cachon G P. Supply chain coordination with contracts [J]. Handbooks in Operations Research and Management Science, 2003, 11: 227 – 339.

[135] Carpenter M A, Sanders W M. Top management team compensation: The missing link between CEO pay and firm performance? [J]. Strategic Management Journal, 2002, 23 (4): 367 – 375.

[136] Cato, M. S. Understanding Social Enterprise: Theory and Practice [J]. Social Enterprise Journal, 2012 (8): 78 – 79.

[137] Celuch K, Murphy G B, Callaway S K. More bang for your buck: Small firms and the importance of aligned information technology capabilities and strategic flexibility [J]. The Journal of High Technology Management Research, 2007, 17 (2): 187 – 197.

[138] Chesbrough H W. Bringing open innovation to services [J]. MIT Sloan Management Review, 2011, 52 (2): 85.

[139] Chikweche T, Fletcher R. Understanding factors that influence purchases in subsistence markets [J]. Journal of Business Research, 2010, 63 (6): 643 – 650.

[140] Chloupkova J, Svendsen G L H, Svendsen G T. Building and destroying social capital: The case of cooperative movements in Denmark and Poland [J]. Agriculture and Human values, 2003, 20 (3): 241 – 252.

[141] Cho T S, Hambrick D C. Attention as the mediator between top management team characteristics and strategic change: The case of airline deregulation [J]. Organization Science, 2006, 17 (4): 453 – 469.

[142] Cho Y J, Koo N S. Perception and purchase behavior on environment-friendly agricultural products of college students in Daejeon [J]. Korean Journal of Food and Cookery Science, 2015, 31 (3): 328 – 334.

[143] Christensen C. The innovator's dilemma: when new technologies

cause great firms to fail [M]. Harvard Business Review Press, 1997.

[144] Christopher M. Logistics and supply chain management: creating value-added networks [M]. Pearson Education, 2005.

[145] Claro D P, Hagelaar G, Omta O. The determinants of relational governance and performance: how to manage business relationships? [J]. Industrial Marketing Management, 2003, 32 (8): 703 -716.

[146] Coase R. H. The nature of the firm [J], Economic, New series, 1937 (4): 386 -405.

[147] Coelho J C, Pinto P A, Da Silva L M. A systems approach for the estimation of the effects of land consolidation projects (LCPs): a model and its application [J]. Agricultural Systems, 2001, 68 (3): 179 -195.

[148] Coelli T, Fleming E. Diversification economies and specialisation efficiencies in a mixed food and coffee smallholder farming system in Papua New Guinea [J]. Agricultural Economics, 2004, 31 (2 -3): 229 -239.

[149] Coleman J S, Foundations of social theory [M]. Cambridge: Harvard University Press, 1994.

[150] Curry O, Dunbar R I M. Altruism in networks: the effect of connections [J]. Biology Letters, 2011, 7 (5): 651 -653.

[151] Dacin P A, Dacin M T, Matear M. Social entrepreneurship: Why we don't need a new theory and how we move forward from here [J]. The Academy of Management Perspectives, 2010, 24 (3): 37 -57.

[152] Day M, Fawcett S E, Fawcett A M, et al. Trust and relational embeddedness: exploring a paradox of trust pattern development in key supplier relationships [J]. Industrial Marketing Management, 2013, 42 (2): 152 -165.

[153] Day M, Tachibana S, Bell J, Lijewski, M. , Beckner, V. , & Cheng, R. A combined computational and experimental characterization of lean premixed turbulent low swirl laboratory flames: I. methane flames [J]. Combustion and Flame, 2012, 159 (1): 275 -290.

[154] Dees, J. G. , Emerson, J. Peter Economy, Enterprising non-profits: A toolkit for social entrepreneurs [M]. Peking University Press, 2008.

[155] Defourny J. , Yang S. K. Emerging models of social enterprise in eastern asia: A cross-country analysis [J]. Social Enterprise Journal, 2011 (7): 86 – 111.

[156] Dirven M. Agroindustry and small-scale agriculture: Aaomparative synthesis of different experiences [J]. Economic Commission for Latin America and the Caribbean, 1996 (8): 1 – 34.

[157] Easterly W, Pfutze T. Where does the money go? Best and worst practices in foreign aid [J]. The Journal of Economic Perspectives, 2008, 22 (2): 29.

[158] Eisenhardt K M. Making fast strategic decisions in high-velocity environments [J]. Academy of Management journal, 1989, 32 (3): 543 – 576.

[159] Eric B. Roger S, The role of social enterprise in European labour markets [J]. Ssrn Electronic Journal, 2003 (10): 187 – 213.

[160] Fazzi L. Social co-operatives and social farming in Italy [J]. Sociologia Ruralis, 2011, 51 (2): 119 – 136.

[161] Feng S. Land rental, off-farm employment and technical efficiency of farm households in Jiangxi Province, China [J]. NJAS – Wageningen Journal of Life Sciences, 2008, 55 (4): 363 – 378.

[162] Figliozzi M A. The impacts of congestion on time-definitive urban freight distribution networks CO_2 emission levels: Results from a case study in Portland, Oregon [J]. Transportation Research Part C: Emerging Technologies, 2011, 19 (5): 766 – 778.

[163] Frank S D, Henderson D R. Transaction costs as determinants of vertical coordination in the US food industries [J]. American Journal of Agricultural Economics, 1992, 74 (4): 941 – 950.

[164] Gabbay S M, Leenders R T A J. Social capital of organizations: From social structure to the management of corporate social capital [M]. Social Capital of Organizations. Emerald Group Publishing Limited, 2001: 1 – 20.

[165] Gargiulo M, Benassi M. The dark side of social capital [M]// Corporate Social Capital and Liability. Springer US, 1999: 298 – 322.

[166] Gerwin D. An agenda for research on the flexibility of manufacturing processes [J]. International Journal of Operations & Production Management, 1987, 7 (1): 38-49.

[167] Goedkoop M J, Van Halen C J G, Te Riele H, RommensP. J. Product service systems, ecological and economic basics [J]. Report for Dutch Ministries of Environment (VROM) and Economic affairs (EZ), 1999, 36 (1): 1-122.

[168] Goldsmith A A. Profits and alms: Cross-sector partnerships for global poverty reduction [J]. Public Administration and Development, 2011, 31 (1): 15-24.

[169] Gollin D, Lagakos D, Waugh M E. Agricultural productivity differences across countries [J]. The American Economic Review, 2014, 104 (5): 165-170.

[170] Gould J M. Understanding organizations as learning systems [J]. Strategic Learning in A Knowledge Economy, 2009: 119-140.

[171] Gracia A, de Magistris T. Organic food product purchase behaviour: a pilot study for urban consumers in the South of Italy [J]. Spanish Journal of Agricultural Research, 2013, 5 (4): 439-451.

[172] Grandori A. Innovation, uncertainty and relational governance [J]. Industry and Innovation, 2006, 13 (2): 127-133.

[173] Granovetter M. Economic action and social structure: The problem of embeddedness [J]. American Journal of Sociology, 1985, 91 (3): 481-510.

[174] Granovetter M. Problems of explanation in economic sociology [J]. Networks and Organizations: Structure, Form, and Action, 1992, 25: 56.

[175] Grubel H G, Walker M A. Modern service sector growth: Causes and effects [J]. Services in World Economic Growth. Tübingen, 1989: 1-34.

[176] Gulati R. Alliances and networks [J]. Strategic Management Journal, 1998, 19 (4): 293-317.

[177] Hammond A L, Kramer W J, Katz R S, Tran J. T., Walker

C. The next 4 billion [J]. Innovations, 2007, 2 (1-2): 147-158.

[178] Handfield R B, Bechtel C. The role of trust and relationship structure in improving supply chain responsiveness [J]. Industrial Marketing Management, 2002, 31 (4): 367-382.

[179] Hang C C, Chen J, Subramian A M. Developing disruptive products for emerging economies: Lessons from Asian cases [J]. Research-Technology Management, 2010, 53 (4): 21-26.

[180] Hart S L, Christensen C M. The great leap: Driving innovation from the base of the pyramid [J]. MIT Sloan Management Review, 2002, 44 (1): 51.

[181] Hart S L. Capitalism at the crossroads: Next generation business strategies for a post-crisis world [M]. Indianapolis: FT Press, 2010.

[182] Hart S L. Innovation, creative destruction and sustainability [J]. Research-Technology Management, 2005, 48 (5): 21-27.

[183] Hart S, Prahalad C K. The fortune at the bottom of the pyramid [J]. Strategy + business, 2002, 26 (1): 54-67.

[184] Heidenreich M. The social embeddedness of multinational companies: a literature review [J]. Socio-Economic Review, 2012, 10 (3): 549-579.

[185] Helpman, Elhanan, Melitz, M., Yeaple, S., Exports versus FDI with heterogeneous firms [J]. American Economic Review, 2004, 94: 300-316.

[186] Hens L. Overcoming institutional distance: Expansion to base-of-the-pyramid markets [J]. Journal of Business Research, 2012, 65 (12): 1692-1699.

[187] Hua G, Wang S, Cheng T C E. Price and lead time decisions in dual-channel supply chains [J]. European Journal of Operational Research, 2010, 205 (1): 113-126.

[188] Jang W, Klein C M. Supply chain models for small agricultural enterprises [J]. Annals of Operations Research, 2011, 190 (1): 359-374.

[189] Jekanowski M D, Williams D R, Schiek W A. Consumers' will-

ingness to purchase locally produced agricultural products: an analysis of an Indiana survey [J]. Agricultural and Resource Economics Review, 2000, 29 (1): 43 - 53.

[190] Jensen M C, Meckling W H. Theory of the firm: Managerial behavior, agency costs and ownership structure [J]. Journal of Financial Economics, 1976, 3 (4): 305 - 360.

[191] Johnson, M. W., Christensen, C., Kagermann, H., Reinventing your business model [J]. Harvard Business Review, 2008 (12): 57 - 68.

[192] Karnani A. Romanticizing the poor harms the poor [J]. Whitehead J. Dipl. & Int'l Rel., 2008 (9): 57.

[193] Kaya O. Outsourcing vs. in-house production: a comparison of supply chain contracts with effort dependent demand [J]. Omega, 2011, 39 (2): 168 - 178.

[194] Kazaz B, Webster S. The impact of yield-dependent trading costs on pricing and production planning under supply uncertainty [J]. Manufacturing & Service Operations Management, 2011, 13 (3): 404 - 417.

[195] Kerlin J A. Social enterprise in the United States and Europe: Understanding and learning from the differences [J]. Voluntas: International Journal of Voluntary and Nonprofit Organizations, 2006, 17 (3): 246.

[196] Ku? akowski K, Gawroński P. To cooperate or to defect? Altruism and reputation [J]. Physica A: Statistical Mechanics and its Applications, 2009, 388 (17): 3581 - 3584.

[197] Kumar, J; Kumar, K. Prakash. Contract farming: problems, prospects and its effect on income and employment [J]. Agricultural Economics Research Review, 2008 (21): 243 - 250.

[198] Lane C, Probert J. Domestic capabilities and global production networks in the clothing industry: a comparison of German and UK firms' strategies [J]. Socio - Economic Review, 2006, 4 (1): 35 - 67.

[199] Leat P, Revoredo - Giha C. Enhancing the integration of agrifood supply chains: theoretical issues and practical challenges in the UK malting barley supply chain [C]//12th Congress of the European Association

of Agricultural Economists of EAAE, 2008: 135-149.

[200] Lee K R. Innovation features and strategy of knowledge intensive service suppliers in Korea [J]. The Knowledge management society of Korea, 2003, 4 (2): 79-94.

[201] Levinthal D A, March J G. The myopia of learning [J]. Strategic Management Journal, 1993, 14 (S2): 95-112.

[202] Lindsay J, Hopkins M. From experience: disruptive innovation and the need for disruptive intellectual asset strategy [J]. Journal of Product Innovation Management, 2010, 27 (2): 283-290.

[203] Liu Y, Luo Y, Liu T. Governing buyer-supplier relationships through transactional and relational mechanisms: Evidence from China [J]. Journal of Operations Management, 2009, 27 (4): 294-309.

[204] London T, Hart S L. Reinventing strategies for emerging markets: beyond the transnational model [J]. Journal of International Business Studies, 2004, 35 (5): 350-370.

[205] London T. , Hart S. L. Reinventing strategies for emerging markets: Beyond the transnational model [J]. Journal of International Business Studies, 2004, 35 (5): 350-370.

[206] Lovo S. Market imperfections, liquidity, and farm household labor allocation: the case of rural South Africa [J]. Agricultural Economics, 2012, 43 (4): 417-428.

[207] Lyon, F. , Sepulveda, L. Mapping social enterprises: Past approaches, challenges and future directions [J]. Social Enterprise Journal, 2009 (5): 83-94.

[208] Mair J, Martí I, Ventresca M J. Building inclusive markets in rural Bangladesh: How intermediaries work institutional voids [J]. Academy of Management Journal, 2012, 55 (4): 819-850.

[209] Mair J, Marti I. Entrepreneurship in and around Institutional Voids: A Case Study from Bangladesh [J]. Journal of Business Venturing, 2009, 24 (5): 419-435.

[210] Malecki E J, Tootle D M. The role of networks in small firm competitiveness [J]. International Journal of Technology Management, 1996, 11

(1-2): 43-57.

[211] Mandelbaum M. Flexibility in decision making: an exploration and unification [D]. University of Toronto, 1978.

[212] Marshall J N, Damesick P, Wood P. Understanding the location and role of producer services in the United Kingdom [J]. Environment and Planning A, 1987, 19 (5): 575-595.

[213] Marshall R S. Conceptualizing the international for-profit social entrepreneur [J]. Journal of Business Ethics, 2011, 98 (2): 183-198.

[214] Masakure O, Henson S. Why do small-scale producers choose to produce under contract? Lessons from nontraditional vegetable exports from Zimbabwe [J]. World Development, 2005, 33 (10): 1721-1733.

[215] Mendoza R U, Thelen N. Innovations to make markets more inclusive for the poor [J]. Development Policy Review, 2008, 26 (4): 427-458.

[216] Michelson H, Reardon T, Perez F. Small farmers and big retail: trade-offs of supplying supermarkets in Nicaragua [J]. World Development, 2012, 40 (2): 342-354.

[217] Mont O K. Clarifying the concept of product-service system [J]. Journal of Cleaner Production, 2002, 10 (3): 237-245.

[218] Monzon J L, Chaves R. The European social economy: Concept and dimensions of the third sector [J]. Annals of Public and Cooperative Economics, 2008, 79 (3-4): 549-577.

[219] Moran P. Structural vs. relational embeddedness: Social capital and managerial performance [J]. Strategic Management Journal, 2005, 26 (12): 1129-1151.

[220] Muller E, Zenker A. Business services as actors of knowledge transformation: the role of KIBS in regional and national innovation systems [J]. Research Policy, 2001, 30 (9): 1501-1516.

[221] Murillo D, Lozano J M. SMEs and CSR: An approach to CSR in their own words [J]. Journal of Business Ethics, 2006, 67 (3): 227-240.

[222] Nahapiet J, Ghoshal S. Social capital, intellectual capital, and

the organizational advantage [J]. Academy of Management Review, 1998, 23 (2): 242 -266.

[223] Nicholls, A. Social entrepreneurship: New models of sustainable social change [M]. Oxford: Oxford University Press, 2006.

[224] Ocasio W. The enactment of economic adversity-a reconciliation of theories of failure-induced change and threat-rigidity [J]. Research in Organizational Behavior: An Annual Series of Analytical Essays and Critical Reviews, 1995, 17: 287 -331.

[225] Ocasio W. Towards an attention-based view of the firm [J]. Strategic Management Journal, 1997: 187 -206.

[226] Olhager J. Manufacturing flexibility and profitability [J]. International Journal ofProduction Economics, 1993, 30: 67 -78.

[227] Opoku-Mensah S. Logistic analysis of factors motivating smallholder farmers to engage in contract farming arrangements with processing firms in Ghana [J]. Journal of Biology, Agriculture and Healthcare, 2012, 2 (11): 58 -73.

[228] Palmatier. R W, Dant. R P. Poisoning relationships: Perceived unfairness in channels of distribution [J], Journal of Marketing, 2011, 75 (May): 99 -117.

[229] Peng M W, Luo Y. Managerial ties and firm performance in a transition economy: The nature of a micro-macro link [J]. Academy of Management Journal, 2000, 43 (3): 486 -501.

[230] Perez - Aleman P, Sandilands M. Building value at the top and the bottom of the global supply chain: MNC - NGO partnerships [J]. California Management Review, 2008, 51 (1): 24 -49.

[231] Perrow C. Complex organizations: A critical perspective [J]. New York: McGrawHill. Perrow, Charles (2002) Organizing America, 1986.

[232] Peter F. Drucker, Managing the Non-profit organization: Practices and principles [M]. New York: HarperCollins Publishers, 2006.

[233] Phillips F, Tuladhar S D. Measuring organizational flexibility: an exploration and general model [J]. Technological Forecasting and Social

Change, 2000, 64 (1): 23 -38.

[234] Porter M E, Advantage C. Creating and sustaining superior performance [J]. Competitive Advantage, 1985: 167.

[235] Poumanyvong P, Kaneko S, Dhakal S. Impacts of urbanization on national transport and road energy use: Evidence from low, middle and high income countries [J]. Energy Policy, 2012, 46: 268 -277.

[236] Prahalad C K, Hart S L. The Fortune at the bottom of the pyramid [J]. Strategy + Business Magazine, 2002, 26: 2 -14.

[237] Prahalad C. K. The fortune at the bottom of the pyramid: Eradicating poverty through profits [M]. NJ: Wharton School Publishing, 2005.

[238] Ren C R, Guo C. Middle managers' strategic role in the corporate entrepreneurial process: Attention-based effects [J]. Journal of Management, 2011, 37 (6): 1586 -1610.

[239] Rivera-Santos M, Rufín C, Kolk A. Bridging the institutional divide: Partnerships in subsistence markets [J]. Journal of Business Research, 2012, 65 (12): 1721 -1727.

[240] Rivera-Santos M, Rufín C. Global village vs. small town: Understanding networks at the Base of the Pyramid [J]. International Business Review, 2010, 19 (2): 126 -139.

[241] Robert W. Jolly, Contract farming in China: Perspectives of farm households and agribusiness firms [J], Comparative Economic Studies, 2007 (49): 285 -312.

[242] Rogers Everett M. Diffusion of innovations [J]. New York, 1995, 12.

[243] Samaha S A, Palmatier R W, Dant R P. Poisoning Relationships: Perceived Unfairness in Channels of Distribution [J]. Journal of Marketing, 2011, 75 (3): 99 -117.

[244] Sanchez R. Strategic flexibility in product competition [J]. Strategic Management Journal, 1995, 16 (S1): 135 -159.

[245] Santos F M. A positive theory of social entrepreneurship [J]. Journal of Business Ethics, 2012, 111 (3): 335 -351.

[246] Sauer J, Davidova S, Latruffe L. Determinants of smallholders'

decisions to leave land fallow: the case of Kosovo [J]. Journal of Agricultural Economics, 2012, 63 (1): 119 – 141.

[247] Schumpeter J A. Business cycles: a theoretical, historical, and statistical analysis of the capitalist process [M]. McGraw – Hill, 1939.

[248] Seelos, C., Mair, J. Social entrepreneurship: Creating new business models to serve the poor [J]. Business Horizons, 2005, 48: 241 – 246.

[249] Semrau T, Werner A. The two sides of the story: Network investments and new venture creation [J]. Journal of Small Business Management, 2012, 50 (1): 159 – 180.

[250] Shaw E, Carter S. Social entrepreneurship: Theoretical antecedents and empirical analysis of entrepreneurial processes and outcomes [J]. Journal of Small Business and Enterprise Development, 2007, 14 (3): 418 – 434.

[251] Simanis E, Hart S, Duke D. The base of the pyramid protocol: Beyond "basic needs" business strategies [J]. Innovations, 2008, 3 (1): 57 – 84.

[252] Simmons P, Winters P, Patrick I, An analysis of contract farming in East Java, Bali, and Lombok, Indonesia [J]. Agricultural Economics, 2005, 33 (3): 513 – 525.

[253] Singh B K J R. Corporate social responsibility in India [J]. International Journal of Higher Education Research & Development, 2016, 1 (1): 1 – 8.

[254] Singh S. Contracting out solutions: Political economy of contract farming in the Indian Punjab [J]. World Development, 2002, 30 (9): 1621 – 1638.

[255] Sirisha B, Babu M K, Gowthami V. A, Study on impact of literacy of farmers during the purchase of agricultural inputs [J]. International Business Management, 2016, 10 (6): 726 – 731.

[256] Stevens R, Moray N, Bruneel J, Clarysse, B. Attention allocation to multiple goals: The case of for-profit social enterprises [J]. Strategic Management Journal, 2015, 36 (7): 1006 – 1016.

[257] Stiglitz J E. Globalization, technology, and Asian development [J]. Asian Development Review, 2003, 20 (2): 1–18.

[258] Stiglitz J E. The contributions of the economics of information to twentieth century economics [J]. Quarterly Journal of Economics, 2000: 1441–1478.

[259] Stoughton M, Votta T. Implementing service-based chemical procurement: lessons and results [J]. Journal of Cleaner Production, 2003, 11 (8): 839–849.

[260] Subrahmanyan S, Tomas Gomez-Arias J. Integrated approach to understanding consumer behavior at bottom of pyramid [J]. Journal of Consumer Marketing, 2008, 25 (7): 402–412.

[261] Sundbo J. Management of innovation in services [J]. Service Industries Journal, 1997, 17 (3): 432–455.

[262] Tamura R. Human capital and the switch from agriculture to industry [J]. Journal of Economic Dynamics and Control, 2002, 27 (2): 207–242.

[263] Teasdale S. What's in a name? Making sense of social enterprise discourses [J]. Public Policy and Administration, 2012, 27 (2): 99–119.

[264] Thomond P, Herzberg T, Lettice F. Disruptive innovation: Removing the innovators dilemma [C]. British Academy of Management Annual Conference:'Knowledge into Practice, 2003.

[265] Tsai W, Ghoshal S. Social capital and value creation: The role of intrafirm networks [J]. Academy of Management Journal, 1998, 41 (4): 464–476.

[266] Tuggle C S, Sirmon D G, Reutzel C R, et al. Commanding board of director attention: investigating how organizational performance and CEO duality affect board members' attention to monitoring [J]. Strategic Management Journal, 2010, 31 (9): 946–968.

[267] Tukker A, Tischner U. Product-services as a research field: past, present and future. Reflections from a decade of research [J]. Journal of Cleaner Production, 2006, 14 (17): 1552–1556.

[268] Uphoff N, Wijayaratna C M. Demonstrated benefits from social

capital: The productivity of farmer organizations in Gal Oya, Sri Lanka [J]. World Development, 2000, 28 (11): 1875-1890.

[269] Valentinov V L. Toward a social capital theory of cooperative organisation [J]. Journal of Co-operative Studies, 2004, 37 (3): 5-20.

[270] Vang J, Zellner C. Introduction: innovation in services [J]. Industry & Innovation, 2005, 12 (2): 147-152.

[271] Vasantha G V A, Roy R, Lelah A, Brissaud, D. A review of product-service systems design methodologies [J]. Journal of Engineering Design, 2012, 23 (9): 635-659.

[272] Velamuri V K, Bansemir B, Neyer A K, Möslein K. M. Product service systems as a driver for business model innovation: lessons learned from the manufacturing industry [J]. International Journal of Innovation Management, 2013, 17 (01): 1340004.

[273] Visser W, Matten D, Pohl M, TolhurstN. The A to Z of corporate social responsibility [M]. John Wiley & Sons, 2010.

[274] Vrvek K., Velamuri, Bastian Bansemir A., Neyer and Kathrin M. Moslein [J]. International Journal of Innovation Management, 2013, 17 (1): 134004.

[275] Warning M, Key N. The social performance and distributional consequences of contract farming: An equilibrium analysis of the arachide de boucheprogram in senegal [J]. World Development, 2002, 30 (2): 255-263.

[276] Wei C Z X D W, Xiaoyun Z Y T. Considerations on developing modern tobacco agriculture with agricultural standardization [J]. Management of Agricultural Science and Technology, 2008, 5: 007.

[277] Wiedenmann S, Geldermann J. Supply planning for processors of agricultural raw materials [J]. European Journal of Operational Research, 2015, 242 (2): 606-619.

[278] Williamson O E. The economics of organization: The transaction cost approach [J]. American Journal of Sociology, 1981: 548-577.

[279] Yunus M., Carl W. Buliding social business: the new kind of capitalism that serves humanity's most pressing needs [M]. CITTIC Press

Group, 2011.

[280] Yunus, M. Building social business models: Lessons from the Grameen Experience [J]. Long Range Planning, 2010 (43): 308 – 325.

[281] Zaheer A, Venkatraman N. Relational governance as an interorganizational strategy: An empirical test of the role of trust in economic exchange [J]. Strategic Management Journal, 2007, 16 (5): 373 – 392.

[282] Zhang Q, Comparing local models of agrarian transition in China [J]. Rural China, 2013, 10 (1): 5 – 35.